山西省 2024 年出版物重点选题
山西省社会科学院（山西省人民政府发展研究中心）创新工程出版资助项目

束身自修　奋楫笃行

——党内监督与中国特色监督之路

程淑兰　著

山西出版传媒集团
山西人民出版社

图书在版编目（CIP）数据

束身自修　奋楫笃行：党内监督与中国特色监督之路 / 程淑兰著. -- 太原：山西人民出版社, 2025. 6.
ISBN 978-7-203-13673-6
Ⅰ. D262.6
中国国家版本馆CIP数据核字第2025VY9995号

束身自修　奋楫笃行：党内监督与中国特色监督之路

著　　者：程淑兰
责任编辑：徐　琼
复　　审：高　雷
终　　审：梁晋华
装帧设计：郝彦红

出 版 者：山西出版传媒集团・山西人民出版社
地　　址：太原市建设南路21号
邮　　编：030012
发行营销：0351—4922220　4955996　4956039　4922127（传真）
天猫官网：https://sxrmcbs.tmall.com　电话：0351—4922159
E-mail：sxskcb@163.com　发行部
sxskcb@126.com　总编室
网　　址：www.sxskcb.com

经 销 者：山西出版传媒集团・山西人民出版社
承 印 厂：晋中市美琳印务有限公司

开　　本：720mm×1020mm　1/16
印　　张：20.5
字　　数：300千字
版　　次：2025年6月　第1版
印　　次：2025年6月　第1次印刷
书　　号：ISBN 978-7-203-13673-6
定　　价：98.00元

序

如何实现权力的自我监督是世界性难题，也是国家治理的“哥德巴赫猜想”。历史无数次证明，不受制约和监督的权力，必然导致滥用和腐败。如何在长期执政下破解“窑洞之问”，建立有效的权力制约和监督体系，一直是中国共产党面临的历史性课题。权力制约和监督问题也是理论界研究的重点难点。

建党百年来，我们党经过革命、建设和改革中管党治党的生动实践，成功地探索出了中国特色执政党自我监督之路。特别是党的十八大以来，以习近平同志为核心的党中央深刻洞察党面临的风险挑战，从全面从严治党的战略高度，加强对权力运行的制约和监督，力推将权力关进制度的笼子里，深化纪检监察体制机制改革，以党内监督促进其他监督，推进党和国家监督体系系统集成、协同高效，取得了新成效、新突破，走出了一条中国特色监督之路。党的二十大报告提出：“健全党统一领导、全面覆盖、权威高效的监督体系，完善权力监督制约机制，以党内监督为主导，促进各类监督贯通协调，让权力在阳光下运行。”党的二十届三中全会作出《中共中央关于进一步全面深化改革、推进中国式现代化的决定》，对“提高党对进一步全面深化改革，推进中国式现代化的领导水平”提出明确要求，强调要“完善党和国家监督体系”。新时代新征程，在“两个大局”时代背景之下，我们党仍长期面临多重风险和挑战，系统总结我们党健全完善党和国家监督体系的理论创新和实践经验成果，对于深入学习贯彻习近平总书记关于党的自我革命的重要思想，推进全面从严治党向纵深发展是非常重要和必要的。山西省社会科学院（山西省人民政府发展研究中心）程淑兰副研究员所著《束身自修　奋楫笃行——党内监督和中国特色监督之路》一书是应时应势之作，是一部非常具有时代价值和现实意义的理论成果。

选择一个好的研究选题和一个较为独特的视角，是一个研究项目能否取得成功的关键。权力监督是人类政治生活的永恒主题，更是一个政党、一个国家治国理政必然要解决的历久弥新的课题。程淑兰副研究员长期从事马克思主义理论、党建、廉政领域的研究，尤其是对权力制约监督一直有持续的关注与研究，多年来主持参与了中国社会科学院中国廉政研究中心、山西省社科规划办公室、山西省纪委监委委托关于反腐败形势分析、全面从严治党、政治监督等方面的课题研究，在基层单位做了大量的调研工作。在长期研究积累的基础上，历时两年多，以党内监督为主题完成新作《束身自修　奋楫笃行——党内监督和中国特色监督之路》。本书坚持和运用马克思主义立场、观点和方法，从权力、监督的基本概念入手，追本溯源、寻根究理，对党内监督和中国特色社会主义监督制度的理论渊源、发展脉络与创新发展进行系统梳理、总结提炼，全景式地呈现了以党内监督为主导的中国特色社会主义监督体系的形成过程、历史性成就，在此基础上，写出了新时代十年来我们党健全完善党和国家监督体系创新发展的特色特点和理论创新，并对新征程上进一步健全党和国家监督体系建设面临的形势、任务、路径等进行了思考分析。从目前学界的研究来看，以党和国家监督体系为研究题材的著作还比较少，尤其是全面系统梳理总结新时代十年来创新成就的著作。该著作是一本颇具有理论意义和实践价值的学术探究成果。

“两个结合”是新时代推进党的理论创新、不断开辟马克思主义中国化时代化新境界的根本路径，也是我们党坚持自觉运用辩证唯物主义和历史唯物主义世界观和方法论的重要体现。作者深刻把握“两个结合”的丰富内涵和内在机理，指出中国特色社会主义监督制度源自马克思主义经典作家党内监督思想、根植于中华优秀传统文化，是中国共产党建党百年来在革命、建设和改革实践探索中形成的，是“两个结合”的重要制度成果，是马克思主义中国化时代化最新理论成果的重要组成部分。作者以严谨的思维逻辑和丰富的史料积累，对马克思、恩格斯和列宁的监督思想的开创性贡献进行深度解析，对中国古代监察文化和中华优秀廉洁文化传承进行辩证分析，解析了中国特色社会主义监督制度形成的理论渊源和文化基因。这种追根究底探源式的研究方法，也充分体现了理论工作者勤奋进取、脚踏实地、甘于坐“冷板凳”的治学理念和研究精神。

注重历史性和实践性，突出时代性和创新性，是本书的一大研究特色。作者以党内监督为核，以建党百年奋斗史为轴，对党内监督发展、变革和中国特色社会主义监督制度形成进行历时性纵向追溯的同时，以共时性历史截面呈现这一时期党内监督发展、变革和中国特色社会主义监督制度发展的重要特点，特别是对新时代十年来健全完善党和国家监督体系的理论创新、制度创新及实践创新展开了重点研究论述。本书以新时代十年来我们党深入推进全面从严治党、加强党内监督、健全完善党和国家监督体系的实践为研究宽度和广度，坚持继承和创新、现实性和前瞻性、整体推进和重点突破相结合，在整体把握新的阶段性特征的基础上重点突出创新、特色，将政治监督、国家监察、监督合力和自我革命都单列专章，进行翔实陈述论证。观点鲜明，论据充分，诠释了我们党在十八大以来加强党内监督、健全完善党和国家监督体系的来龙去脉、措施及效果，并对实施过程中存在的问题提出一些建议和意见，相信能给读者一些有益的启发和思考。

学术研究的生命力在于创新。作者在围绕特定主题进行研究时，总结了一些规律性认识，有一些较为新颖的观点和看法，如：认为党的十八大以来加强党内监督，是从反腐败斗争的治理层面逐步深化为维护党中央的核心领导权威，把自我监督、自我革命的制度优势逐步转化为国家治理效能，构建起了具有中国特色的党和国家监督体系；在加强党内监督实践中，严明纪律一直是贯穿党内监督的主线，而权责对等构筑起来监督“责任共同体”。作者将科技为监督提质增效赋能作为新时期加强党内监督的重要路径。认为，在信息化、数字化高速发展的时代，要以“互联网＋监督”，打破信息孤岛和数据壁垒，提升党内监督能力和水平。

当然，健全党和国家监督体系是党的建设、推进国家治理体系和治理能力现代化的重大课题。作者在总结经验中由于认识问题也有一些疏漏和不足，如，问责机制作为加强党内监督的重要一环，也是重点特色，文中没有展开深度研究。同时，新征程上，我们党会不断面临新风险新挑战，健全党和国家监督体系也是一个持续的研究课题，希望作者深钻细研、持之以恒，取得更加深入精细的研究成果。

马克思在《〈黑格尔法哲学批判〉导言》中指出：“理论只要说服人，就能掌握群众；而理论只要彻底，就能说服人。”新时代党的建设创新理论成果，丰富和发展了中国特色社会主义理论体系，是马克思主义中国化最新成果的重要组成部分。解读、宣传、阐释、研究党的创新理论，是每一位社科工作者的使命和担当。研究得深入、解读得透彻就能使理论说服人、掌握群众，从而产生推进强国建设、民族复兴伟业的强大现实力量。希望作者在理论研究的道路上百尺竿头，更进一步，拓宽研究视野，提升理论研究水平，让党的创新理论飞入寻常百姓家，做出社科人的应有贡献。

刘晓哲

2024 年 8 月 28 日

目录

中国共产党党内监督基本理论析论

加强自我监督是马克思主义政党加强自身建设的基础性工程，也是政党建设的世界性、历史性难题。中国共产党从建党之初就非常重视党内监督，在党的一大党纲中就写入了加强严格监督的重要内容。经过百年发展历程，中国共产党从最初50多名党员发展到拥有9918.5万名党员（截至2023年12月31日）的大党，坚持以自我革命精神加强党的建设，破解了这一国家治理的“哥德巴赫猜想”，保障了党在领导全国人民进行革命、建设和改革开放中的集中统一领导权威，凝聚了积极应对时代之大变局的磅礴力量，以中国之治打开了中国特色社会主义发展新局面，走出了中国特色社会主义监督之路，丰富和发展了马克思主义党内监督理论实践，以自我革命引领社会革命，以中国式现代化全面推进中华民族伟大复兴。

一、权力与监督

加强权力监督是人类政治发展史中的永恒主题，无产阶级国家也不例外。毛泽东1945年在延安窑洞回答了民主人士黄炎培关于中国共产党如何跳出“其兴也勃焉，其亡也忽焉”历史周期率的诘问，“我们已经找到了一条新路，我们能跳出这个周期律，这条新路，就是民主”[①]。人民监督成为中国共产党加强权力制约、跳出历史周期率的第一个答案。

（一）权力的基本内涵

权，在我国古汉语为“權”，是一种衡器的名称，有“锤谓之权”的记载。后来，权的含义渐被引申，有了权衡、衡量、审度、裁定之意，如孟子有“权，然后知轻重；度，然后知长短”之说，《尚书》上有“轻重诸罚有权”。权也有权谋之意，如《左传》的“中权后劲”。权还有权力、权柄之意，指制约控制别人的能力，如《管子》“欲用天下之权者，必先布德诸侯”。随着阶级社会的发展，权力成为一切社会关系、社会资源、社会变化的根源，“权力”一词成为政治学中的核心概念。

权力现象为人类社会的普遍存在。权力是自然形成的，也是人为建立的。自然的权力依其特有的内在规律运作，人为的权力依照一定的规则重新分配着社会资源，同时也分配着自身。马克思、恩格斯认为，权力是社会关系的一种表现，在一定社会关系中，它表现为一方支配另一方的力量。“在我们前面有两种权力，一种是财产权力，是所有者的权力；另一种是政治权力。”[②]政治权力是最有影响力的一种权力，其他权力基本是以政治权力为前提的。在阶级社会里，权力被统治阶级掌握，为统治阶级的利益服务。马克思、恩格斯在《共产党宣言》中指出，必须用革命的暴力推翻资产阶级的统治，建立无产阶级的“政治统治”。建立无产阶级政权是实现共产主义理想的首要前提，无产阶级只有打碎旧的国家机器，建立无产阶级新型政权，权力才能实现真正服务于人民。同时，马克思、恩格斯

---

① 尚丁：《黄炎培》，人民出版社，1990，第107页。

② 《马克思恩格斯选集》第一卷，人民出版社，2012，第170页。

也警示人们，政治权力在从社会独立并由“公仆”变为“主人”后，会朝着两个方向起作用。这样，为保障权力的良好运行，必须对权力制约监督。

从政治学角度看，简而言之，权力是迫使对方服从的制度性强制力量。[①] 在政治生活中，权力具有权威性、强制性、可支配性等显著特征，也就会衍生出权力的不平等性和可交换性等特性。权力具有可交换性，可以通过权力主体的更换而发生转移，不同的权力主体也可以通过各自掌控的权力来互换利益，因此，权力在进入市场后就有被交换的可能性，如腐败案例表现出的权权交易、权钱交易现象。政治权力是一种支配力量，是一方施加于另一方的控制力，一般都是以“命令—服从”轨迹来运行，其中的不平等性就呈现无遗。由于权力的可交换性和不平等性，以及能够增值的特点，就使权力有可能被扩张而滥用。由此，政治权力具有自我扩张和膨胀的能力，直到碰到阻力反弹为止，有权力的人总是倾向于用尽权力甚至冲出权力边界，滥用的可能性极强。虽然不是每一种权力必会发生腐败，但是公权力的特征决定了如果不受制约和监督，必定会产生腐败，绝对权力导致绝对腐败。

（二）监督的基本内涵

监督，是政治学中的常用概念之一，是政治权力的运行机制。权力的支配性、强制性使权力控制者总是想突破使用边界，而监督正是规制权力在其有限范围内的极为有效的方法之一。所谓监督是指一个主体按照特定的制度、标准、程序等对另一个主体履职状况作出的评断、监视、督促、矫正、处置等。[②] 我国古代，“监督”一词较早见于《周礼·地官·乡师》中的“大丧用役，则帅其民而至，遂治之”，汉郑玄注为“治谓监督其事”，贾公彦疏“谓监当督察其事”。监督就是监察督促之意。西周时期就有所谓作诗、诵诗的舆论监督。监督又指督察军事，到清朝时当官名用，如清

---

① 俞可平：《权力与权威：政治哲学若干重要问题》，商务印书馆，2020，第6页。

② 蒋来用：《健全党内监督体系要理清四个关系》，《中国党政干部论坛》，2020（02），第37页。

代设十三仓监督、崇文门左右翼监督，清末学堂亦设监督。西方，“监督”在希腊文明时逐渐走入了社会公共生活，其英文拼写“supervision”由“super”“vision”合成，意即自上而下的观察。经过人类社会文明的发展尤其是民主政治的发展，监督更多地转向了社会公共事务管理的控制和国家权力运作中的监控，转向了权力的维护与反腐败。[①]

权力监督是一种普遍的政治社会现象。自国家产生以来，国家权力如何行使、如何限制就成为政治思想家的一个重要论题。马克思、恩格斯从历史唯物主义出发，坚持人在现实性上是一切社会关系的总和，从国家与社会关系的角度来探索公共权力的制约和监督。在马克思、恩格斯看来，是国家与社会分化导致了权力的异化，产生于社会又受社会委托管理公共权力的国家，必须接受社会的监督、制约，才会最大可能地为社会公共利益服务，从而逐步消除维护统治阶级利益的政治性质，最终回归于社会。马克思、恩格斯接受了启蒙思想家卢梭主权在民的思想，认为不是国家创造了人民，而是人民创造了国家制度，人民是国家的主人。在政府里，官吏是由人民选举产生，受人民监督并随时可以撤换的。无产阶级革命成功后，为了防止国家和国家机关从社会的公仆变为社会的主人，防止公共权力侵害人民的权利、利益，必须将新的国家权力纳入人民意志的可控范围，接受人民监督。

监督是为保证公共权力能在其所担负职权的正当范围内和轨道上正确运行，对其所进行的监察、检查、督促、纠正等一系列活动，是权力正确运行的保障。监督既是一种权力，也是一种权利，权力监督活动有其内在规律性。第一，权力监督具有强制性。权力的扩张性使权力不会自我调适，必须接受外在的力量对其进行检查督察，使其保持运行于正确的轨道上。不受监督的权力，必然会被滥用，这已是权力腐败的铁律。对权力行使者的监督不是以其自愿为基础的，不管其是否愿意都必须接受监督主体的监督。第二，权力监督具有独立性。监督主体具有相对独立的权力，能

① 尤光付：《中外监督制度比较》，商务印书馆，2013，第1页。

够依法独立行使监督权力、进行监督活动。第三，权力监督具有平等性。监督和被监督者之间是两个相对独立的行为主体，监督主体相对于监督客体来讲其地位是独立和平等的。第四，权力监督具有公开性，公开性是权力监督的基础。阳光是最好的防腐剂，公开是打开民主之门的密码，公开是对权力运行最好的监督。拓展渠道，保障公民的知情权是任何一个国家权力监督机制不可缺少的部分，也是民主监督一直在努力的方向。

（三）权力、利益与监督

权力是人类生存发展的需要，一经产生就与利益直接相关，不带来任何利益的权力在现实生活中是不存在的。古往今来，权力和利益密切相关、相辅相成、紧密相随。马克思指出："利益不是仅仅作为一种'普遍的东西'存在于观念之中，而且首先是作为彼此分工的个人之间的相互依存关系存在于现实之中。"[①]人们之所以对权力有着追求和向往，并不仅仅在于权力本身，而是因为权力能够给人们带来利益，决定着人们得到各种利益份额的大小。可以说，利益是社会赖以存在和发展的基础，是创造财富、获取财富的最为有效的手段，是阶级社会争夺权力的原动力。正如《共产党宣言》公开宣布的那样："过去的一切运动都是少数人的，或者为少数人谋利益的运动。无产阶级的运动是绝大多数人的，为绝大多数人谋利益的独立的运动。"[②]无产阶级夺取权力，不仅仅是要实现无产阶级自身解放的利益，而且要实现全人类解放的利益，最终实现人自由而全面的发展。

权力是人类社会发展必不可少的条件和力量，同时也蕴含了危险性。不受监督制约的权力必然会被滥用，"一切有权力的人都容易滥用权力，这是万古不易的一条经验"，"有权力的人们使用权力一直到遇有界限的地方休止"[③]。1871 年，国际上第一个无产阶级政权巴黎公社建立。马克思、恩格斯在总结巴黎公社的经验时特别强调，无产阶级建立国家新政权后，面临的一大任务就是要防止权力异化，防止国家机关和公职人员由社

① 《马克思恩格斯全集》第三卷，人民出版社，1960，第37页。

② 《马克思恩格斯选集》第一卷，人民出版社，2012，第411页。

③ 孟德斯鸠：《论法的精神》（上），张雁深译，商务印书馆，1961，第154页。

会的公仆变为人民的主人。“一切社会公职，甚至原应属于中央政府的为数不多的几项职能，都要由公社的勤务员执行，从而也就处在公社的监督之下。”[①]公权代表着国家公器，承载着人民的公共利益，如果得不到有效的制约与监督，必然会被异化，沦为谋取个人私利的工具，损害大多数社会公民的切身利益。

监督是权力正确运行的保障，是国家治理制度和治理体系有效运行的重要支撑。按照政治文明发展进程，有了国家组织，公共权力随之而产生，也就有了对公权力的监督。有权必有责，用权必担责，权力的行使必须受到监督制约。在阶级社会，对公权力的监督制约是维护统治阶级利益的重要手段。在我国古代朝堂之上，总会有这么一些上书谏言的官员，如汉时的刘辅、王褒、贡禹、匡衡等，唐朝的魏徵、白居易、陈子昂等。他们遵守清廉之道，行监督之责，劝谏君王，直言以劝正，留名青史。中华人民共和国是人民民主专政的社会主义国家，权力是人民赋予的，一切权力属于人民。国家公职人员在行使公权力的时候，要以保障人民群众的利益为出发点，坚守共产党人的初心和使命，为人民谋幸福、为民族谋复兴，做人民利益的忠实守护者。一切公职人员受人民委托行使权力，也必须接受人民监督，特权现象、形式主义、官僚主义会严重损害党和国家的形象，损害人民群众的利益。坚持全面依法治国，以法治思维、法治方式规范权力运行，确保权力依照法定权限和程序行使。把权力关进制度的笼子，让权力在阳光的普照下健康运行。

二、党内监督

自我监督是世界性难题，是国家治理的“哥德巴赫猜想”。坚持党内监督是马克思主义政党建设的一贯主张和重要经验，是无产阶级政党永葆青春活力、纯洁先进的生命之源。健全完善自我监督制度，构建起中国特色的监督体系，是巩固党的执政地位、跳出历史周期率的根本出路。

---

① 《马克思恩格斯选集》第三卷，人民出版社，2012，第167页。

（一）党内监督的内涵、特征

一个政党的发展不仅要有先进的思想引领，而且要有过硬的科学管理。党内监督是一个政党内部特定监督主体根据该政党纲领、章程和专门性制度，按照规范的程序对党的所有组织和党员进行督促、监视、检查、管理等，确保党的纪律被执行、党的政策被落实，防止党和国家机关公职人员滥用权力、蜕化变质。从政党建设上来看，党内监督实质上是一个政党以权力规范和制约为核心来有效实现政党章程的一种内控机制。正如列宁所指出的“对于党员在政治舞台上的一举一动进行普遍的（真正普遍的）监督，就可以造成一种能起生物学上所谓‘适者生存’的作用的自动机制”[①]。

对于马克思主义政党来说，党内监督是通过自我约束、自我管控和自我完善来做好自身建设的基本手段和途径，是党的组织得以发展的内在动力，是党的肌体健康的基本因素。列宁曾指出，马克思主义政党开展民主活动至少包含三个方面，即“完全的公开性、选举性和普遍监督”。监督是三个必要条件中的最后一道保障防线，是无产阶级政党健康发展的重要保障措施，关乎无产阶级政党的执政命运和前途。中国共产党党内监督是指按照党的建设总要求，中国共产党各级组织和党员依据《中国共产党章程》和其他党内法规、党的政策、国家法律等，从政治、思想、组织、作风、纪律等方面，对党组织和党员干部执行党的路线方针政策和党规党纪情况进行检查、监察、督促的活动，推进党的自我净化、自我完善、自我革新、自我提高。党内监督一般包括三个层次的监督：党的组织和党的纪律检查机关的监督，领导干部之间的同级监督和党内上下级间的相互监督。党委（党组）在党内监督中负主体责任，书记是第一责任人。党的各级纪律检查委员会是专职监督机关，履行监督执纪问责之职责，要经常对党员进行遵守纪律的教育，作出关于维护党纪的决定，对党的组织和党员领导干部履行职责、行使权力进行监督。党内监督的重点对象是党的领导机关

① 《列宁选集》第一卷，人民出版社，2012，第417—418页。

和领导干部特别是主要领导干部。

党内监督的本质属性就是政治监督。政治性、党性是政党与生俱来的属性，中国共产党从一诞生就具有阶级性、政治性，代表无产阶级的利益，其初心和使命就是为中国人民谋幸福、为中华民族谋复兴。党内监督就是要巩固党的执政地位，维护党的全面领导，以党的自我革命维护党的团结统一。《中国共产党党内监督条例》规定，党内监督以马克思列宁主义、毛泽东思想、邓小平理论、“三个代表”重要思想、科学发展观为指导，深入贯彻习近平总书记系列重要讲话精神，围绕统筹推进“五位一体”总体布局和协调推进“四个全面”战略布局，尊崇党章，依规治党，坚持党内监督和人民群众监督相结合，增强党在长期执政条件下自我净化、自我完善、自我革新、自我提高能力，确保党始终成为中国特色社会主义事业的坚强领导核心。党内监督的任务是确保党章党规党纪在全党有效执行，维护党的团结统一，重点解决党的领导弱化、党的建设缺失、全面从严治党不力，党的观念淡漠、组织涣散、纪律松弛，管党治党宽松软问题，保证党的组织充分履行职能、发挥核心作用，保证全体党员发挥先锋模范作用，保证党的领导干部忠诚干净担当。

（二）党内监督与党内监督体系在党和国家监督体系中的地位

党和国家监督体系是中国共产党在长期执政条件下实现自我净化、自我完善、自我革新、自我提高的重要制度保障，也是党确保权力始终用来为人民谋幸福的关键之举。党的十九大提出了“健全党和国家监督体系”的目标，党的二十大进一步强调：“健全党统一领导、全面覆盖、权威高效的监督体系，完善权力监督制约机制，以党内监督为主导，促进各类监督贯通协调，让权力在阳光下运行。”①以党内监督为政治引领，健全完善党和国家监督体系，是实现国家治理体系和治理能力现代化的重要保障。

① 习近平：《高举中国特色社会主义伟大旗帜 为全面建设社会主义现代化国家而团结奋斗——在中国共产党第二十次全国代表大会上的报告（2022年10月6日）》，人民出版社，2022，第66页。

党内监督在党和国家监督体系中处于核心地位。习近平总书记指出："党的执政地位决定了党内监督在党和国家监督体系中是最基本的、第一位的。"[①]办好中国的事情，关键在党。中国特色社会主义最本质的特征是中国共产党的领导，中国特色社会主义最大的优势也在于中国共产党的领导。只有把党建设好了，中国特色社会主义国家才能建设好、中华民族伟大复兴才会有希望，才能按照预定目标全面实现社会主义现代化、实现中华民族伟大复兴。新民主主义革命胜利之际，我们党找到了跳出治乱兴衰的历史周期率的第一个答案——让人民来监督政府；新时代，我们党给出了第二个答案——自我革命。党内监督是党的建设不可或缺的重要内容，是党进行自我革命的重要保障，也是党进行自我革命的重要体现。党内监督的任务就是保证党的先进性、纯洁性，保证党的路线方针政策的贯彻落实，即以党组织和专责机关的政治监督来实现党的政治纲领和目标。健全完善党和国家监督体系必须以党内监督来引领和带动其他监督，使党的领导贯穿于权力制约的全过程，激发社会发展动力和活力。以自我革命精神推进党内监督、推进全面从严治党，就是要永葆党的先进性和纯洁性，为健全完善党和国家监督体系提供政治引领，为推进国家治理体系和治理能力现代化政治护航。

党内监督在各种监督中处于主导地位。在构建党和国家监督体系中，逐步形成在党的统一领导下，以党内监督为主导的，国家机关监督、民主监督、司法监督、审计监督、统计监督、群众监督、舆论监督相贯通协调的监督体系。我国是人民民主专政体制的社会主义国家，中国共产党是我国最高的领导力量，也是唯一的领导力量，国家各级机关和企事业单位机构，各级地方部门政府、人大、政协必须在党的全面领导下有序运行。只有中国共产党强，中国特色社会主义国家才能强。腐败问题是世界"政治之癌"，中国共产党也不是天生具有免疫力，必须通过自我净化、自我完善、自我革新、自我提高来竭力铲除滋生腐败的土壤，通过自我制约和监督来

① 《习近平著作选读》第一卷，人民出版社，2023，第519页。

加固防腐堤坝，强身健体。保持党的先进性纯洁性，引领和带动其他监督相协同提升监督合力，保证其他监督正常运行，以权力对权力的监督，实现监督的有力有效。同时权力的运行体现在政治、经济、社会等各个方面，要对权力运行实现全覆盖、无死角，必须把党内监督和党外监督有机地统一起来，把各种行政监督及审计、统计等经济专门监督，司法监督，群众监督，舆论监督等统筹起来，形成真正有效的全方位的权力监督体系。

党内监督体系构成了党和国家监督体系的主体框架。经过长期的探索实践，党内监督体系在发展创新中逐步稳定成熟。尤其是党的十八大以来，创新党内监督方式，强化自上而下的组织监督，改进自下而上的民主监督，发挥同级监督作用，充分发挥巡视制度发现问题的“利剑”作用，以及派驻制度的“探头”作用，使党内监督无死角、全面覆盖。党的十八届六中全会通过的《中国共产党党内监督条例》明确提出“党内监督体系”这一重要概念，即建立健全党中央统一领导，党委（党组）全面监督，纪律检查机关专责监督，党的工作部门职能监督，党的基层组织日常监督，党员民主监督的党内监督体系。由此可见，党内监督体系已经形成了在党的全面领导下，“党委全面监督与纪委专责监督的分工协同，自上而下的组织监督、纪委对同级党委的平行监督、党员对党组织和党员干部的自下而上的民主监督相互配合的多维监督格局”[①]。随着国家监察制度改革的深入推进，对公权力的监察功能更加强化，实现了对所有行使公权力的公职人员的监督全覆盖。各级党的纪律检查委员会同监察委员会合署办公，既增强了党的自我革命的能力，又增强了对国家机器的监督，把所有公权力都关进制度的“笼子”里，增强党和国家机关的监督合力，将制度优势转化为国家治理效能。

① 朱福惠：《党内监督体系的概念生成、制度特征与实践创新》，《党内法规研究》，2022（10），第116页。

三、中国特色社会主义监督体系

加强党内监督是马克思主义政党建设的一贯要求，也是中国共产党百年奋斗的重要经验，也是新时代推进全面从严治党向纵深发展的重要保障。中国特色社会主义监督体系坚持在党的集中统一领导下，由党内监督体系和国家监督体系共同构成，包含党内监督、国家机关监督、民主监督、司法监督、审计监督、统计监督、舆论监督、群众监督等。党的二十大报告指出："健全党统一领导、全面覆盖、权威高效的监督体系，完善权力监督制约机制，以党内监督为主导，促进各类监督贯通协调，让权力在阳光下运行。"① 这为加强党内监督提出了新要求和新目标，党和国家监督体系正在走向系统集成、协同高效的新发展阶段。

（一）中国特色社会主义监督体系是坚持"两个结合"的重要成果

习近平总书记在文化传承发展座谈会上指出："我们的社会主义为什么不一样？为什么能够生机勃勃充满活力？关键就在于中国特色，中国特色的关键就在于两个结合。"② 中国特色社会主义监督制度，源于马克思主义监督思想，根植于中国传统历史文化，经过百年的革命、建设和改革开放实践探索，成熟于新时代，党和国家监督体系的健全完善是"两个结合"的重要制度成果。

1. 中国特色社会主义监督制度源于马克思主义监督思想

监督是权力运行的基本保证，党内监督是政党建设的基本内容，加强党内监督是马克思主义政党建设的内生要求。马克思主义政党从诞生起，就对民主监督非常重视，探索建立权力运行监督机制。1847 年，马克思、恩格斯领导创建了第一个国际无产阶级政党，在《共产主义者同盟章程》第 29、42 条中"必要的措施来保证同盟的安全"、"一切通知上级"、对"被

---

① 习近平：《高举中国特色社会主义伟大旗帜 为全面建设社会主义现代化国家而团结奋斗——在中国共产党第二十次全国代表大会上的报告（2022年10月6日）》，人民出版社，2022，第66页。

② 习近平：《在文化传承发展座谈会上的讲话》（2023年6月2日），《求是》，2023（17）。

开除盟籍者和可疑者”的“监视”，都蕴含了党内监督思想的萌芽。1871年巴黎公社革命爆发，第一次无产阶级夺取政权的伟大尝试取得胜利，马克思在《法兰西内战》中总结巴黎公社经验时高度评价了监督的重要作用，赞赏了公职人员接受国家权力机关的监督管理，时时处处在公社国民委员会的监督之下工作。列宁在领导俄国社会民主革命和社会主义建设中更加重视执政党的自我监督，认为监督能够形成党内运行的良性机制，“对于党员在政治舞台上的一举一动进行普遍的（真正普遍的）监督，就可以造成一种能起生物学上所谓‘适者生存’的作用的自动机制。完全公开、选举制和普遍监督的‘自然选择’作用，能保证每个活动家最后都‘各得其所’，担负最适合他的能力的工作，亲身尝到自己的错误的一切后果，并在大家面前证明自己能够认识错误和避免错误”①。为了加强党内监督，巩固党的统一领导，俄共（布）第九次代表大会成立了专门的党内监督机构——中央监察委员会，其任务就是“同侵入党内的官僚主义和升官发财思想，同党员滥用自己在党内和苏维埃中的职权的行为等现象作斗争”②。监察委员会不仅仅可以监督国家最高行政机关的人民委员会工作，甚至可以监督党的最高领导人物。

2. 中国特色社会主义监督制度根植于中华优秀传统文化

任何制度都不是凭空想象、空穴来风的，都有其历史渊源。以党内监督为主导的中国特色社会主义监督体系就有我国五千年文明历史发展做基础。早在上古时代，我国就有监察监督制度的萌芽，《尚书·舜典》记载了“三载考绩，三考黜陟幽明”的规定，夏朝设置有“遒人”一职，专门负责搜集老百姓对王朝的意见。商周时期就非常重视谏议和监察，西周官职中出现“御史”一职，御史掌管各诸侯国、采邑及民众治理方面命令的文书，并协助冢宰工作，负有督促诸侯百官遵纪守法之责。西周还设有小宰、太宰、史官等，太宰主持官吏考绩，“一曰廉善，二曰廉能，三曰廉敬，四曰廉正，五曰廉法，六曰廉辨”，可以看出很重视廉政监察事务。

---

① 《列宁选集》第一卷，人民出版社，1995，第417—418页。

② 《苏共决议汇编》第二分册，人民出版社，1964，第70页。

战国时，各诸侯国纷纷把御史派往各郡县，监督地方官吏。秦朝大一统集权制度建立后，开始出现了中国真正意义上较完整的行政监察机构。随着监察制度的发展，中国古代历史上出现一些有名的谏官、清官，他们传承了中华民族清正廉洁的优秀传统文化。如唐时魏徵直言进谏，辅佐唐太宗创建“贞观之治”；宋时司马光为人谦恭、刚正不阿，欧阳修直谏敢言“气虹万丈”；清初名臣于成龙清廉刻苦，不畏权贵，政绩卓著，被康熙誉为“天下第一廉吏”。舆论监督在古代西周时就有萌芽。民众为了发泄对压迫的不满，以民谣民歌的形式来表达，如《诗经》中的《硕鼠》，“硕鼠硕鼠，无食我黍，三岁贯女，莫我肯顾”。在汉、唐、宋各代都有观风俗使，采听民谣来监督地方官员。在中国革命、建设和改革发展进程中，中华优秀传统文化不断滋养着中国特色监督制度，促进党和国家监督体系的健全完善，推动着中国特色社会主义事业繁荣发展。

3. 中国特色社会主义监督制度形成于中国共产党百年奋斗实践

加强党内监督是中国共产党保持先进性、纯洁性的基本保障，也是我们党百年奋斗历程取得辉煌成就的重要经验。加强党内监督是我们党的优良传统与政治优势。中国共产党自成立伊始，就将严格监督写在了自己的组织章程上。党的一大通过的《中国共产党第一个纲领》明确规定，“工人、农民、士兵和学生的地方组织中党员人数多时，可派他们到其他地区去工作，但是一定要受地方执行委员会的最严格的监督”“地方执行委员会的财政、活动和政策，必须受中央执行委员会的监督”。在以后历次党代会上，对党内民主、党内监督制度的规定都在不断地修改、完善。中华人民共和国成立后，中国共产党由领导人民夺取全国政权而奋斗的党转变为领导人民进行社会主义革命、建设的长期执政的党，巩固党的执政地位的要求更凸显出党的自身建设的重要性。以毛泽东同志为代表的老一辈革命家，高度重视党内监督对巩固政权、提高执政能力的重要性，在社会主义革命、建设的实践中不断探索，发展党内民主，开展批评和自我批评，加强群众监督，奠定了党内监督的基本格局。改革开放和社会主义现代化建设新时期，社会主义经济体制发生了根本转变，党的建设不断面临新挑战、新机遇，制度建设更是推进到最前沿。邓小平反复强调制度问题的根本性、全局性、稳定性和长期性。在新的历史条件下，我们党逐步形成了以制度建设为核心的党内监督工作机制。党的十三届四中全会后，以江泽民同志为核心的党的第三代中央领导集体，提出“治国必先治党，治党务必从严”，从党内抓起，从高级干部抓起，依靠党的自身力量有效开展党内监督，出台了一系列有关党内监督体制、机制、政策、法规和管理的措施。进入21世纪，以胡锦涛同志为总书记的党中央进一步发展了党内监督思想，加强和改进党内监督制度，于2003年12月颁布实施了中国第一部党内监督法规《中国共产党党内监督条例（试行）》，标志着中国共产党党内监督工作进入规范化、制度化的新阶段。党的十八大以来，以习近平同志为核心的党中央推进全面从严治党，高度重视党内监督体系建设，强调对权力的制约监督，健全权力运行制约监督机制，将权力关进制度的笼子，出台了如《中国共产党纪律处分条例》《中国共产党巡视工作条例》《中国共产党问责条例》《中国共产党党内监督条例》及《中共中央关于加强对“一把手”和领导班子监督的意见》等一系列党内法规制度等。由此，建党百年来尤其是改革开放以来，我们党一直在探索权力的监督制约机制，把党内监督制度体系作为重要建设内容，形成了较为健全的党和国家监督体系，逐步走出了一条具有中国特色的社会主义监督之路。

（二）新时代健全和完善党和国家监督体系的系统性、协同性和有效性

党的十八大以来，世情、国情、党情都发生了深刻变化，党的建设伟大工程也面临诸多挑战。为适应“两个大局”的发展新形势，为解决党的建设出现的新问题，为推进全面从严治党向纵深发展，党的十九届六中全会将健全党和国家监督体系提到国家治理体系和治理能力现代化的新高度。

新时代对健全完善党和国家监督体系提出新目标新要求。党的十八大提出“健全权力运行制约和监督体系”，要求“加强党内监督、民主监督、法律监督、舆论监督，让人民监督权力，让权力在阳光下运行”，将党内监督和国家机关监督、司法监督、群众监督均纳入权力制约与监督体系之中。随着国家监察体制改革的深入推进，党的十九大报告对“健全党和国家监督体系”作出重大部署，指出“增强党的自我净化能力，根本靠强化党的自我监督和群众监督”，要求“构建党统一指挥、全面覆盖、权威高效的监督体系，把党内监督同国家机关监督、民主监督、司法监督、群众监督、舆论监督贯通起来，增强监督合力”。党内监督与党外监督相互协同，党内监督体系和国家监督体系相互融合，来共同构建中国特色的权力监督体系。党的二十大报告提出：“健全党统一领导、全面覆盖、权威高效的监督体系，完善权力监督制约机制，以党内监督为主导，促进各类监督贯通协调，让权力在阳光下运行。”专门强调了党内监督在党和国家监督体系中的核心地位，要求以党内监督为主导，各类监督贯通协调。可见，随着全面深化改革的深入推进，党内监督体系建设也走上新的发展阶段，要向系统化、协同化和高效化的方向发展。

党内监督体系系统化包括组织体系的系统化、制度体系的系统化。在党内监督组织体系上，要求在纵向上健全党中央统一领导、党的地方组织各负其责、党的基层组织具体落实的监督组织体系；横向上健全由党委（党组）全面监督、纪委专职监督、部门职能监督、基层日常监督和党员民主监督的监督职能体系。党内监督的网络状分布的状态，要求健全完善自上而下的组织监督、自下而上的民主监督及同级之间的互相监督，形成各个层级监督互联互通的协同机制。党内监督制度体系的系统化表现为以党章为根本制度，以《中国共产党党内监督条例》为统领，以《中国共产党巡视工作条例》《中共中央关于加强对“一把手”和领导班子监督的意见》《领导干部报告个人有关事项规定》等具体制度条例为支撑的制度体系。党内监督体系的协同性主要是党内监督与党外监督以及各个监督之间的协同，即以党内监督为统领，人大监督、民主监督、行政监督、司法监督、审计监督、统计监督、人民监督及舆论监督等共同形成合力，最终形成党统一领导、全面覆盖、权威高效的党和国家监督体系。有效性是健全完善党和国家监督体系的结果导向，其目标就是最大限度地发挥党内监督效能，提高整体监督合力，最大限度地预防权力滥用。提高监督效能需要在充分利用现代信息技术手段提高监督能力、提高制度的执行力和评估、加强对监督者的监督、提高问责精准程度等方面发力。

第一章

理论渊源：马克思主义经典作家党内监督思想

实行党内民主，加强党内监督，是马克思主义政党建设与生俱来的优秀品格。马克思、恩格斯在领导工人运动和创立无产阶级政党的过程中，十分重视党内监督问题并不断进行探索性实践，形成了无产阶级政党党内监督的基本思想。列宁在领导俄共（布）革命和社会主义建设中形成了较为完善的党内监督思想体系，丰富和发展了无产阶级政党党内监督理论。中国共产党在革命、建设和改革开放实践中继承和发展了马克思主义建党思想，不断健全完善党内监督体系，保持党的先进性和纯洁性，推动党的建设这项伟大工程不断深化发展。

第一节　马克思、恩格斯权力制约监督思想

在马克思、恩格斯看来，权力是社会关系的一种表现，在一定社会关系中，它表现为一方支配另一方的力量。权力可以分为财产权力和政治权力，政治权力在从社会独立并由公仆变为主人以后，可以朝两个方向起作用，因此必须对权力进行良好的制约监督，无产阶级也不例外。由此，马克思主义经典作家根据时代发展的需要，对权力的制约与监督进行了深入的探索和研究，提出以权力制约权力、制度制约权力、权利制约权力、法治制约权力、监督制约权力等思想观点。与西方分权制衡思想不同，马克思主义经典作家们更注重权力的制约和监督，注重人民的民主选举权、监督权、罢免权，注重党内的民主监督。

一、马克思、恩格斯权力制约监督思想的理论基础

对于国家产生以后为什么要对国家权力及其代理人进行制约监督，一直是人类在探讨的永恒话题。西方思想家们主要是从人性的自私、贪婪、邪恶的自然本性作为原罪来展开讨论的。人性恶的自然本性固然是一方面，但如果唯人性论就会陷入唯心主义之中。马克思、恩格斯从历史唯物主义出发，坚持人在现实性上是一切社会关系的总和，接受了启蒙思想家的主权在民思想，从国家与社会关系的角度来探索公共权力的制约和监督。

国家与社会分化而导致权力的异化，是国家权力需要制约的重要逻辑起点。在马恩看来，产生于社会又受社会委托管理公共权力的国家，必须接受社会的监督制约，才会最大可能地为社会公共利益服务，从而逐步消除维护统治阶级利益的政治性质，最终回归社会。在阶级社会产生以前，

人们将权力按照契约的方式统一委托转让给氏族管理，公共权力负责管理社会的职能，但并不具有政治性质。之所以存在是因为社会的需要，公共权力本质上是服务社会的，所以应受到社会的监督和制约，以保证公共权力和社会利益的一致。然而，自从有了阶级以后，社会就将权力让渡给国家，委托国家对社会进行管理，国家与社会分离开来。国家实质上是为了缓和阶级矛盾、保障各个阶级的权利而产生的，但并没有向维护公共利益的方向发展。统治阶级为了控制社会，维护自身利益，将国家权力异化，为集权统治服务，最终成为社会权利的侵蚀者，使国家与社会陷入不可调和的矛盾的冲突之中。恩格斯指出，“国家是社会在一定发展阶段上的产物；国家是承认：这个社会陷入了不可解决的自我矛盾，分裂为不可调和的对立面而无力摆脱这些对立面”①。

在阶级社会中，国家逐渐垄断了从社会那里接受的公共权力，并且使公共权力的性质从服务于社会逐渐演变为对社会实行统治和压迫，国家成为高居于社会之上的力量。但是，受历史发展限制，国家还不可能在短时间内消亡，社会还需要国家承担管理公共事务、服务社会大众的职能，这就决定了国家从属于社会的根本地位。“国家，政治制度是从属的东西，而市民社会，经济关系的领域是决定性因素。”②因此，这就决定了国家必须受社会的监督和制约，决定了社会必须充分利用其公共权力所有者的身份，通过多种途径来监督、制约国家，使国家真正成为为社会服务的工具。而作为公共权力所有者的社会对国家实行监督和制约，其实质是人民群众对国家及其代理人的监督。在马恩看来，国家和社会的分离、对立不是永恒的，终究是要合一的。“国家这个寄生赘瘤迄今所夺去的一切力量，归还给社会肌体。”③

马克思关于人的本质的认识是防止权力异化的理论基点。人不仅是一种自然存在，更是一种社会存在，人性是自然性和社会性的统一。在现实

① 《马克思恩格斯选集》第四卷，人民出版社，2012，第170页。

② 《马克思恩格斯选集》第四卷，人民出版社，2012，第247页。

③ 《马克思恩格斯选集》第三卷，人民出版社，2012，第101页。

中活动的个人，不仅在形式上表现的是个体生命的存在和发展，而且在本质上体现了个人是社会关系的产物。马克思在《关于费尔巴哈的提纲》中指出："人的本质并不是单个人所固有的抽象物。在现实性上，它是一切社会关系的总和。"[①] 无产阶级革命成功建立国家政权后，必然是无产阶级政党代表人民行使权力，他们自然也就成为人民的公仆。既然人在本质上是一切社会关系的总和，这些掌握国家权力、代表人民行使权力的人，不是生活在真空中，而是生活在现实社会中，处于各种社会关系之中。由于与权力直接相关的就是利益，这些掌握权力的人难免会受到各种社会关系的影响，受到各种利益的围猎。一些人经不住利益的诱惑，最终为利益所绑架，拿着人民的权力谋取个人的私利，公权私用，腐败横生。因此，无产阶级掌握政权后，必须首先考虑到行使公权力的公职人员处于各种社会现实关系中，对权力进行有效的制约监督，防止公职人员由公仆变为主人。

权为民所赋是马克思、恩格斯权力制约思想的理论来源。权为民所赋，通俗地说就是权力是人民给的，权力来自人民。马恩接受了启蒙思想家卢梭主权在民的思想，认为不是国家创造人民，而是人民创造国家制度，人民是国家的主人。在政府里，官吏由人民选举，受人民监督并随时可以被撤换。无产阶级革命成功后，为了防止公仆变为主人，防止公共权力侵害人民的权利、利益，必须将新的国家权力纳入人民意志的可控范围。因此，恩格斯在《法兰西内战》1891 年导言中赞扬了巴黎公社的做法，"为了防止国家和国家机关由社会公仆变成为社会的主人——这种现象在至今所有的国家中都是不可避免的——公社采取了两个正确的办法。第一，它把行政、司法和国民教育方面的一切职位交给普选选出的人担任，而且规定选举者可以随时撤换被选举者。第二，它对所有公职人员，不论职位高低，都只付给跟其他工人同样的工资……这样，即使公社没有另外给各代议机构的代表规定限权委托书，也能可靠地防止人们去追求升官发财了"[②]。

---

① 《马克思恩格斯选集》第一卷，人民出版社，2012，第135页

② 《马克思恩格斯选集》第三卷，人民出版社，2012，第55页。

巴黎公社的普选制度，正是无产阶级首次实现了权为民所赋。无产阶级的政治解放，使公仆为人民服务成为可能。公职人员给予低薪，是因为人民政权的一切权力属于人民，公仆是为人民服务的。巴黎公社所采用的普选制和低薪制这两项原则，正是“权为民所赋”思想的实践。

二、马克思、恩格斯权力制约监督思想的主要内容

1871 年巴黎公社革命胜利，第一个无产阶级政权的伟大尝试给科学社会主义理论提供了丰富的实践经验。在《法兰西内战》总结巴黎公社经验时，马克思深刻地阐述了权力制约思想。

建立无产阶级政权，是铲除权力异化的制度性根源。马克思总结巴黎公社经验认为，工人阶级不能简单地掌握现成的国家机器使其为我所用，必须打碎、摧毁旧的国家机器，废除常备军和警察，建立新型的无产阶级政权，从根本上消除国家和社会的脱节、政府与民众的对立，铲除权力异化、腐败横生的制度性根源，使国家权力、国家机关恢复社会公仆的身份，为人民所服务。“政府的压迫力量和统治社会的权威就随着它的纯粹压迫性机构的废除而被摧毁，而政府应执行的合理职能，则不是由凌驾于社会之上的机构，而是由社会本身的承担责任的勤务员来执行。”①这样，公社使长久脱离社会的国家权力重新回归社会、回归人民，接受人民的监督。

建立民主制度，是实现权力制约监督的重要基础。马克思、恩格斯汲取了卢梭的“主权在民”思想，认为不是国家创造了人民，而是人民创造了国家制度，人民是国家的主人，政府官员应在人民监督之下工作。恩格斯评价说，巴黎公社是“炸毁旧的国家政权并以新的真正民主的国家政权来代替”②。巴黎公社在摧毁了旧的资产阶级国家机器的基础上，建立起了真正的民主制度，立法权、执行权高度统一，社会公仆和勤务员受人民委托行使国家权力，并在人民监督之下为人民服务。巴黎公社改代议制为

① 《马克思恩格斯选集》第三卷，人民出版社，2012，第168页。

② 《马克思恩格斯选集》第三卷，人民出版社，2012，第55页。

普选制，每个成员都有选举和被选举的权利。公社还采取了罢免制，社会公职人员由民主选举产生并在民主监督之下，如果不合格、不称职，可以随时被罢免撤换。

人民掌握监督权，是实现权力制约监督的重要保障。为了有效制约和监督国家权力，公社采取了自上而下与自下而上的双向监督模式，即代表国家机关行使权力的社会公仆和勤务员，不但要受来自公社的国民委员会的监督，而且要畅通监督渠道以接受人民群众的广泛监督。实行政务公开，使得国家机关的一切事务置于人民群众的监督之下。马克思指出，无产阶级政府是“以真正的责任制代替了虚伪责任制，因为这些勤务员是在公众监督之下进行工作的”①。为了使人民群众及时获取到真实而有效的政府信息，公社采取了如下措施：及时将作出的决议刊登在《公报》上；公社委员向选民报告工作，并通过选民大会听取群众意见和建议；经常接见群众的代表团，公社决定重大问题，如有必要，要采取请有关人员列席会议等措施来让人民了解公社的工作，进行及时有效的监督；等等。

第二节　马克思、恩格斯党内监督思想

1847 年，马克思、恩格斯参与创建了共产主义者同盟，标志着世界第一个无产阶级政党的诞生。马克思、恩格斯在创建无产阶级政党之初对党的自身建设提出要求，通过对巴黎公社建立无产阶级政权初次尝试的深刻总结，提出了加强党内监督的一些原则，形成了党内监督思想雏形。关于党内监督思想主要体现在《共产主义者同盟章程》《法兰西内战》及反对无政府主义等篇章之中。

① 《马克思恩格斯选集》第三卷，人民出版社，2012，第141页。

一、党内监督思想观念的萌芽

1847年6月，马克思、恩格斯受委托改造了正义者同盟，创建了共产主义者同盟，在伦敦秘密举行第一次代表大会，拟定章程草案并分送各区部和支部讨论。在指导共产主义者同盟建设时，马克思积极参与支部工作，于1847年8月被选为新成立的布鲁塞尔支部主席、区部委会委员。同年11月底12月初举行了第二次代表大会，在马克思和恩格斯主持下，大会审议通过了以科学社会主义为原则确定的共产主义组织章程。在《共产主义者同盟章程》中，民主选举、代表大会等制度设计，及“必要的措施来保证同盟的安全”，“一切通知上级”、对“被开除盟籍者和可疑者”的“监视”，都蕴含了党内监督思想的萌芽，基本构建起了上下互动的监督机制。

由民众投票选举权力执掌者，是实现权力制约与监督的基础。民主选举制度的确立，为自下而上的党内民主监督提供了权力依托。马恩积极推进党内民主，要求在选举基础上产生党的各级领导机构。在《共产主义者同盟章程》中规定，同盟从基层到中央委员会的各级领导机构，都必须由民主选举产生，“每个支部选举主席和副主席各一人”“区部辖有两个以上十个以下的支部”“由这些支部的主席和副主席组成区部委员会。区部委员会从委员中选出领导人”“中央委员会的成员不少于五人，由代表大会指定为中央委员会所在地区的区部委员会选出”。同时，选举者认为担任公职人员的工作不能令人满意，可随时撤换。“区部委员会和中央委员会的委员由选举产生，任期一年，连选得连任，选举者可以随时撤换之。”①党内民主选举的制度设计，从根本上规定无产阶级政党的组织构成是由选举产生，党的领导要对党组织、党员负责，并且接受党员自下而上的监督。在第一国际时期，他们又进一步完善了民主选举制度，规定了一个会员有参加选举全协会代表大会的代表和被选为代表的权利，每一个代表在代表大会上只有一票表决权。党内民主选举权利的充分行使，为党内监督的实

① 《马克思恩格斯全集》第四卷，人民出版社，1958，第573—574页。

施奠定了坚实的基础。

无产阶级政党组织领导体制是实行党的代表大会制度基础上的集体领导制。从制定《共产主义者同盟章程》时起，马克思、恩格斯就把代表大会制度作为一项基本的组织制度固定下来，并在实践中不断加以完善和发展。代表大会制度的设计，充分表现主权在民的思想，党员选举代表，代表就要反映党员意志、接受党员的监督，否则就会被撤换。“代表大会是同盟的立法机关”，中央委员会作为同盟的权力执行机关，有义务向代表大会报告工作，“得出席代表大会，但无表决权”。“每届代表大会指定本届中央委员会所在地。”[①]由此可见，由选举产生的代表大会，是同盟的最高权力机关，要对作为执行机关的中央委员会的工作进行监督，从制度上保证了权力最高执行权在代表大会监督和约束下运行，有效地防止了权力异化、腐败滋生。章程还规定，代表大会要定期举行，遇紧急情况中央委员会有权召集非常代表大会。在马恩看来，同盟定期举行代表大会，广泛吸纳党员的意见和建议，更有利于保证党的政策的科学性、合理性，通过民主基础上的集体领导防止独断专行、各自为政。

无产阶级政党要有严格的纪律，以加强党的统一领导。马恩将最高权力交给了代表大会，中央委员会虽然是最高领导机关，但重要决议决策要由代表大会审议通过。“同盟的最高领导机关是作为权力执行机关的中央委员会”“有关章程的一切提案必须送交中央委员会，再由中央委员会提请代表大会审议决定”。这一规定充分体现出了最高权力集中于代表大会。章程中还对支部、盟员的管理作出了进一步规定，也是对党员的内部监督管理。“区部委员会同本区各支部和总区部保持联系。”“任何一个盟员迁居时均须事先报告本支部的主席。”[②]违反党的纪律，就要受到严厉的处罚。“凡不遵守盟员条件者，视情节轻重或令其离盟或开除出盟。凡开除出盟者不得再接收入盟。”“为了盟的利益必须对被暂令离盟者、被开

① 《马克思恩格斯全集》第四卷，人民出版社，1958，第575页。

② 《马克思恩格斯全集》第四卷，人民出版社，1958，第573页。

除盟籍者和可疑者加以监视”[①]，以此来增强党员的组织纪律性，增强党员遵守党规党纪的自觉性、主动性。

民主与平等是相辅相成的，实现党内民主是建立在平等基础之上的。党员在政治上人人平等，是开展党内监督的重要基础。在马恩看来，无产阶级政党是消灭了资产阶级等级差别的政党，在无产阶级政党内部，所有党员都是平等的，没有凌驾于其他党员之上的特殊党员，也没有拥有特殊权力的党员。在同盟章程中明确规定，“所有盟员都一律平等，他们都是兄弟，因而有义务在一切场合下互相帮助”。所有党员的权利和义务是对等的，所有盟员要“服从同盟的一切决议，保守同盟的一切机密”[②]。

二、建立加强党内监督的重要原则

1871 年，第一次无产阶级夺取政权的伟大尝试取得胜利，马克思在《法兰西内战》总结巴黎公社经验时高度评价了监督的重要作用，高度肯定了巴黎公社实行的选举权、监督权和罢免权三位一体的原则，[③]赞赏公职人员接受国家权力机关的监督管理，时时处处在公社国民委员会的监督之下工作。

民主选举制度是实行党内监督的基础。巴黎公社的民主制度，首先体现在民主选举制度的实行。民主是具体的、历史的，资产阶级民主虽然在资本主义上升期表现出了其进步性和革命性，但资产阶级民主始终是少数人的民主，是代表资产阶级私有利益的民主。巴黎公社建立起真正的民主制度，取代了资产阶级的虚伪民主。马克思指出，与资产阶级的虚伪民主相反，公社的民主选举是真实的，每一个成员都有选举和被选举的权利。巴黎无产阶级在武装起义的过程中，通过投票选举产生了自己的领导机关——国民自卫军中央委员会。3 月 18 日革命后，中央委员会的委员们一刻也没有贪恋权势和地位，而是积极筹备选举，以便把权力移交给通过民主选举产生的公社委员会。巴黎公社对人民选举代表进行了积极的引导，

① 《马克思恩格斯全集》第四卷，人民出版社，1958，第576页。

② 《马克思恩格斯全集》第四卷，人民出版社，1958，第572页。

③ 秦宣：《党内监督是全面从严治党的重要保障》，《经济日报》2016.12.26。

使选民能够把真心实意为人民服务的人、有正义感的正派的人选出来。众望所归，当选者大多数是工人阶级的代表，他们之中既没有混迹官场玩弄权术的官僚政客，也没有老于世故的所谓名流显贵，但他们在工人阶级中有着很高的威望。马克思高度赞扬了巴黎公社使普选权真正恢复了本来面目，“现在，普选权已被应用于它的真正目的：由各公社选举它们的行政的和创制法律的公职人员”[①]。

罢免权为实现党内民主、党内监督提供了重要保障。公社不但实行了普选制，而且采取了罢免制。普选制的目的就是选出真正代表人民利益的人，他们必须对选民负责，忠诚于人民群众的意志，否则人民的民主权利就会成为一句空话。为保证被选的官员忠于人民意愿，忠诚于人民利益，就必须把他们置于选民的监督之下，一旦违背民意随时可以被撤换。“公社是由巴黎各区通过普选选出的市政委员组成的。这些委员对选民负责，随时可以罢免。”[②]公社的选举真正体现了人民当家作主的原则，公社里如果自己的将军们稍有失职的嫌疑时就会被撤职和逮捕。而与此相反的是，梯也尔政府纵容自己的官僚阶层，把勋章随意授予了那些成天打败仗、签降书的波拿巴派将军。社会公职人员由民主选举产生并在民主监督之下，如果不合格、不称职，选民可以随时将之罢免撤换，这样就保障了政府公职人员的纯洁性。

消除官僚特权阶层，社会公职不再是私有财产。资产阶级国家中自上而下的等级制和等级授职制，严重地违背了其一直倡导的民主自由原则，资产阶级官僚特权的存在必然导致贪污腐化的盛行。马克思批判了按照系统和等级的分工原则建立起来的常备军、警察局、官僚机构、教会和法院等旧的资产阶级国家机器，这个以国家等级制和等级授职制构建起的官僚政府，由于拥有令人倾心的官职、金钱和权势而成为争权夺利、培植腐败的土壤，成了少数官僚阶层掠夺国家资源的场所。因此，无产阶级政权要首先彻底清除国家等级制和等级授职制，保证国家公职人员是为人民服务的勤务员而不是骑在人民头上作威作福的官老爷。从前国家的高官显宦们

① 《马克思恩格斯选集》第三卷，人民出版社，2012，第141页。

② 《马克思恩格斯选集》第三卷，人民出版社，2012，第98页。

所享有的一切特权以及公务津贴，都随着这些人物的消失而消失了。巴黎公社取消了一切公职人员的特权，初步采取了一些措施，如：取消了供市政府使用的豪华轿车，公社委员家属不得享受每人3法郎的公共伙食费用。

社会公职的行使是由勤务员执行并在公社监督之下进行的。由于彻底清除了国家等级制，公社以随时可以撤换的勤务员代替了骑在人民头上作威作福的老爷们。马克思认为，“一切社会公职，甚至原应属于中央政府的为数不多的几项职能，都要由公社的勤务员执行，从而也就处在公社的监督之下”[①]。在新生民主政权下，国家虽回归社会但还未能与社会合而为一，还不可能消灭，还需要行使管理、服务社会的职能，执行一些必须执行的重要职能。但是，与资产阶级旧的国家机器所不同的是，这些职能并不是由凌驾于现实社会之上的官僚阶层所掌控，而是由掌握并执行公共权力的勤务员来执行。由于公权力容易产生异化，掌握权力的人有滥用权力的可能，因此，作为国家权力的代言人、执行者的勤务员，必须接受国家权力机关的监督管理，时时处处要在公社国民委员会的监督之下，国家权力也不再是公职人员谋求私利的工具。

实行政务公开，将国家机关的一切事务置于人民群众的监督之下。马克思指出，无产阶级政府是“以真正的责任制代替了虚伪的责任制，因为这些勤务员是在公众监督之下进行工作的”[②]。然而，群众监督往往受困于信息的不对称而流于形式。要使群众监督有效运行，关键是要让公众能及时获取到真实而有效的政府信息。为了便于群众监督，公社通过各种形式让人民了解公社的工作：公社将作出的决议及时刊登在《公报》上；公社委员向选民报告工作，通过选民大会听取群众意见和建议；经常接见群众的代表团，公社决定重大问题，如有必要，要请有关人员列席会议。公社很坦荡，对自己的错误也毫不避讳。马克思对此很赞赏，“公社可不像一切旧政府那样自诩决不会犯错误。它把自己的所言所行一律公布出来，把自己的一切缺点都让公众知道”。“他们光明正大地进行工作，不自以

① 《马克思恩格斯选集》第三卷，人民出版社，2012，第167页。

② 《马克思恩格斯选集》第三卷，人民出版社，2012，第141页。

为是，不埋头在文牍主义的办公室里，不以承认错误为耻而勇于改正。”[①] 就这样，政府积极提高透明度，在阳光下运行权力，创造条件让人民批评、监督政府，形成了良好的群众监督机制，有效地防止了公职人员滥用权力，遏制了腐败现象的滋生蔓延。

三、强化无产阶级政党领导的政治权威

维护党中央权威和集中统一领导是无产阶级政党的核心竞争力，也是加强党内监督的目标要求。在无产阶级第一个政党——共产主义者同盟的创立和发展中，马克思、恩格斯就注意到了组织核心问题，指出工人阶级的政党组织“应该使自己的每一个支部都成为工人协会的中心和核心，在这种工人协会中，无产阶级的立场和利益问题应该能够进行独立讨论而不受资产阶级影响”[②]。

无产阶级以革命权威建立起国家政权。马克思曾一针见血地批评了剥削阶级的伪善性和欺骗性，“每一个企图代替旧统治地位的新阶级，都是为了达到自己的目的而不得不把自己的利益说成是社会全体成员的共同利益”[③]。过去建立在私有制基础上的一切权威都是为极少数人谋利益的，只有无产阶级权威是站在绝大多数人利益的角度谋发展的。巴枯宁无政府主义从主观意识出发鼓吹无政府状态，追求个人绝对的自由。他们反对任何权威和国家，要求废除权威的政治国家，甚至要把废除权威作为推动社会革命的第一行动，其目的是要工人解除武装，捍卫资产阶级的剥削自由。只有革命才是推翻资产阶级专制统治的最权威的手段，无政府主义所提倡的绝对自由、废除政府管理的社会革命改良手段是根本行不通的。无产阶级必须发动暴力革命摧毁资产阶级旧政权，“用非常权威的手段强迫另一部分接受自己的意志”[④]，才能建立无产阶级政权的权威，才能实现为最

① 《马克思恩格斯选集》第三卷，人民出版社，2012，第142页。

② 《马克思恩格斯选集》第一卷，人民出版社，2012，第558页。

③ 《马克思恩格斯全集》第三卷，人民出版社，1960，第54页。

④ 《马克思恩格斯选集》第三卷，人民出版社，2012，第277页。

大多数谋取利益的共产主义理想。马克思高度赞扬了巴黎公社革命建立无产阶级新政权的伟大革命创举，“炸毁旧的国家政权并以新的真正民主的国家政权来代替”[①]。马克思认为，巴黎公社用革命的方式打碎了旧的国家机器，第一次尝试建立无产阶级政权，“要是巴黎公社面对资产者没有运用武装人民这个权威，它能支持哪怕一天吗？”但也遗憾地指出巴黎公社失败的必然性，“难道我们没有理由责备公社把这个权威用得太少了吗”[②]？

高度集权和强制的政治权威是革命的特殊需要，也是党和国家自身建设的需要，无产阶级必须依靠政治权威维护、巩固其专政地位。无产阶级政党刚刚建立政权，要面临各种各样反动势力的反扑，必须以强制的力量来建立稳固的政治权威，再逐渐建立起民主权威，有序地组织、推进社会主义革命和建设。1871 年巴黎公社进行了无产阶级执政的首次尝试，巴黎公社采取选举制和撤换制管理公职人员，“公社给共和国奠定了真正民主制度的基础”[③]。但由于缺乏集中和权威，没有形成统一意志和行动，难以抵挡来自国内外反动势力的镇压，巴黎公社仅仅存在了 72 天就以失败收场。国家、政党没有领导权威，形不成统一的思想、统一的意志、统一的行动，其组织必然犹如一盘散沙，无法找到发展的动力和方向，必然难以推动社会发展进步。

无产阶级政党的政治权威是建立在民主基础上的权威，集中统一领导不是专制，而是在发扬民主的基础上凝聚政党的领导力量、巩固政党的执政地位。在恩格斯看来，我们应当辩证地去理解权威和自治。权威和自治是相对的概念，既不能把权威说成绝对坏的东西，也不能把自治看作绝对好的东西，它们会因社会发展阶段的不同而有不同表现。在资本主义社会，在资产阶级的专制权威之下，根本不会有无产阶级劳动人民的自治和自由。无产阶级政党是工人阶级反对资产阶级斗争发展到一定历史阶段的产物，是工人阶级的先锋队，代表着最广大人民的根本利益，担负着实现共产主

① 《马克思恩格斯选集》第三卷，人民出版社，2012，第55页。

② 《马克思恩格斯选集》第三卷，人民出版社，2012，第277页。

③ 《马克思恩格斯选集》第三卷，人民出版社，2012，第102页。

义的崇高使命。无论在革命斗争中还是社会主义建设中，马克思主义政党都承担着政治领导、组织领导、思想领导的重要作用。由此，无产阶级政党的性质和使命决定了党在组织原则上必须是民主的。无产阶级政党是用马克思主义科学理论武装起来的，必须经过严格的组织领导，加强思想武装，在党内形成统一的意志和权威，才能将马克思主义理论的精神力量转化为巨大的物质力量。无产阶级政党权威是建立在民主基础上的，是获得最广大人民群众信服的政治权威，是为最广大人民谋利益的领导权威。

四、建立党内专门监督机构

1869 年，德国社会民主工党正式成立，它是国际共产主义运动史上第一个按照马克思主义学说在民族国家范围内建立的社会主义政党。在马恩指导下，成立大会选举产生了一个由 11 人组成的党的监察委员会，成为无产阶级政党监督发展史上的第一个专职机构。1875 年 8 月，由德国工人的两大组织合并成立了德国社会主义工人党，在党内成立了三个委员会：执行委员会、监察委员会和仲裁委员会。监察委员会对执行委员会进行监督，仲裁委员会则在执行委员会和监察委员会产生分歧时起协调作用。如果执行委员会玩忽职守，或者拒不改正已被指出的过失，仲裁委员会和监察委员会有权以绝对多数对其予以罢免。大会同时规定，这三个委员会分别经过选举产生，接受代表大会和全体党员的监督，推动了专职监督的进一步发展。

总之，马克思、恩格斯在领导无产阶级运动实践中，将民主制度作为重点内容，不断丰富党的建设思想，就如何加强党内监督提出了一些基本性原则。当然，除上述重点论述外，马克思、恩格斯的党内监督思想还在一些篇章中有所体现，例如，提出了通过批评来加强党内监督，认为党的各级领导干部是人民的公仆，要随时接受人民群众、党员的批评和监督，“要使人们不要再总是过分客气地对待党内的官吏——自己的仆人，不要再总是把他们当作完美无缺的官僚，百依百顺地服从他们，而不进行批评”①。

① 《马克思恩格斯全集》第三十八卷，人民出版社，1972，第33页。

批评和自我批评发展成了党内监督的重要利器。

19 世纪 40 年代，西欧资本主义已有相当发展，英、法、德等国生产力和科学技术达到前所未有的水平，无产阶级由自在阶级开始向自为阶级转变，无产阶级政党刚刚创建发展，运用革命力量夺取政权还在尝试探索。囿于所处时代的发展和革命实践，马克思、恩格斯只能是通过人类社会发展规律与当时资本主义发展状况进行分析，对无产阶级政党领导革命和政党建设作一些预见性的理论判断和尝试，不可能作出较为系统的专门性论述。但是毋庸置疑，马克思、恩格斯所提出的关于民主选举、民主集中制、党员纪律、党员平等等思想及权威理论为马克思主义党内监督思想的形成奠定了根本基础。这些思想为世界无产阶级政党建设提供了有力的引导和遵循，对新时代中国共产党加强党内监督、深入推进全面从严治党具有高度的指引和借鉴意义。

第三节　列宁党内监督思想与实践

列宁在继承马克思、恩格斯建党思想的基础上，领导了俄国社会主义革命、建设的实践，对党的建设、党内监督有了更为深入的认识，形成了较为完善的党内监督思想体系。在列宁看来，党是无产阶级的先锋队，是民主集中制指导下的新型政党，有铁的纪律和严密组织。保持党的先进性，必然要在党内开展普遍的监督，因为监督能形成党内运行的良性机制。列宁主张要尊重人民群众监督的主体地位，保护党员监督权利，并亲自领导创建了党的监督机构，要求把党的主要领导作为监督重点。列宁关于党内监督的思想与实践奠定了马克思主义党建思想的基本理论基础。

一、列宁党内监督思想形成的社会背景

1917 年 11 月，俄国十月革命胜利，推翻了沙皇专制统治，建立起人类历史上第一个无产阶级专政的社会主义国家。俄共（布）执掌了国家政权，也就面临着如何监督权力，防止权力滥用的问题。鉴于国内外形势、政党发展现状，列宁非常重视并推进政党建设，极力推进党内监督以保障党的纯洁性和先进性，保障无产阶级政党自身的健康发展。

（一）官僚主义在新生政权的复活

在列宁看来，官僚主义与共产党水火不容，是无产阶级政权保持健康发展的天敌。“共产党员成了官僚主义者。如果有什么东西要把我们毁掉的话，那就是这个。”[①] 无产阶级专政就其阶级本质来说，同官僚主义是水火不相容的，就其历史使命来说，是要彻底消灭一切形式的官僚主义的。但这并不意味着，无产阶级一旦掌握了政权，就能够立即消灭有着深厚封建传统文化基础的官僚主义、特权问题。

马克思、恩格斯曾预言，社会主义是建立在高度发达的资本主义政治经济文明基础之上的社会。苏维埃政权的建立打破了马恩关于社会主义国家建立的理想设置，在一个封建的沙皇君主专制的国家内建立起第一个社会主义国家。苏俄这个新型社会主义国家建立初期，资产阶级民主并没有充分发展，带有很多封建沙皇专制的政治、经济、文化等旧制度痕迹。这些封建积习、官僚意识随时都会因新的国家制度不完善而会死灰复燃、卷土重来。随着社会主义革命和建设初步展开，这些封建特权、官僚意识就逐渐暴露出来，政府里也出现了一些滥用权力、贪污腐化的现象。

在一党执政的国家，党政不分是权力不断扩张、膨胀而失去监督制约的重要原因。十月革命前，参与工人阶级运动的主要党派有布尔什维克党、孟什维克党和社会革命党。“二月革命”胜利后，由于布尔什维克党的领袖人物或被关在监狱，或被流放，或在国外，使得苏维埃领导权落在了孟什维克和社会革命党手中。1917 年 11 月 7 日以列宁为领导的布尔什维克

① 《列宁全集》第三十五卷，人民出版社，1986，第552页。

党经过艰苦斗争，终于攻下冬宫，推翻了克伦斯基临时政府，真正执掌国家政权，走上了苏维埃社会主义道路。刚刚成立的苏维埃政权，没有任何社会主义建设经验可遵循、借鉴。1918 年春夏之交，西伯利亚铁路沿线出现了两个反布尔什维克政权，促使苏俄政府取缔了非布尔什维克的社会党人，把孟什维克党和社会党的代表驱逐出去，布尔什维克党成为国家和社会生活的唯一的领导和指导力量。为了有效地管理国家，列宁提出建立“政党政府”，党对国家权力全面控制和接管，国家和政府机关、社会团体等都以上下级的关系服从党的机关。同时，苏俄建国初期，面对复杂的国内外形势，高度集权的体制更有利于集中力量打击来自国内外反动势力的反扑，“政党政府”的领导体制开始形成。这样，在党政合一的体制下，布尔什维克党的权力不断扩大、集中，逐渐出现了党政不分、以党代政、官僚主义等问题。

（二）“战时共产主义政策”的过度集中

十月革命胜利后，国内地主资产阶级和国外帝国主义国家对苏维埃新生政权发动了国内战争和国外武装干涉。1918 年 7 月至 1920 年底，在物质严重匮乏的情况下，为抵御国内地主资产阶级反动势力的反扑及外国的武装干涉，苏维埃政权把党、工会和其他组织的一切活动转入战时轨道，将“全国变为统一军营”，号召“一切为了前线，一切为了战胜敌人”，动员现有的全部人力物力用于国防需要。采取了“战时共产主义政策”，如：国内贸易国有化，一切食品、个人消费品和家用物品均由国家和合作社组织供应，取代私商；余粮收集制，产品配给制，劳动义务制等。

在内困外扰的非常时期，“战时共产主义政策”集中人力、物力、财力抵御了国内外的侵略势力，为第一个社会主义国家能立足于世界取得了根本性的胜利。然而，实行“战时共产主义政策”，使得党在组织上实行“极端集中制”，工作方法上实行“战斗命令制”，权力过度集中带来了政治弊端，党内民主严重缺乏，党的政治生活日益官僚化。俄共（布）第十次代表大会通过的决议一针见血地指出：“集中化就发展了官僚主义和脱离群众的倾向；战斗命令制往往采取被歪曲了的不必要的压制形式；必要的特权变成了各种舞弊行为的凭藉；党机关的必要紧缩削弱了党的精神生活，如此等等。这一切引起了党内的危机。”[①]强调集权、牺牲民主，使国家决策、部署更强调集中，领导集团权力不断膨胀、高度集中，甚至独裁专制、恣意用权。高度集权体制逐渐形成，也更加滋长了部分布尔什维克党党员和苏维埃政府公职人员的官僚主义、命令主义的思想和作风。在余粮征集过程中，很多地方的公职人员与农民还发生了严重纠纷，甚至发生了一些体罚、折磨、刑讯逼供等摧残农民身心的事件和群殴事件。广大的布尔什维克党党员也表达了对制度的担忧，发表意见。对于这些现象，列宁都看在眼里、记在心上，在取得了胜利性转折时决定调整政策，采取新经济政策。

（三）对身后领导集团执政的担忧

斯大林，担任苏共中央委员会总书记、苏联部长会议主席、苏联大元帅，成为列宁逝世之后的接班人。他曾协助列宁领导了十月革命，受到列宁的器重并成为苏共重要领导人，1922 年被选为书记处书记。斯大林表现出了过强的权力欲和专制力，在担任书记处书记时一度将政治局权力不断扩大，在处理国外关系和在国内余粮征集时出现了滥用权力的行为，在列宁逝世前两年已经不再虚心接受列宁的领导。

列宁在病情进一步恶化的情况下，表现出了对中央委员会最高领导集体和斯大林担任总书记后的担心。他害怕斯大林有了至高无上的权力之后，不能谨慎使用权力，担心由于斯大林、托洛茨基这样的中央委员的关系、各自个性及以往表现，有可能导致中央委员会最高领导集体分裂。1922 年 12 月，列宁口授了给应届党代表大会的信（对十二大召开的建议），共有五封，后人统称“列宁政治遗嘱”。其中就表达了这一担心，“斯大林同志当了总书记，掌握了无限的权力，他能不能永远十分谨慎地使用这一权力，我没有把握。另一方面，托洛茨基同志，正像他在交通人民委员问题上反对中央的斗争所证明的那样，不仅具有杰出的才能。他个人大概

① 《苏联共产党决议汇编》第一分册，人民出版社，1964，第52页。

是现在中央委员会中最有才能的人，但是他过分自信，过分热衷于事情的纯粹行政方面。现时中央两位杰出领袖的这两种特点会出人意料地导致分裂，如果我们党不采取措施防止，那么分裂是会突然来临的”①。为预防因个人专断而导致党的高层分裂，影响党的整个前途发展，列宁又提出了一系列旨在实行党的集体领导、强化党内监督体制的制度设计，建议把中央委员人数增加到几十人甚至上百人。

二、列宁关于党内监督的主要思想

加强党内监督是马克思主义建党学说的重要内容，列宁在领导俄国社会民主革命时早有认识，在《怎么办》中有关于党的建设的重要论述。十月革命胜利后，在领导第一个社会主义国家建设实践中不断深化党内监督思想，扩大党内民主，改革党内监督体制，加强对高层领导的监督，防止权力滥用和官僚主义，形成了无产阶级政党学说的重要理论成果。

（一）扩大党内民主

民主监督是自下而上的非权力监督，是党内监督体系的重要形式。党内民主是党内监督的前提，只有尊重和保护广大党员的民主权利，充分发扬民主，才能促使党员干部积极参与监督，防止权力滥用、权力腐败。列宁早期认为通过人民群众对国家公务人员的选举与撤换可以实现民主监督，在《国家与革命》中指出，“废除常备军，一切公职人员完全由选举产生并完全可以撤换”，“把国家的官吏变成我们的委托的简单执行者，变成对选民负责的、可以撤换的、领取微薄薪金的‘监工和会计’”②，使国家行政管理人员从人民的“老爷”变成人民的“公仆”，使国家机关真正成为高效、廉价地为人民服务的机关，实现人民主权，实现人民对权力的制约与监督。在十月革命胜利之初，他曾想建立一种典型的巴黎公社式的民主政治模式，让广大民众直接选举从地方到中央各级政府的领导人，

① 《列宁全集》第四十三卷，人民出版社，1987，第340页。

② 《列宁全集》第三十一卷，人民出版社，1985，第40、46页。

让人人参与管理国家、人人监督政府，但事实证明这种民主政治模式并不适合政治、经济、文化落后的俄国。

十月革命后，苏俄处在内困外扰的非常时期，“战时共产主义政策”越来越显示出权力过度集中带来的政治弊端，党内民主严重缺乏，党的政治生活日益官僚化，党内对扩大民主、健全民主集中制的呼声也越来越强烈，俄共（布）第九次全国代表大会提出把发展党内民主作为党的建设的主要任务。列宁积极倡导扩大党内民主，采取工人民主制。认为工人民主制这种组织形式，能保证全体党员甚至是最落后的党员都积极参加党的生活，参加讨论党所面临的一切问题和解决这些问题，并参加党的建设。“从上到下的一切机关都实行普遍选举制、报告制和监督制”，“排斥一切委任制度”，“充分自由地进行党内一切批评，制定全党性决议”[①]。

（二）健全党的代表大会制度

马恩认为党的代表大会制度是党内最高监督形式，并初步建立起了党的代表大会制度。列宁坚持和发展了党的代表大会制度，党的代表大会是最高权力机关，决定国家重大决策部署。人民委员会是最高执行机关，执行党的代表大会通过的决策。由于党的代表大会是年会制，人民委员会成为日常事务处理机关，也成为闭会期间代为决策机关。列宁创造性地提出了民主集中制是共产党的基本组织原则，要定期举行党的代表大会。在1918年至1923年，列宁领导俄共（布）6年的时间里始终坚持党的代表大会年会制度，重大问题要提交到代表大会上讨论决议。党的代表大会制度从体制上保证了党内民主机制和党内监督机制的健康运行。

列宁开创性地建立起了党代表会议制度，加强党内权力适当分解和制约。俄共（布）中央委员会是苏维埃政府的执行机关，向代表大会报告工作。在代表大会闭会期间，中央委员会是最高权力机关。为了避免党的权力过分集中于中央委员会，列宁在党的代表大会制度的基础上开创了党代表会议制度。党代表会议由党中央召集，各区部委员会的代表参加。通常

① 《苏联共产党决议汇编》，人民出版社，1956，第54页。

是在两次代表大会之间召开，从而对两次代表大会起到桥梁和枢纽作用，避免党的权力过分集中。同时，还对中央委员会适度分权，分设下属机构，平衡制约权力。1919 年 3 月，俄共（布）中央委员会成立了三个平行的下属机构，即政治局、组织局和书记处。俄共（布）八大党章规定其职能："中央委员会设政治局——负责政治工作，组织局和以书记（中央委员会组织局委员）为首的书记处——负责组织工作。"[①] 他们每两周要向中央委员会报告工作。党的代表大会是最高国家权力机关，但由于是年会制，不能经常开，因此重大事务的决策要政治局代为处理，这样党的权力就容易集中于政治局。列宁在病危中还建议提高中央委员会的地位，增加中央委员会人数，扩大党内高层民主，以避免权力过分集中。

（三）建立中央监察委员会

不受制约的权力必然会产生腐败，无产阶级政权也不会幸免。十月革命胜利后不久，一些党员和政府官员意志消退，甚至出现了滥用权力、贪污受贿的现象，官僚主义复燃，严重损坏了党的肌体健康和形象，使列宁越来越意识到权力监督的重要性、必要性。为了加强党内监督，提高监督有效性，列宁建议成立专门的党内监督机构——监察委员会，并对监察委员会的运行机制和具体工作作出了设计。

监察委员会与中央委员会平行并监督其权力运行。在新政权建立最初几年，由于几乎都处于战争状态，虽然也建立起了国家监察机构，但并未能有效地发挥作用。1920 年俄共（布）九大召开，列宁提出，虽然战争还在继续，军事形势也并不好，但是时候把组建党的监察机关提到议程上了，建议"成立一个同中央委员会平行的监察委员会，由受党的培养最多、最有经验、最大公无私并最能严格执行党的监督的同志组成"[②]。此次代表大会通过了由列宁起草的设立监察委员会的《关于党的建设的当前任务的决议》，决定成立与中央委员会平行的中央监察委员会。中央监察委员会由党代表大会选举产生，向党代表大会负责并报告工作。它的职责是同

① 《苏联共产党章程汇编》，求实出版社，1982，第21页。

② 《苏联共产党决议汇编》第二分册，人民出版社，1964，第43页。

党内官僚主义、升官发财思想以及党员滥用职权的行为做斗争，接受并审理各种与之相关的申诉和控告。

监察委员会有其独立性、权威性。中央监察委员会作为党的最高监察机关，由党代表大会选举产生，有权以监督的形式参与决策，对中央委员会形成监督。监察委员会的工作具有独立性，不接受中央委员会的旨意，从而实行有效的监督。俄共（布）十大、十一大通过了《关于监察委员会的决议》《关于监察委员会的任务与目的》《监察委员会条例》等。俄共（布）十大的决议规定：监察委员会的决议，本级的党委会无权撤销而有责任认真执行，如党委会对监察委员会的决议有异议，必须在代表大会或本级代表会议上解决；中央监察委员会委员为专职，不得兼任中央委员会委员和其他行政、经济方面的职务。这一规定再次突出了监察委员会的独立地位和政治权威。俄共（布）十二大通过了新党章，首次规定建立各级监察委员会。列宁临终前还强调，中央监察委员会“应该‘不顾情面’，应该注意不让任何人的威信，不管是总书记，还是某个其他中央委员的威信，来妨碍他们提出质询，检查文件，以至做到绝对了解情况并使各项事务严格按照规定办事”[①]。

（四）加强对领导高层权力的监督

随着俄共（布）执政形势发展变化，列宁敏锐地感觉到了党内缺乏监督将会面临高度集权的政治体制和官僚主义的现实危机，这首先表现在最高层领导集体中间。列宁认为监督的重心应当是领袖、中央委员会及领导机关，将领袖和党的最高机关列为受监督的首要对象，强化党内监督体制，防止独断专行、滥用权力的寡头政治。

扩大中央监察委员会人员组成，增强监督力量。列宁强调，中央监察委员会作为与中央委员会平行的独立机构，享有独立行使对同级党组织及其领导者的参与权、检查权、质询权、否决权、查处权等基本权力，对党的最高权力机构负责。他认为，应当派监察委员会部分人员直接参与中央

---

① 《列宁选集》第四卷，人民出版社，2012，第782—783页。

委员会。同时，为进一步增强监察机构的力量，列宁在俄共（布）十二大上建议，从工人和农民中选出 75—100 名新的中央监察委员，“当选者也像中央委员一样，应该经过党的资格审查，因为他们也应享有中央委员的一切权利”[①]。

改组工农检查院，统一党、国家、人民的监督。工农检查院作为国家监察机关，主要承担着对政府部门的监督，但在十月革命后未能很好地发挥作用。列宁原来是主张党政分开的，但鉴于工农检查院作用发挥不力，决定改组工农检查院，精兵强肌，提高威信，有效地对党的最高领导机关（中央委员会、中央政治局）进行监督；并提出将工农检查院与中央监察委员会结合起来，统一行使监察职能，对党政工作及其党政干部进行监督。列宁建议，中央监察委员会、工农检查院组成联合机关，派出一定数量的人员出席中央政治局会议和检查政治局送交的各种文件，他们有绝对的责任、有权力了解中央政治局的情况并处理政治局的问题。他们要形成一个紧密的集体进行监督检查，“凡与政治局会议有关的文件，一律应在会议前 24 小时送交中央委员会和中央监察委员会的各委员，刻不容缓的事情除外，这类事情要通过特别程序通知中央委员会委员和中央监察委员会委员并加以解决”[②]。

（五）加强对法规制度执行的监督

党的权力过分集中，使得党政机关的官僚主义复生，家长制作风严重，腐败现象滋生蔓延。为了有力地打击和惩治贪污受贿等腐败行为，列宁主张完善法律法规，提高法律的执行力，对党政权力实行有力的制约。在列宁领导下，苏维埃代表大会和人民委员会相继通过了一系列法律和法令，如《关于贿赂行为》《关于肃清贿赂行为》《关于消灭拖拉现象》等反腐败制度。仅 1919 年至 1923 年先后出版的《俄罗斯联邦法令汇编》就收入了列宁领导制定颁布的有关法令 16 项。这些法律法令的制定和颁布，为推进反腐倡廉建设，严厉打击和惩治各种腐败行为提供了必要的法律依据

---

① 《列宁全集》第四十三卷，人民出版社，1987年，第374页。

② 《列宁全集》第四十三卷，人民出版社，1987年，第376页。

和制度保障。当然，法律必须得到社会的严格遵守和执行，才能发挥其应有的作用与功能。列宁强调，必须遵守极严格的革命秩序，必须恪守苏维埃的法律和命令，并监督所有人来执行。列宁要求对于那些行贿受贿、贪污腐败的违法犯罪分子，无论是国家机关工作人员，还是党员干部，都要严惩不贷，决不纵容偏袒、姑息迁就。

三、苏俄实践及覆亡教训

列宁继承马克思恩格斯党内监督思想，在新生的社会主义政权建设中，力图从党的自身建设出发，找到一个党强身健体的支柱，在一党执政的社会主义国家建立一个有效的权力监督和制衡机制，对党员干部特别是领袖和最高层权力进行有效监督，防止权力滥用、官僚主义，防止高层决策失误。然而，这一党内监督机制在其逝世之后不久，斯大林等继任者并没有很好地继承下来。他们背离了马恩、列宁的党内监督思想，形成高度集权的领导体制，党内权力缺乏制衡，党内监督名存实亡，特权盛行，贪腐普遍，最终导致了政权的覆亡，给世界共产主义政党、各国共产党人和世界人民留下了非常深刻的教训。

（一）无产阶级政权权力制衡机制被打破

列宁最初关于监督设想的核心思想是人民监督，人民通过选举、撤换国家公务人员来进行监督，无产阶级政党通过代表大会制度来领导社会主义建设。在其逝世之后，执政者们抛弃了马克思主义建党原则，将无产阶级执政的基本政治制度——党的代表大会制度、党代表会议年会制及中央委员会定期召开制都抛在了脑后，完全以首脑个人的意志来决定会议的举行。列宁创立的无产阶级权力监督和制衡机制在后继者们手里逐渐被改造、削弱。

党的代表大会制度非正常进行。党的代表大会制度是无产阶级政党的一项带有根本性的组织制度。按照马克思主义建党原则，党的代表大会是党的最高权力机关，在全党具有最高权威。在《共产主义同盟章程》中规定，代表大会是全盟的立法机关，代表大会于每年8月举行。列宁在领导苏维埃政权时很好地执行了这一制度，坚持每年召开，并创造性地提出实行党代表会议年会制，以约束中央委员会的权力。斯大林执政后，打破了党的代表大会制度，党的代表大会召开断断续续。1925 年十四大之后，党的代表大会相隔时间越来越长，最长停止 13 年之久。党代表会议相隔时间更长，如从 1941 年举行的第十八届党代表会议到 1988 年的第十九届党代表会议，近半个世纪之久。中央委员会也有隔 5 年之久的。无产阶级政党建党原则的打破，使受人民权利制约的权力变成了个人权力意志，执政者权力高度集中，毫无民主可言，国家决策部署全靠长官意志，特权现象严重，官僚主义盛行。

政治局独揽国家权力，分权制约机制也被打破。为了加强党的集体领导和分工负责，中央委员会下设三个平行直属机构：政治局、组织局和书记处。由于党的代表大会不能经常召开，党的许多重大决策一般由政治局来作出。1922 年书记处增设总书记，斯大林任总书记，虽然总书记只是书记处的首脑。但他撇开了组织局，使政治局包揽、包办一切，政治局权力无限扩大，甚至凌驾于党代表大会、党代表会议和中央委员会之上。在俄共(布)十四大上，斯大林公然违背党章，宣称政治局是拥有全权的机关，高于一切中央机关的。在政治局内部，斯大林又搞了五人小组，他们完全听命于斯大林，搞个人专权、总书记独断。这样决策权完全掌握在斯大林一人的手中，成为专制的统治。虽然列宁在逝世前，也力图提高中央委员会的地位，将中央委员会人数扩大到 50—100 人，推进党内高层民主，以减少权力的过分集中。然而，委员是增加了，但并没有能阻挡斯大林的独断专权。在其后的领导人中，权力高度集中的政治体制并没有大的改观。

（二）民主集中制质变为高度集权化

民主集中制是无产阶级政党的基本组织形式，是在民主基础上的集中和集中指导下的民主相结合的制度。列宁在马恩思想（没有明确提出，但马恩思想中已有）的基础上，结合俄国革命实践和欧洲国际主义运动，在 1903 年俄国社会民主工党第二次代表大会上明确提出了党是建立在民主集中制指导下的新型的党，民主集中制是无产阶级政党、社会主义国家机关和人民团体的根本的组织原则。尽管列宁所称民主集中制是民主基础上的集中制，但十月革命后，在俄国内外交困的环境之下，列宁更多强调的是集中。俄共（布）所采取的“战时共产主义政策”的消极因素进一步强化了集权领导体制，斯大林更是将民主集中制演化为绝对的集中、高度集权、个人崇拜、特权主义。

高度集权体制严重背离了民主集中制原则，政党也就缺失了人民群众的广泛监督。苏俄建国初，面对国内反动阶级的武装暴动和帝国主义的频频武装侵略，苏俄采取的“战时共产主义政策”显示出了其极大的优越性，集中了苏俄的人力、物力、财力，经过十年卓绝的斗争初步确立了社会主义制度。但这样高度集中的领导体制并不能很好地发展社会主义民主制度，人民民主监督的意识和自觉性都没有很好地培育出来。高度集权的领导体制，离开了广泛的社会主义民主政治，离开了广大人民群众的监督，极容易产生权力膨胀、专制。在列宁逝世后，斯大林打破了列宁所设置的社会主义国家民主集中制原则，压制民主，搞个人专断、领导特权、领导终身制、以党代政，形成了个人高度集权的政治体制，党内外都缺乏有效的监督。斯大林在 20 世纪 30 年代制造的“大清洗”，造成数以千计的冤假错案，是对民主法制的严重践踏。

社会主义民主政治缺失，使党和国家领导干部腐化变质。社会主义民主政治的本质和核心是人民当家作主，国家的一切权力属于人民。人民有权管理国家和社会各项事务，并监督国家机关及其工作人员。苏俄为了应对国内反动势力采取的高度集权体制，并没有很好地培育党和国家领导干部为人民服务的意识，更多地助长了长官意志、特权思想、官僚主义，因此十月革命后不久就出现了一些党员干部贪污公款、行贿受贿、大搞官僚特权等现象。在余粮收集制落实中，经常有一些下乡收粮干部与农民发生冲突，引发农民告状的事件，甚至发生了农民叛乱，出身农民的红军开枪镇压农民的恶性事件。在 1920 年俄共（布）九大时，许多党代表已深切地认识到，党内严重腐败已不是秘密，一些党员的奢侈行为并不比老牌资本主义逊色。

（三）专职监察名存实亡

列宁非常重视国家监察体制的建设，建立了中央监察委员会这一重要机构，通过党内监督来约束权力，这也是其监督思想的重要成果。然而，随着斯大林的专权日益加重，中央监察委员会的地位、性质、作用都发生了变质。党内监督机制遭到破坏，无法进行有效监督。

监督者的权力完全处于被监督权力领导之下，无独立性、自主性。在列宁力推下于1920年建立的中央监察委员会，是与中央委员会平行并重，由党员代表大会选举产生并对党代会报告工作的一个中央监督机关。中央监察委员会有权力派一定代表参加中央政治局会议，哪怕是总书记也不得妨碍他们质询、检查文件。列宁逝世后，其创立的权力监督机制也逐渐被打破。斯大林在俄共（布）十三大时，虽然接受了列宁建议，扩大了中央监察委员会人数，其中许多是农民、工人，监察委员会的实际工作是帮助中央委员会和党的地方机关统一和纠正工会工作人员和经济工作人员的路线，同时完成建设工人专政的国家和巩固工农联盟的总任务；为了充分保证对各级党组织的统一领导，代表大会认为监察委员会的工作必须同党委员会紧密结合起来。例如，党委员会必须派代表参加监察委员会的各种会议并监督其工作。1934年联共（布）十七大通过决议，撤销中央监察委员会，成立联共（布）中央监察委员会，由党代表大会选出委派一名联共（布）中央委员会书记为党监察委员会的领导者。1939年联共（布）十八大最终完成了对苏联监察体制的改造，规定党的监察委员会由中央委员会全体会议选举，并在联共（布）中央委员会领导下进行工作。这样，经过斯大林的改造，苏共中央监察委员会变成了各级党委的下属机构，其成员不再由代表大会选举产生，各级监督者的权力都来源于领导者。其职能也从监督党员干部的行为和党的决策，变成了主要监督党的方针政策的执行。对党的领导层，特别是最高领导人起不到任何监督作用。监督者笼罩在被监督者的权势之下，监督机制无法发挥作用。

党内监督机制的破坏，为独断专权、权力滥用、贪污腐败大开方便之门。权力失去了制约监督，犹如脱缰的野马。斯大林削减了中央监察委员会的权力，增强其行政事务职能，弱化监督职能，将专门的监督机构演变为在他独裁专制权力控制下的一个部门。监督机构的领导人由被选举变成了被委任，并逐渐官僚化，成为利益集团的一部分。过度的集权政治体制，使“一把手”的权力超过了一切，不受党规党纪、法规法纪约束；掌握着各种资源的领导干部在没有监督制约下也演化为特权阶层。这个官僚特权阶层，颐指气使，恣意用权，逐渐脱离了实际，远离群众，他们不再是人民群众的利益代表。苏联共产党逐步蜕变为为特权阶层谋取个人、集团私利的“护身符”，不再维护广大人民群众的利益，丧失了执政的合法性。在勃列日涅夫时期，全国性腐败大案要案不断发生。1980 年的“黑鱼子酱走私案”有渔业部、贸易部、食品工业部、太平洋舰队等 300 多名干部涉案，使国家遭受了重大经济和政治损失。

（四）将特权制度化

无产阶级政权建立不久，深深植根于沙皇专制的官僚主义、特权思想就有所抬头。列宁也试图按照马恩对巴黎公社经验总结的那样，领导干部与工人拿同样的工资，对领导干部的薪金和待遇做严格规定，要求一切公职人员的薪金“不得超过熟练工人的平均工资”。他带头示范，作为国家最高领导人的工资与铁路工人的最高工资一样为 510 旧卢布。然而在政权建设和肃反中，领导层的特殊待遇逐渐增多，他们也不再依靠微薄的薪金来生活，与群众的差距越来越大。

斯大林时代更是将这些特殊待遇合法化，建立起了一整套保证领导干部特权的制度。（1）宅第权。从中央到地方各级官员均有一处或几处别墅。凡是名胜地、风景区、海滨、避暑胜地，几乎全部被大小官员的别墅所占据。（2）特供权。各级党政机关均有特设的内部商店、餐厅、冷库等供应网络，按照官职大小、地位高低享受特殊供应。（3）特教权。凡是高级官员的子女，从幼儿园到大学均有培养他们的专门机构或保送入学的制度。高级军官的儿子则直接送军事院校培养。（4）特继权。官员特别是高级官员可以免费为自己的子女留下豪华住房和别墅，供他们终身享用。（5）特卫权。花在高级领导人身上的费用，达到无法核算的程度。（6）特支权。位居金字塔顶端的官员在国家银行有敞开户头，即户主可以不受限制随意提取款项的户头。即使是全国爆发大规模饥饿的 20 世纪 30 年代，领导层的特供都没取消过。赫鲁晓夫上台后，虽然对特权腐败进行了一些纠正，但也未能从根本上消除干部特权腐败，到勃列日涅夫时特权腐败达到顶峰，不但恢复了取消的特权，而且还增加了许多新的特权项目。

领导干部的特权腐败，严重地践踏了人民的主权和利益。无产阶级政权成为只为干部阶层服务的利益集团，失去了其执政的基础、执政的合法性，政党内部也已经腐败变质、满目疮痍，在西方资产阶级势力的和平演变和颠覆之下，必然导致了社会主义制度在这个国家的覆亡。

第二章

文化基因：中国古代监察制度与文化积淀

中华优秀传统文化源远流长、博大精深，孕育了丰厚的精神文化财富，生成了大量的廉政理论、廉政制度和廉政文化，古代由君主直接控制的监察系统在各个历史时期的政治建设中都发挥了重要作用。早在上古时代，就有廉洁思想、监察监督制度的萌芽。从秦始皇统一中国开始，历朝历代为维护中央集权专制统治，以儒家思想强化人们的伦理道德观和行为规范，以监察监督制度来整饬吏治、巩固皇权，内修大德与外部监察相结合。中国古代历史上的监察制度文化、廉政文化虽在不同历史时期表现形式不同，但廉洁基因蕴含于中华优秀传统文化中代代传承。中国共产党在马克思主义思想指导下，坚持“两个结合”，发掘优秀传统文化中的廉政资源，传承优秀传统文化的廉洁基因，形成了中国特色社会主义监督体系。

第一节　中华优秀传统文化中的廉洁基因

从上古时代起，虞舜就告诫官员要“直而温，简而廉”。清廉在中华优秀传统文化中一直是为政之道、为政之要。以儒家思想为道统的如民为邦本、为政以德、严以修身、崇德尚俭等廉洁基因深深印刻于中华民族传统文化里，润物细无声地强化着中华民族崇廉尚洁的优秀传统，激励着官员修身律己、清廉用权的自觉自信，推动着人们对建设廉洁政治理想目标的不懈追求。

一、中国廉政文化之源起与发展

中国廉洁文化肇始于中华文明开启之时。在氏族社会，人类共同劳动、平均分配劳动成果，已经有了人人平等、民主议事的意识和行为，推举有德、有能者掌管氏族事务。民主监督也有了最初的萌芽，尧舜禹时期就有了人们对贪贿的指责和对清廉的赞叹，氏族首领在处理公共事务中也意识到对自身素质的要求，如传说中的大禹治水三过家门而不入，尧舜禹禅让选贤任能，廉洁文化以朴素形态出现。《尚书・皋陶谟》中记载了帝舜与众人讨论政事，掌管刑法的皋陶提出了“宽而栗，柔而立，愿而恭，乱而敬，扰而毅，直而温，简而廉，刚而塞，强而义”的“九德”，认为这是执政者应具备的九种品质，“直而温，简而廉”就在其中。

随着生产力的提高和社会分工的发展，私有制产生，阶级社会出现，统治者为了政权稳定，把廉洁作为道德伦理规范和政治规矩来要求。统治阶级在王朝统治实践中逐渐意识到民众的力量，发出了“皇祖有训，民可近不可下，民惟邦本，本固邦宁”（《尚书・五子之歌》）的叹息，得民心者得天下，失民心者失天下。西周开始以廉为本来考察官吏的政绩，据《周礼·天官冢宰》记载：“（小宰）以听官府之六计，弊群吏之治。一曰廉善，二曰廉能，三曰廉敬，四曰廉正，五曰廉法，六曰廉辨。”其中，“廉辨”即明辨是非，是对廉政监督官员的重要职务技能要求，即官员不仅要有敏锐的眼光和冷静的思维，而且要办事公正、廉洁。春秋战国时期，各诸侯国将“不慈孝于父母，不长悌于乡里，骄躁淫暴，不用上令者”纳入廉政巡察考核范围，要求官员清正廉洁，以孝、忠入政令来养廉敬廉。随着诸子百家的出现，百家争鸣、各抒己见，虽政见不同，但都不同程度地表达了对廉政治理的看法。儒家强调“民为本”，提倡以道德教化来实施仁政。孔子有言“政者，正也。子率以正，孰敢不正”（《论语·颜渊》），提出统治者要作表率来引领规范臣民行为；孟子也以“君舟民水”的理论，讲述了水可载舟亦可覆舟的道理。以韩非子为代表的法家强调以法而治，认为法治是廉政的保障，主张严厉打击贪污受贿行为。道家则主张效法天道，无为而治，追求清静无欲，清心寡欲。墨家主张“兼相爱、交相利”，站在他人立场反观自身，相互友爱，交互得利，与廉洁的主张内在统一。诸子百家充满对廉洁政治的向往，要求为官者必须崇德尚廉、廉以为政、持俭戒奢，对中华文明发展产生了重要的政治影响，为中华优秀传统文化的传承和发展奠定了良好的廉洁基础。

从秦始皇统一起，中国进入长达两千多年的中央集权封建统治时期。历代王朝更迭与兴衰跌宕起伏，成为封建专制历史发展的常态。每一个王朝覆灭背后都有其各种深层次的社会因素和历史原因，但权力腐败是几乎所有朝代都迈不过去的“槛”，是致命性因素。从规律性上来看，王朝灭亡总是因为政权中后期出现政治腐败，矛盾激化，内乱外患交织，最后人亡政息，被新的王朝所取代。新的朝代建立，初期执政者保持头脑清醒，采取一些勤政爱民的举措来维护其统治，但到中后期又会出现昏君执政、贪污腐败横生的现象……历代政权都普遍经历了由治到乱、由兴到衰的周期性现象，这被称为历史周期率，在古近代发展史上都未被破解。但是，清正廉洁一直是历朝历代吏治追求的重要政治目标，一些有作为的明君和有识之士十分重视廉洁政治，大力倡导廉政，谏言统治者持俭戒奢、清廉执政，对历朝历代的政治建设、中华民族的廉洁基因传承都意义深远。

在古代，一些有作为的君主为稳定政权，积极推进建章立制和改革，在廉政思想、法规制度建设等方面作出重要的贡献。秦汉时期是中国传统廉政制度正式生成时期，秦始皇为加强中央对地方的统治，制定了职官设置制度、官吏选用制度等，其中都有对廉政的相关规定，最直接的体现是建立起了监察系统，到西汉时专职监察机构正式生成。唐太宗倡廉治贪，既能善于对大臣进行“水能载舟，亦能覆舟”的廉政思想教育，又能虚心接受魏徵等谏官的建议，开创了中国历史上著名的“贞观之治”。宋太祖倡导勤政节俭的廉政思想，以身作则、正人正己，勤俭之风遍及朝野。在各个朝代都有过许多清官廉吏、贤人君子，他们以廉洁品格为人生价值理想和政治实践追求，修身立德、廉洁从政，体现出了忠君勤政、尚俭爱民、正直无私、刚正不阿、执法严厉等普遍特征。如，汉朝的贾谊、董仲舒，魏晋时期的诸葛亮、陶渊明，唐朝的魏徵、狄仁杰，宋元时期的范仲淹、包拯、司马光、王安石，明清时期的张居正、海瑞、顾炎武、于成龙等。他们修身律己的廉洁思想和廉洁从政的政治实践，都对后世产生了积极影响，极大地丰富了传统廉洁文化的思想内涵，丰富了中华优秀传统文化。在民间，明君清官廉吏的事迹常通过戏曲、评书、说唱等方式传扬，受到老百姓的赞扬、称颂，对于中国廉洁文化思想的传承和发展发挥了重要的作用。

二、中国古代廉政思想的主要内容

自有权力以来，腐败就与之共生，我国历朝历代更替的“历史周期率”成为古代王朝不可规避的问题。为了稳固国家统治地位，历代思想家、政治家对于廉洁政治建设的向往和追求，治国安邦历史的经验总结，提出的廉洁思想理论，注入了中华民族文明精神血脉。

（一）以民为本

民本思想是中国传统伦理政治思想的核心理念，也是治理国家、整顿吏治的基本哲学基础和理论前提。早在《尚书·五子之歌》中，就有对民众力量的认识，“民惟邦本，本固邦宁”。孔子认为为政者要重民、利民，应该“足食，足兵，民信之矣”。“自古皆有死，民无信不立。”（《论语·颜渊》）“因民之所利而利之。”（《论语·尧曰》）没有人民的信任，什么也谈不上。统治者要关注民众的愿望和需求，尽可能满足民众的利益需要。孟子则首次提出民贵君轻的思想，认为“民为贵，社稷次之，君为轻”（《孟子·尽心下》），主张君主应施“仁政”，以仁爱之心对待人民，争取民心，“亲亲而仁民，仁民而爱物”（《孟子·尽心上》），“得天下有道，得其民，斯得天下矣”（《孟子·离娄上》），得民心者才能得天下，民心对国家的发展至关重要。荀子则认为“天之生民，非为君也；天之立君，以为民也”（《荀子·大略》），君主的职责是为民众服务的，“君者，舟也；庶人者，水也。水则载舟，水则覆舟”（《荀子·王制》）。在秦汉之后，统治者们从王朝兴衰更替的教训中充分认识到了民众的力量，把“舟水之喻”作为执政之鉴，采取了一系列重民利民的政策来巩固其统治地位，出现了如“文景之治”“贞观之治”“开元盛世”“康乾盛世”等社会稳定、经济发展的盛世。

古代民本思想在我国的政治思想中占有重要地位。它以丰富的思想内涵，在历代国家治理实践中发挥了重要作用。虽然在封建专制统治之下，君主是统治主体，民众只是为了维护其统治稳定，才被作为重视和关心的对象，但思想家们倡导民本思想，可以看出他们已经朦胧地意识到人民的历史主体地位，以及人民群众对推动历史发展的重要作用。同时，在一定程度上，民本思想也反映了人民的愿望，维护了人民利益，影响了统治阶级的价值取向，遏制了其残暴统治，推动了人类历史文明发展的进程。

（二）廉政之道

清正廉洁是为政之根本，在我国古代先贤那里早有认知并付诸政治实践。墨子把“廉”作为人的重要德行提了出来，认为君子之道有廉、义、爱、哀“四行”。在西周时就开始把“六廉”（一曰廉善，二曰廉能，三曰廉敬，四曰廉正，五曰廉法，六曰廉辨）作为考核官吏政绩及其清廉的标准。治国不仅要求官员德才兼备、通晓法律、尽责守职，而且要求官员清正廉洁、明辨是非，体现出了廉能并重、以廉为本的思想。“廉者，政之本也，民之惠也；贪者，政之腐也，民之贼也。”（《晏子春秋·内篇》）一语道出了“廉”与“贪”对于一个国家政权的影响，清正廉洁是为政为民的根本；贪污受贿是政治上的腐败，是民众的盗贼。先秦之后，历代统治者、朝臣在治国实践中对清廉的认识越来越清晰。宋朝吕本中在其所著《官箴》中说：“当官之法，唯有三事：曰清、曰慎、曰勤。”清廉也是为官的首要标准。包拯在《乞不用赃吏》中提到“廉者，民之表也；贪者，民之贼也”，认为廉洁的官员是民众的榜样，而贪官是民众的祸害。明代开始流行一则官箴，“吏不畏吾严而畏吾廉，民不服吾能而服吾公；公则民不敢慢，廉则吏不敢欺；公生明，廉生威”（曹端《官箴》）。公道自然明朗，清廉正直自然生威，遇事心里不会胆怯，别人不敢欺负。公与廉紧密相连，从远古尧舜时代天下为公、公而忘私的高尚品格就被称颂，“天下为公”一直是中国古代思想家追求的伦理理想。明代思想家薛瑄在《从政录》中把为官清廉分为三个层次，“世之廉者有三：有见理明而不妄取者，有尚名节而不苟取者，有畏法律保禄位而不敢取者。见理明而不妄取，无所为而然，上也；尚名节而不苟取，狷介之士，其次也；畏法律保禄位而不敢取，则勉强而然，斯又为次”。意即，深明大义而不胡乱索取，是发自内心的自然行为，是清廉中最上乘的境界；崇尚名节而不随便索取的，是洁身自好耿介之士，是次一等的境界；畏惧法律为保俸禄官位而不敢索取，是被迫清廉，这又差一等了。清代著名清官张伯行不接受任何馈赠，发出了《禁止馈送檄》，“一丝一粒，我之名节”。可见，古代先贤对清廉之道的理想追求和执着坚守。

廉，是立身之基，齐家之始，治国之源，从政为民之根本。古代思想家、政治家把廉作为治国理政的必备品质，作为政治理想的精神追求，不少统治者和官员都付诸行动，涌现出了一批如包拯、司马光、于谦、海瑞、于成龙等清正廉洁的典范。同时，我们也看到，古代只是把“廉”当作对官员的道德要求，靠的是个人的道德修养、自律能力的软约束，并没有形成较为完备的制度机制，所以约束力、执行力不是很强。

（三）崇德尚能

从政之基在于修德，以德治国的政治理念成为中国古代历朝历代政权建设所贯穿的一条主线。自远古尧舜时代就有“以德治世”的思想传统，从孔子重仁德、以礼治国到孟子主张“仁政”、荀子“德主刑辅”，儒家以德治国思想形成，到董仲舒“罢黜百家，独尊儒术”确立了儒家思想的主导地位，再到程朱理学的理论深化、逻辑论证，以德治国思想成为一个比较系统的思想体系。儒家把道德作为修身立德、定国安邦、教化天下的根本，把统治者的修身修己看作治国平天下、实现德治理想的前提。孔子主张为政之德，曰“为政以德，譬如北辰，居其所而众星共之”（《论语·为政》），为政者有高尚的道德，老百姓就会拥戴他；强调修身正己，“政者，正也。其身正，不令而行；其身不正，虽令不从”（《论语·子路》），“子欲善而民善矣。”（《论语·颜渊》），君王作为最高政治权威要作表率，才会政令畅通、国泰民安。古代政治思想要求重视官吏的官德、政德，教育各级官吏“富贵不能淫，贫贱不能移，威武不能屈”。“道也者，不可须臾离也，可离非道也。是故君子戒慎乎其所不睹，恐惧乎其所不闻。莫见乎隐，莫显乎微，故君子慎其独也。”（《礼记·中庸》）君子在任何时候都不能和道德分离，哪怕在独处时也应恪守高尚的道德情操。

与以德治国密切相关的就是举贤任能。在殷周以来实行的是“以世举贤”制度，“先祖当贤，后子孙必显，行虽如桀纣，列从必尊，此以世举贤也”[①]。儒家主张统治者重德尚贤，以德选官治吏，选拔的官吏首先必须是道德高尚的人。孔子认为“先有司，赦小过，举贤才”（《论语·子路》），朱熹注曰：“贤，有德者；才，有能者。举而用之。”[②]德才兼备才具备管理国家的资格。“其人存，则其政举；其人亡，则其政息……故为政在人。”[③]国家兴盛关键在于贤才当政。

① 王杰：《荀子》，华夏出版社，2001，第347—348页。

② 朱熹：《四书章句集注》，中华书局，1983，第141页。

③ 朱熹：《四书章句集注》，中华书局，1983，第28页。

古代以德治国、崇德尚能的思想奠定了中国传统政治思想的价值伦理和廉政基础。在以德治国的治理模式之下，为政者作为国家治理的主体，其道德修养、政治素养在国家政治体系中有绝对重要的作用。由此，从德治方面来严格要求官吏，用严于克己修身来提升道德素质修养，用自身的品行端正来作表率，通过道德教化来不断地带动民众提高其道德素质。由于以德治国思想对官员是从修身道德来要求，要靠个人的道德修为，没有硬性的制度约束，这对激励能官廉洁从政的实施有很大的局限性。

（四）尚俭戒奢

勤俭节用，不仅是中华民族的优秀品质，而且是古代思想家廉洁治国的重要思想。从古至今，崇尚节俭一直是作为人们的行为美德来提倡施行的。古人很早就有勤俭节用治政的观念。《尚书·大禹谟》讲："克勤于邦，克俭于家。""克勤克俭"一词由其衍生而来。《左传》提出"俭，德之共也；侈，恶之大也"，把俭和侈作为衡量德行和恶习的标准。孔子把俭与温、良、恭、让一同列为做人的基本道德准则，并将之践行，成为勤俭一生的楷模。墨子提出"俭节则昌，淫佚则亡"（《墨子·辞过》），把节俭上升到决定国家兴亡的高度。韩非子也有"侈而堕者贫，而力而俭者富"（《韩非子·显学》）之言，以俭和侈的辩证关系来揭示人之贫富、国之强弱的原因。三国时期的诸葛亮有"静以修身，俭以养德"之论。唐朝李商隐《咏史》一诗中的"历览前贤国与家，成由勤俭败由奢"成为千古名言，警示世代执政者要克勤克俭，勤俭持家，勤勉理政。宋代司马光的"由俭入奢易、由奢入俭难"（《训俭示康》），揭示了治国理政、修身齐家的宝贵经验。分析历朝历代覆灭的原因，穷奢极欲是一个极为重要的因素。

古代思想家们提倡以俭养廉，主张通过崇尚节俭去促善、杜绝奢侈以祛恶，希望统治者通过提高道德修养反观自身，保持勤俭节用、力戒奢靡享乐的生活作风，不为物欲所惑，不追求奢侈享乐，保持清正廉洁的从政之风。历史上也留下了众多政治家把节俭作为修身养性之准则、治国理政之法宝的故事和佳话，如于成龙"半只鸭"的故事，海瑞为官三十年只留下几只装着旧衣服的破箱子等，这些都是中华民族廉洁文化的宝贵精神财富。

（五）修身律己

修身养性是中国传统思想中的重要基础理论，是廉洁道德养成的重要实现路径。修身律己是指通过自我修养身心、反躬自省，努力提高自己的道德品质，使身心达到一个比较完美的境地。修身律己一直浸润在中华优秀传统文化的血脉中，帮助人们锤炼人格、塑造自我，成为代代相传的中华美德。儒家把修身立德、正己正人、完善人格看作做人做官的基础和前提。[①]孔子认为“自天子以至于庶人，壹是皆以修身为本”（《礼记·大学》），“德之不修，学之不讲，闻义不能徙，不善不能改，是吾忧也”（《论语·述而》），修养身心是基础，修身做到了，齐家、治国、平天下也就顺理成章了。见贤思齐、反观自身是修身律己的重要路径，孔子指出“见贤思齐焉，见不贤而内自省也”（《论语·里仁》），孟子认为要以修身来立命，“夭寿不贰，修身以俟之，所以立命也”（《孟子·尽心上》）。曾子认为要“吾日三省吾身”（《论语·学而》），通过不断地自我反省来锤炼人格。古代思想家引导人们要以严以修身来修官德，要常存廉耻之心和敬畏之感，教化人们要懂礼义廉耻，以礼义教化为主的治国理念，教化国民。《管子·牧民》称：“何为四维？一曰礼，二曰义，三曰廉，四曰耻。”“四维不张，国乃灭亡”。北宋欧阳修归纳为：“礼义廉耻，国之四维。四维不张，国乃灭亡”（《新五代史·冯道传》）礼义廉耻都是廉政的重要内容，治国用此四维，国家才能稳固，民众才能安宁。人既要知礼义、知廉耻，还要知敬畏，“君子之心，常存敬畏”（朱熹《中庸章句集注》），要敬畏天命戒律、道德法纪、民心良心、公理正义。儒家以修身治国为最高理想，“内圣”的目的是要“外王”，实现齐家、治国、平天下的理想和抱负。北宋王安石指出“修其心治其身，而后可以为政于天下”（《洪范传》）。

---

① 张齐发：《我国古代廉洁文化的主要内容及作用浅述》，《学理论》，2015（11），第67页。

廉以修身，洁以养性，廉洁是修身养性的重要内容，也是修身养性的重要目标。修身不足，“齐家、治国、平天下”无疑只能是空谈了。从百家争鸣到宋明理学，修身理论作为“齐家、治国、平天下”之基础，激励了一代又一代的仁人志士，严格树立廉洁自律的标杆，坚定为官场清明、社会廉洁而不懈努力的信心和决心。

（六）以法惩贪

法律有强制执行力来做保障。中国古代思想史上，在治国理念上虽然形成了德治的主体地位，但法治也是一个不可缺少的重要组成部分。尤其是历代王朝因腐败而不断更迭，让统治者加大了以重典治吏的力度。先秦诸子百家论政，以韩非子为代表的法家力主法治，“不别亲疏，不殊贵贱，一断于法”（《法经》），主张以严刑峻法治国。韩非子集儒、道两家的思想，并将商鞅重法、申不害重术、慎到重势合而为一，成为法学集大成者。他指出：“国无常强，无常弱。奉法者强则国强，奉法者弱则国弱。”（《韩非子·有度》）“法与时转则治”（《韩非子·心度》），法律与时俱进，随时代发展而不断完善。儒家主张以德治国的同时也没有忽视法的作用，孟子曰，“徒善不足以为政，徒法不足以自行”（《孟子·离娄上》），主张国家治理要德治与法治相结合。北宋包拯指出“法令既行，纪律自正，则无不治之国，无不化之民”（《上殿札子》）。据记载，夏朝已有惩治贪官的立法，“己恶而掠美为昏，贪以败官为墨，杀人不忌为贼。《夏书》曰，‘昏、墨、贼、杀’，皋陶之刑也”（《左传·昭公十四年》）。秦朝践行法家治国思想，实行了商鞅变法。汉代对官吏管理更加严格，严厉惩处犯罪行为。唐朝的《唐律疏议》以国家大法的形式把有关惩治贪污犯罪的规定作为法律固定下来。明朝是古代历史上反腐最严苛的时代，朱元璋厉行改制严惩贪官，《大诰》记载明代光是酷刑就有数十种之多。一些开明君主、思想家、政治家为维护政权稳定，重视官吏的选拔任用，提出了许多奖励、考核、处罚的主张和措施。如，管仲提出选拔人才的标准是贤、明，两汉时期制定了“察举征辟”制度，隋朝开始科举制度，魏晋南北朝时期选官采用“九品中正制”。

古代中国在两千多年的吏治管理实践中，在以法惩贪、重典治吏方面积累了较为丰富的经验，积极地推进了国家法治建设、遏制了官吏腐败。同时，一些清正廉洁、刚正不阿的官吏也被重用，为促进政治清明、社会清朗树立了榜样，让中华民族廉洁基因代代传承。

三、中国古代廉政文化的特征

廉政关系到国家存亡、社会兴衰，中国古代廉政文化的精神内涵在历代王朝国家治理实践中不断得以丰富。虽然在不同的历史时期有不同的表现形式，但从其本质上来说，古代廉政文化主要是围绕公与私、义与利的关系来进行论证、实践的，最终是要达到德廉一体的政治修养与素质。

（一）天下为公

“天下为公”是中国古代的普遍共识和社会理念。崇公尚廉、公私分明、公而忘私、大公无私是中国古代思想家追求的理想境界。孔子提出了“大道之行也，天下为公”（《礼记·礼运》）的重要论断，描绘了一个和谐大同社会的理想蓝图。先秦时代其他诸子百家都有过类似表述，如：“以公灭私，民其允怀”（《尚书》），“天无私覆，地无私载”（《礼记》），“天之生民，非为君也；天之立君，以为民也”（《荀子》）。古代思想家们希冀执政者能够树立“天下为公”的理念，承担起政治责任，“以民为本”“任人唯贤”治理国家，把公正品德与廉洁行为贯穿于施政过程始终。商鞅提出了公与私间界限的命题，“公私之交，存亡之本也”“公私之分明，则小人不疾贤，而不肖者不妒功”（《商君书·修权》），官员公事私事分明，小人就不会有乘虚钻空作怪的机会，自然也就政治清明、社会清朗。总而言之，公与私的选择是一种价值观取向的选择。“公生明，偏生暗”（《荀子》），掌握公权力的人只有一心为公、克己奉公，心底无私天地宽，才能将权力用于人民利益、服务人民，也才能因公生廉、因廉生威，得到老百姓的拥护和爱戴，促进社会的和谐与稳定发展。

（二）重义轻利

义和利是中国古代哲学的一对范畴。古代廉政思想也多是围绕义利之辨来展开的，坚持要以“义”作为衡量取舍的标准，要求当权者行为控制，在物质利益方面不苟取，反对贪污腐败。孔子坚持“见利思义”“义然后取”，认为“不义而富且贵，于我如浮云”（《论语·述而》），孟子鲜明地提出“舍生取义”的观点，“生，亦我所欲也，义，亦我所欲也。二者不可得兼，舍生而取义者也”（《孟子·告子上》），荀子认为“先义而后利者荣，先利而后义者辱”（《荀子·荣辱》），先义后利、以义制利，达到义利统一。儒家思想一直传承了重义轻利的传统，但重义并不贬低个人利益追求，只是在个人“利”与群体“义”发生冲突时，要求更注重群体“义”的要求。董仲舒提出，“正其谊不谋其利，明其道不计其功”（《汉书·董仲舒传》），为了道义可以放弃利益，这也正是中华民族的精神的体现，成为廉洁文化的重要理论基础。

（三）德廉一体

为政以德，以德治国是古代政治思想的基本命题。为政以德，廉为德本，古代思想家们总是把廉与德作为统一体来讲，廉是德的内容之一，德是廉的前提。在深厚的中华民族历史文化中，道德处于核心层面。德体现的是信仰、价值观。如何来衡量？古代思想家赋予了德的具体内涵，如孝、悌、忠、信、礼、义、廉、耻等。廉是其重要内容之一，具备了道德的要求，也就具有了廉的素质。节俭、爱民、正身、谦让都是德的重要内容，同时也是廉的具体表现。《尚书》中提出九德，“宽而栗，柔而立，愿而恭，乱而敬，扰而毅，直而温，简而廉，刚而塞，强而义”。《周礼》中提出六廉，“一曰廉善，二曰廉能，三曰廉敬，四曰廉正，五曰廉法，六曰廉辨”，官员的六项考核标准都与廉相关。管子提出礼、义、廉、耻为国之“四维”，并说“四维不张，国乃灭亡”，凸显出廉的重要地位。古代开明君主、政治家都重视执政者的政德、官德、廉德建设，突出以德化人、以德育人，教育引导各级官吏坚守道德底线，淡泊名利，保持崇廉尚洁的廉政之道。

第二节　古代监察制度的历史演变

古代监察文化是中华传统文化、廉政文化的重要组成部分。只要有权力存在的地方，就必然会有对权力的制约和监督。历经两千多年的发展，中国古代监督制度及监察文化形成了一个较为系统的体系，对整饬吏治、维护中央集权专制统治发挥了重要作用，也为后世积淀了良好的监督制度、文化基因和经验借鉴。

一、中国古代监察制度的起源与发展

中国古代监察制度历史久远，上古时代就有监察制度的萌芽，从秦汉时期形成，随着封建制度的发展而不断地完善成熟，形成了具有独立机构、职能较为完备的监察系统。

（一）起源

古代中国乃至世界大多数文明古国实行的都是王权政治。为了保证国家权力的运作、经济社会的发展，必然产生庞大的官僚机构。为有效地管理百官，考核监察制度应运而生。《尚书·舜典》记载有“三载考绩，三考，黜陟幽明”的规定，三年一次考核成绩，经过三次反复，凡愚暗的就黜退，贤明的就晋级提升。西周已有了较为规范的奴隶制官吏考核制度，如用“六廉”考核官吏，还采取了巡狩制度和述职方式来考核地方官，以决定其升迁贬谪。

商周时期开始重视谏议和监察。殷商时出现了“宫刑”制度，专门惩治官吏的“三风十愆”，即三种歪风十种表现。殷商把君主和官员的贪赃看成导致丧家亡国的严重犯罪，臣下若不匡正君主的过失，就会被处以“墨刑”。西周时，周公旦提出了“人，无于水监，当于民监”（《尚书·周书》）的思想，意即人不应当用水做镜子来观察自己，而应依据群众的言论来反省自己。这可以说是中国古代最初的权力监督思想。此时，监察官在朝廷已有一定的地位，属于六官中的天官系统。《周礼·天官冢宰》中记载有“小宰之职，掌建邦之宫刑，以治王宫之政令”。

春秋战国时监察思想日趋完善。东周晚期礼崩乐坏，势力日衰，已无法控制各诸侯国，战事纷纷，诸侯争霸，先前世袭的世卿分封制被推翻。春秋战国时期，各诸侯国为进一步加强中央集权，增强战斗力，建立起了一套官僚系统。由此，维护官僚系统，监督管理官吏，使其服从中央集权统治，就成为较为迫切的任务。战国时，韩、赵、魏、秦、齐等国已设有御史，御史执掌文书，对重要事件进行记录，带有了监督监察的性质。在《管子》一书中管仲多次提到要设置专职监察官，认为君主自察力不足，仅依靠行政系统的官吏之间相互监督是不够的，主张建立专门的监察机构。法家思想对监察制度的建立有很大的影响，商鞅、韩非子等法家代表人物，对于监察理论的日趋完善及推行都发挥了重要的作用。

（二）秦汉监察制度的建立

公元前 221 年，秦灭六国，建立起了大一统的中央集权制度。在中央层面上实行丞相制度，设置了三公九卿的官僚体制。在地方层面则实行了郡县制，“分天下以为三十六郡，郡置守、尉、监”（《史记·秦始皇本纪》），形成了中央与地方两级监察体系。

为保障官僚体制的有效运行，秦朝中央政府设置御史府作为中央最高监察机关，御史府最高长官为御史大夫。御史大夫位列三公之一，副丞相职，对文武百官进行监督、纠举，“典正法度”“弹劾非法”。御史大夫由皇帝直接领导，位高权重，有时权力甚至超过了丞相。御史大夫下设御史中丞、侍御史、监御史等属官，御史中丞主要是在朝执法，整肃朝纲，并外领监御史，监察郡县。监御史掌控地方监察，是皇帝派往各郡县代表皇帝监督、纠举地方官吏违失行为的专门监察官，其职责除监察外，有时也兼及其他，如领军作战等。御史监察有独立的监察权，监督的范围也很广，百官但有违失，无所不纠。御史监察制度不仅纠察中央官吏，而且也渗透于对地方事务的监督之中。

汉朝监察制度在承秦制的基础上，为适应统治政权要求有了一定的改进和发展。汉武帝时期为削弱外朝权力，一是在丞相府内设置丞相司直，“掌佐丞相举不法”；二是强化中枢机构尚书署权力，增强尚书令的监察权；三是为了治“巫蛊之狱”设置临时性的司隶校尉。在成帝、哀帝年间，御史大夫改名为大司空，与大司徒、大司马合称为三公，正式脱离御史府，不再承担监察职能，具体的监察职能由御史中丞行使。东汉时期，御史府改为御史台，御史大夫成为行政长官，御史中丞成为御史台的最高长官。这样，御史台脱离了行政系统，成为独立的专门监察机构。御史中丞、司隶校尉和尚书令共同组成中央监察体系。两汉时期的地方监察机构也是专职机关，秦时的监御史制度由于汉高祖用郡国并行制而废除，后汉文帝时设丞相史出刺制度对地方进行监察。汉武帝时，为加强中央集权统治，划全国为十三个州，每州下属若干郡，每州派刺史一人，其职责为监察地方郡国行政，具体有“六条问事”规定。郡级地方政府还设有督邮。这样，从秦创立到两汉发展，古代监察制度从中央到地方形成了一套比较完备的自上而下监察权独立的监察体系。

东汉时采集民谣来监督百官，也可以说是舆情监督。前朝虽然建立了严密的监察网，但皇帝及皇亲贵戚仍在监督之外，法网虽密但仍有漏洞，最终没逃过灭亡的结果。东汉汲取教训，在原有体制之外建立了一套采民谣来评价官吏为政善恶的监督制度。皇帝直接派出使者，或御史台派出监察御史，专门下地方州郡，深入民间采访收集评价朝廷政策好坏、地方官政绩优劣的民谣，作为朝臣议政决策和对官吏进行考课、监督的依据。

（三）魏晋南北朝至隋唐监察制度的发展期

魏晋南北朝时期，国家长期分裂，王朝更迭十分频繁，其监察机构为适应集权统治需要发生了许多变化，监察制度得到一定的规范，监察职权更加专一。魏晋时期，监察机关在中央为御史台、司隶校尉、尚书左丞。御史台由皇帝直接统领，以中丞为台，主监督百官；司隶校尉与汉朝相同，与御史分督百僚；尚书左丞的监察权小于御史中丞和司隶，所弹劾者多为违反行政法律者或较轻微的刑事犯罪。负责地方监察的刺史，在汉末权力扩大，逐渐掌握了地方的劾奏权、兵权，并直接过问地方行政事务，在魏晋时变成了地方行政长官，中央不定期对地方进行巡察。在南北朝时，司隶一职被取消，其权力划归御史台，御史台成为专门的监察机关，地位更高、权力更重。魏晋南北朝时期更加注重舆情监督，南北朝赋予御史一项权力——准许风闻奏事，同时，专设门下省作为言谏机构，掌管封驳、奏事和谏诤言，言谏制度初步形成。

唐朝是中国封建社会的昌盛时期，监察制度日益完善周密，可谓古代监察制度的典范，起到了承上启下的作用。这一时期，监察机构更加健全完善，谏议系统的发展逐渐规范化和秩序化，监察机构和谏言组织相互独立、相互配合。中央最高监察机关仍为御史台，设御史大夫，由于其“官不常置”，御史中丞为台主。御史台下设三院：台院、殿院和察院，组成中央“一台三院”的监察体系。其中，台院负责司法监察，对中央百官违法失职行为进行纠察及对案件进行审理；殿院负责监察百官臣僚的违礼行为，整肃朝仪，严明等级礼制；察院负责监察官僚、巡按郡县，地方官吏、尚书省六部之官都在监察之列。察院下设监察御史，负责地方各道的监察。唐太宗时将全国分为十个监察区，称十道。唐玄宗时又改为十五道，每道设监察御史一人。御史直接受命于皇帝，无高下尊卑之礼，有效地增强了御史的监察职能。

唐代的谏议系统得到相当的发展，建立了完备的谏官组织，有了独立的谏议机构——谏院。这一时期具体负责谏政的谏官有中书省、门下省的谏议大夫、给事中、起居郎、司谏及左右拾遗、左右补阙等，其职责是规谏皇帝的违失，驳正臣下奏章的违误，对朝中大政方针献计献策，及时纠正错误的决定和措施。唐朝统治者汲取隋朝灭亡经验，注意广开言路，接纳谏议，唐太宗时曾颁布《令群臣直言诏》，唐玄宗时颁布了《令百官言事诏》，推动了言谏制度的发展，言谏监督在中央决策体系中占有了一席之地。

隋唐是中国监察史上监察制度比较完备的时期，它上承秦汉魏晋，下启宋元明清，不仅有效地保证了唐封建吏治的清明，而且这一时期确立的御史台独立制度，台分三院制度、言谏制度等均为明清所援用，使优良的监督体制传递后世，发挥作用。①

（四）宋元明清监督制度完备时期

宋元时期监察制度在承唐制的基础上有了新的发展变化，其主要体现在“台谏合一”。“台”是指御史台，“谏”即谏院。宋代谏院与唐制有很大不同，设置谏官的本意是要监督皇帝，而到宋代时为巩固集权专制，谏院由皇帝直管，谏官由皇帝直接选任，监督对象更多地指向了公卿百官，而不是皇帝。此时，台院权力也在扩大，御史也有规劝、谏诤之责。宋代常将台院、谏院并提，成为皇帝直接领导下的两个独立的监察机构。在元代时，取消了专职谏官，改由御史行使谏诤之职，从制度层面将台院、谏院合二为一。到明清时期，台谏完全合一，言谏官日益变成了皇帝的耳目、亲信，主要用来监控大臣们的行为、动向。

宋代时御史制度在沿袭唐制的基础上，也加强了对御史的监督。首先是在御史的任命上，废除了丞相任命选派御史的权力，并且特别规定一律不能任用丞相所推荐的人以及丞相的亲故们，御史要由皇帝来任命；其次是加强对御史的监察考核，以每年所纠举违失的量来决定其官职的升黜。御史的职责更加宽泛，到南宋晚期，御史有了谏诤的职能。元朝的中央监察机关仍为御史台，与中书省、枢密院三者并称为皇权中心，其品阶要比唐宋时期的高。将御史台下的三院进行了改革，只设察院，台院并入察院，殿院降为殿中司，这样使御史台的监察权力更为集中。元朝监察制度的一大特点是在地方设立了行御史台制度，陕西行台和江南行台是中央御史台的两大派出机构，负责地方行政监察。元时还将全国划分为二十二道监察区，设立提刑按察司、肃政廉访司作为地方监察机构。由此，从中央到地方形成了御史台、行御史台、各道监察司三级监察机构。

① 张穹、张智辉：《权力制约与反腐倡廉》，中国方正出版社，2009，第315页。

明代初沿袭元制，在洪武年间对监察体制进行了改革。御史台改为都察院，设左右都御史、左右都副御史、左右佥都御史，都御史权力的广泛和重要程度都大大超过前代。在都察院系统外，还设立了六科给事中，有独立监察权，集言谏权和监察权于一身，监督六部官吏。明代的地方监察主要有监察御史、按察司、巡抚监察，明初将全国划分为十三道。十三道监察御史掌握京内外的监察。明代还创立了巡按御史制度，监察御史由皇帝指派定期到各道巡回考察，并直接向皇帝汇报，与地方按察司相配合，形成中央巡察和地方监察双重监察体制。明朝后期由于巡按御史权力极度扩张，中央又设置了督抚，对其进行管理约束。明朝还建立了厂卫系统，厂、卫都直接对皇帝负责，不必经司法机关，可以任意逮捕官员和百姓以拷讯甚至杀害。其虽无监察之名，但行监察之实，可以说是一种特务监督。明代也沿袭了“风闻弹人”制度，御史弹奏不必提出确实证据，弹奏不当也不负错误之责。明朝规定，凡是大臣被弹劾，就要自动引咎辞职，不需要等待皇帝下诏。明朝监察体系可以说是史上最为严苛甚至可以说恐怖的监察体系，但即使如此也没有阻挡住官吏的贪欲、王朝的灭亡。

清代沿明制，在中央设都察院为最高监察机关，监督百官、整肃吏治。为加强监察机关的职能，在雍正时将六科给事中并入都察院，实行科道合一，独立的言谏机构不复存在。都察院下设十五道监察区，各道监察御史对中央各部和地方行使监察权。清时还将京城划分为五个区域，设五城御史，其办事处为五城察院。地方监察机构为总督、巡抚、按察使，总督、巡抚因分别兼任都察院右都御史和右副都御史，而负有监察辖区职责；提刑按察使司仍为省级监察长官。为加强对基层的监察，清时在省与府州之间增设道员，还设立了巡按御史、巡盐御史、巡漕御史、巡农御史等名目繁多的专门和临时监察机构。这样在地方上就构建起了总督、巡抚、按察司、道员四级行政监察网络，监察机构密集交织，加强了中央集权专制统治。清朝加强了监察法规的建设，先后汇编了《钦定台规》《都察院则例》等专门性监察法规，使御史监察有法可依，保证了监察行为合法进行。

经过宋元明清的发展，历代统治者推动古代监察制度不断发展完备，逐步建立起一个严密的行政监察网，监察法规也得到一定完善，对保证中央集权统治、稳固封建政权发挥了重要的作用。同时，多层权力机构的设置，也造成了监察权的滥用和权力腐败问题不断滋生。

二、中国古代监察制度的特点

古代监察制度根植于中华民族文化的土壤，与中央集权的君主专制统治相始终，在两千多年封建社会里随着朝代更替不断地承袭、创新、发展与完善，形成了一些共性特征。

（一）维护封建中央集权专制统治

从秦朝统一在中央设置御史大夫开始，御史大夫、御史台、御史中丞、御史等一系列的监察职位一直在沿袭传承着。“御”除本意驾驶马车外，还有一个意思是封建社会上级对下级的控制、治理，以及为对帝王所作所为及所用物的敬称。古代监察机构都受皇帝直接领导，直接对皇帝负责。从根本上说，古代监察制度就是为了维护和巩固皇权统治而设立的。

在两千多年的封建专制之下，皇权是政治权力的中心，一切制度都以维护皇权为目的，监察制度也不例外。皇帝是最高国家统治者，皇帝高高在上，主宰一切，凌驾于一切法律和社会力量之上，正所谓“普天之下，莫非王土；率土之滨，莫非王臣”。古代监察机构从御史台、谏院发展到都察院都由皇帝直管，其监察御史、谏官等的选任都由皇帝来决定，大大小小的监察官都听命于皇帝，遵循皇帝的指令来行事。这一方面增强了皇权的权威，加强了皇权对各级官员、地方权力的管控，防止大权旁落，提高了权力使用效能；但另一方面也使皇权无限放大，助长了监督权力的放大、滥用，一些忠良之臣遭到陷害、诋毁。同时，古代的官僚制度也带来了很大的腐败问题，一代一代王朝最终都因腐败而灭亡。监察制度建立的初衷就是谏诤君主和监察吏治两个重要目标，但在实际操作中却更偏向整肃吏治。监察的对象是国家整个官僚体系，是对皇帝属下各级官员的监察。谏诤制度对于限制君王肆意妄为、督促其勤政为民发挥了一定的积极作用，但也只是在君王有意愿的情况下，这取决于君王的个人素质，只有那些开明的皇帝才能“从谏如流”。古代监察制度实质上是皇帝为了把控中央政权，加强对各级官员的监督而建立的，用于考察官吏对于皇帝忠诚与否，是为了维护王权统治。

（二）监察权独立，监察机构垂直领导

秦朝初设的御史大夫，不仅具有监察职能，而且有行政职能。御史大夫一身二任，掌监察之职，居副丞相职，受到丞相的统治，其职位不能独立、又有诸多行政事务缠身，必然影响监察效果。到东汉末年，御史府改为御史台，御史大夫成为行政长官，御史台逐渐脱离了行政系统，独立行使监察权。自魏晋后，御史台成为独立的专门监察机构，直接由皇帝领导并对皇帝负责，监察百官，整肃吏治。在监察机构内部，御史官是直通天子的，受皇帝直接领导，可独自行动，不受本台长官的制约和限制。御史官代表皇权监察和控制百官，有“代天子巡狩”之职，使监察更有权威性、威严感，能保证秉公执法、刚正不阿地行使监察权。御史虽对皇帝具有规谏权、批评权，但只是在皇帝有意愿接受的情况下才能发挥作用，大多时候作用不大。在地方上，各监察机构大多与地方行政无隶属关系，尤其是由中央派往地方的刺史、监察御史、巡按御史等监察官，直接受命于皇帝，依法行察，“小事立断、大事奏裁”，有直接向皇帝奏报的特权，让地方官员都望而生畏。

（三）皇权独尊，自上而下的单向监察体系

古代监察监督不是人民对掌权者的监督，而是皇帝对其属下的庞大官僚系统及官员的监督监察。皇帝在监察体系的顶端，率领众多监察御史官，对全体百官进行监察，整肃吏治，维护中央集权。这就决定了监督的模式是单向度自上而下的监督，是权大者监督权小者，上级监督下级，皇帝监督所有人。监察范围和内容都很广泛，上至朝廷，下至地方，公卿百官、地方小吏都在监察范围之内。监察的内容涉及各级官府的政治、经济、司法、治安、军事及官员的法纪、政绩和个人生活作风等，是一种自上而下内循环的封闭的单向监督，全国监察系统最终都掌握到君主一人手中。[①]

① 吴丕、袁刚、孙广厦：《政治监督学》，北京大学出版社，2007，第71页。

自秦朝开始，就建立起了一套从中央到地方的严密的监察制度，在中央设置御史大夫，负责监察百官；在地方设置监御史，负责监察郡级官员；郡守派遣都吏，负责监察县乡官吏。到明清的时候，在中央政府层面建立起了都察司、道监察御史、五城监察御史等；在地方上就构建起了总督、巡抚、按察司、道员四级行政监察网络，监察机构自上而下层层监察，促进了中央集权专制和提高了行政效率。

（四）监察官员位卑权重，选任、考核都比较严格

由于监察机关在国家体系中起到重要的权力制衡作用，对行政权力形成制约，对国家稳定有重大意义，历代统治者都非常重视。监察官员由皇帝直接领导，是皇帝的近侍之臣，被赋予了广泛的权力和职责。虽然在秦时御史大夫位列三公，但真正执掌事务的是御史中丞，后经变革御史中丞成为御史台台主。执掌具体事务的御史，特别是派驻在外的监察官秩禄品阶都不高，尤其与其监察的对象相比较。如在汉朝时，十三州刺史的官秩六百石，与县令相当，但却可监督官秩二千石的郡守。历代监察御史虽官职比较低，如明代监察官的品秩很低，给事中和御史仅为七品、从七品之职，但为了震慑百僚，被赋予很高的地位。监察御史直接受命于皇帝，有独立进行纠举弹劾的权力，不必经过御史台长官同意。监察御史有代“天子巡猎”、考察“政事得失”的职能，被称为天子耳目，奉旨到地方巡视的时候，有一定的独断赏罚权力，地方官员无不忌惮几分，对惩治贪腐、整饬吏治发挥了重要作用。监察官员的选任、考核比其他官员都要严格，形成一套较为完善的考核制度。监察官必须是德才兼备、忠于皇上、忠于职守的，在个人品格上还要求清廉正直、不畏权势、刚正不阿。唐宋时，监察大多是由皇帝敕授。历代也对监察官员有一定的激励措施，激发监察官主动履行监察之职的积极性。东汉光帝时，御史中丞与司隶校尉、尚书令在朝会时专席独立而坐，被称为“三独坐”。还有就是快速升迁激励，汉朝刺史可以连跳三级升迁为郡守。

（五）建章立制，加强监察法规建设

为了维护监察的权威性、规范性，历代统治者比较注重通过制定法规

制度来约束监察官员。秦朝的《语书》就记录有对吏员进行考核的事情，提出“良吏”和“恶吏”的标准，通过上级对下级的考绩来实现监督，是秦统一前具有察吏律令性质的重要文献。汉朝在健全监察机构的同时，开监察立法之先河，制定专门的监察法典，西汉惠帝、武帝时先后制定《监御史九条》和《刺史诏六条》，明确规定了监察对象和监察内容。唐朝时期有关监察的法律规范已经相对完备，《唐律疏议》中的职制门、《唐六典》中的门下省、御史台有明确的法律条文。为了加强对官吏的考课与监察，唐时还制定了《监察六法》，对监察对象、要求、范围等都作了具体规定，使出巡御史的监察活动有章可循。宋朝立法在唐律的基础上制定《考课令》，专门规范了监察内容。明朝时制定了《宪纲》《出巡事宜》等律令。《宪纲》对监察官的地位、职权、选用、监察对象，以及行使权力的方式和监察纪律等都作了详细的规定。明清时期的考课监察立法也日益完善，清朝的《钦定台规》是我国古代第一部皇帝亲自审定的监察法规，也是我国古代监察法中最为完备的一部监察法律法规，为实现监察监督活动提供了法治保障。

第三节　古代监察文化的历史镜鉴

古代监察制度是封建行政制度的重要组成部分，不仅在历朝历代维护中央集权、整顿吏治、调节社会矛盾、维护社会秩序方面发挥了重要作用，而且也为后世留下了宝贵的文化遗产和历史借鉴。古代监察制度是对中华文明的历史传承，蕴含着丰富的中华优秀传统文化内涵。

一、古代监察制度的历史局限性

中国古代监察制度是封建制度的产物，在人治与法治的相持中形成自身的制度特点，在制约权力、维护政治秩序、推进国家治理方面发挥了重要作用，同时也有很大的历史局限性。

（一）监察权以封建王权为中心，皇帝在监督之上

在封建专制社会，皇权是政治权力的中心，皇权神圣独尊，一切制度都以保证君主专制统治为基础。监察机构、监察制度就是因此而诞生的。古代历朝历代的监察机构由皇帝来直接控制，而皇帝高高在上，凌驾于监督之上。监察对象是当朝的各级官吏，皇帝始终不受监督，甚至大多数朝代的皇亲国戚都不受监督。御史大夫、御史中丞由皇帝直接任命，监察御史直接由皇帝领导，可以向皇帝直接弹劾官员，但不得干预皇帝对监察工作的直接领导。虽然建立起了专纠皇帝过失的谏诤制度，谏官可以直接封驳皇帝的诏书，也可对国家大政发表意见、评判得失，对皇权能起到一定制约作用，但这必须在皇帝本人具有较高的治国素质和纳谏意愿的情况下才能发挥作用，对于专横跋扈、昏庸腐朽的皇帝没有可行之处，甚至谏官还有生命之危。在监察权运行的效果方面，也完全取决于皇帝的意志，是皇权下的监察行为。是否弹劾某个官员，弹劾后要如何处置，都必须经过皇帝的批准，由皇帝的个人意志决定。如果皇帝是个如唐太宗这样的明君，监察效果就会好一些，反之则效果大打折扣，甚至会沦为吏治腐败、结党营私的工具，成为贪官污吏谋害忠良之臣的途径。

（二）人治政治之下监察权行使难以保证运行成效

在集权统治之下的人治政治是中国古代封建专制的最大特点。秦统一六国后，为加强中央对地方的集权统治，就将儒家思想改造为适应君主专制和中央集权统治需要的指导思想。在人治思维模式之下，封建君王拥有至高无上的统治权力，法制只是维护皇权统治的工具，监察机构、监察制度体系也都是为了保证皇权统治有序运行的工具。即使是开明君主，重视法制的建设，也只是将其作为统治工具来使用，法制永远处于皇权之下。中国古代监察制度不是人民对政府官员的监督，更不是为了对民众负责、保护民权而建立的制度，而是皇帝对臣民自上而下的监视，主要服务对象是皇帝、皇族、皇权。监察官员的职权、任命由皇帝来决定，监察机关只

是皇帝统治的御用工具，是皇权统治的地方“耳目”“探头”。当然，古代监察制度对监察官的要求也非常高，要通过严苛的标准来进行选任，并对官吏任职情况有严格的考课制度。但是制度是人定的，也是由人执行的，制度的执行力往往被某些权谋之术把控而降低了成效。在封建专制社会里，官吏往往利用职务、亲属、门派、地域等关系来相互庇护、拉帮结派、徇私舞弊、结党营私，尤其是监察官是皇帝近臣信臣，虽位卑但权重，是官吏们拉拢巴结、腐蚀诱惑“围猎”的重点对象，极有可能与违法官吏勾结滥用职权、以权谋私，甚至残害忠良、祸乱朝纲。

（三）监察权力运行难以得到有效制衡

古代监察制度自上而下监察百官、整饬吏治，监察权具有相对的独立性和权威性。作为中央的专门监察机关，从两汉时的御史台到明朝时的都察院，都与行政机构互不隶属，监督权和行政权分离。御史官代表皇帝履行监察职权，监督各级官吏，不受同级乃至上级长官的行政管辖，由皇帝直接指挥，也直接向皇帝奏请汇报，但其权力受到皇帝的约束，必须按皇帝的旨意行事。监察御史到地方巡察，监督干预地方行政权力的运行，如汉时派刺史到州、唐朝时派观察史到道、明清时的督抚行政化。监察权的独立是皇帝指挥下的独立，皇帝握有最高监察权，而皇权不受任何法规制度的制约和监督。因此，监督权的运行效果取决于皇帝的贤明，由皇帝的个人意志来决定。同时，御史监督权一权独大，御史不受监督同样会产生权力滥用、腐败滋生。如明朝的厂卫系统，作为监察制度的补充，不仅仅有监察权力，还有缉捕、下狱，甚至有先斩后奏的生杀大权，从最初监督百官恪尽职守、廉洁行政的利器，最后沦为宦官当道、滥用刑法、屠戮忠良、强抢民财的工具。

（四）谏言制度往往被形式化

古代监察制度可以分为御史监察和谏官谏言监察两个监察体系，直到宋朝时台谏合一。谏官谏言制度是为弥补君主集权制度的不足，大臣、谏官通过纳谏等方式向皇帝提出参政议政建议，是一种自下而上的监察制度。在上古时代就有“尧置敢谏之鼓，舜立诽谤之木”（《淮南子·主术训》），鼓励民众直言进谏。在专制集权统治之下，皇权至上，谏言制度运行得如何取决于皇帝是否贤明。没有系统的制度做保障，直言劝谏在大多数的历史朝代只是显示君主开明执政的一种形式。有忠良之士仗义执言，为民请命，直言进谏，得到明君的赏识，如魏徵向唐太宗进谏成为历史美谈；也有直言规劝之士，不被君主采纳，甚至遭到昏君奸臣的打击报复，被贬终身不得志，更有甚者遭牢狱之灾、灭门之祸。

二、古代监察制度的历史贡献

古代监察制度经过了两千多年的封建君主专制制度的历史演变，对于维护多民族国家的中央集权统治起到了保驾护航的作用，同时也留下了宝贵的文化历史积淀和深刻的历史教训。我们要从中华文明史中汲取智慧，传承和弘扬中华优秀监察文化，涵养克己奉公、清廉自守的精神境界，以守正创新的精神深入推进全面从严治党、全面依法治国。

（一）古代监察制度维护了多民族国家的中央集权统治

对于中国古代监察制度，我们要用辩证的、历史的眼光去评价其是非功过。权力不受监督，必然导致腐败；有权力存在的地方必然有监督制约相随。中国古代上至尧舜时代，就有谏鼓、谤木来鼓励民众监督权力。封建君主专制的巩固稳定，中央集权的强势统治，也离不开完备的监察体系来维护。虽然古代监察制度的产生是为了维护封建皇权统治，但它对于巩固稳定中央集权国家和维护社会发展秩序、解决社会矛盾确实都发挥了不可或缺的重要作用。自秦汉统一以来，我国就成为统一的多民族国家，中央集权政治对于多民族封建国家的巩固和发展，对于维护国家统一和领土完整，对经济社会的稳定发展等都作出了重要贡献。历朝历代的监察制度都是根据时代的不同要求来确保政权的稳固和社会的稳定的，尤其是对中央集权的维护、中央政令的畅通，以及中央与地方稳定有序关系的保障，作用重大。从历史考察来看，中央集权的强弱与监察制度作用的发挥呈正相关，中央集权强，监察制度体系完备、作用发挥大，监察制度就更能保障中央集权政治的正常运转；反之，中央集权弱化，会造成监察制度形同虚设，导致营私舞弊、结党营私，甚至王朝覆灭。吏治腐败是导致王朝衰败的致命因素，监察制度直指官吏腐败、失职渎职、不执行中央政令等行为，对整饬吏治、净化官场风气发挥了重要作用。在封建中央集权制下，历代监察制度虽然并不能完全使吏治清明，但以权力制约权力，在一定程度上避免了地方割据、权力勾结、吏治腐败等问题的发生，维护了多民族国家大一统的中央集权政治统治。

（二）古代监察制度为现代监察制度建设提供了历史智慧

古代监察制度体系的完备、发展经过了两千多年的打磨，在监察机构设立、监察法规制度的建立完善、监察官的选任、监察方式方法的探索等方面都积累了宝贵经验。首先是监察权的独立性。古代监察机构实行自上而下的垂直管理体制，自魏晋时脱离了少府，成为独立的监察机构，直属皇帝领导，与行政互不相属。监察御史直通天子，有独立弹劾权，不受上级或同级行政长官领导，这样保证了监察官员的监察身份，使其能独立行使监察职权。其次是监察权的权威性。监察官位卑权重，代表皇帝行使监察权，“以小监大”“以卑察尊”，是古代监察制度的重要特点。古代统治者为保证监察权力的行使，都极力地抬高监察官的地位，赋予他们特殊待遇，或者以厚赏、快速升迁来激励。东汉时，掌管御史台的御史中丞被称为京师“三独坐”之一，南北朝时以实行“御史专道”来显示对御史的尊崇。再次是选任制度严格。监察官由于职能的特殊性，历代统治者都非常注重监察御史的遴选，有一套严格的选任标准和管理要求。监察官员不仅要具备较高的道德品质、文化修养以及刚正不阿的职业品格，而且要求有一定的从政经验和职业素质，能够在错综复杂的环境中明辨是非善恶，公正执法、除恶安良。对监察官的考核也比较严格，汉代就每年一小考、三年一大考，根据考核成绩来决定对其的奖惩。明朝统治者对监察官员的选拔、考核、升迁、罢黜及奖惩都有系列规定，考核已有专门的考察法，如科道官考察法、巡按御史回道考察法等，考察条款具体明确。最后是创立巡视巡察制度。巡视巡察制度最早可追溯到原始社会的天子巡狩制，秦始皇先后五次巡狩加强中央集权统治，到汉代时御史“代天子巡狩”，产生刺史监察制度。之后，历朝历代中央政府要不定期派御史巡察地方，将日常监察和专门巡察相结合，有效地保证了监察的工作效能，提高了监察质量。巡视巡察制度的形成，对于澄清吏治、调节中央与地方的关系、缓和社会矛盾、推进国家治理都起到了积极作用。由此可见，古代监察制度历史悠久、制度严密，不仅保障了监察的独立性、权威性，而且建立起了完备的法律法规制度体系，保证了封建专制国家机器的正常运转，一些有益制度、重要经验和历史教训对现代监察制度和国家治理发展仍有重要的借鉴意义。

（三）古代独具特色的监察文化所蕴含的精神内核融入中华精神血脉

古代监察制度经过历朝历代的实践发展和理论总结形成了独具特色的监察文化，是中华优秀传统文化的重要组成部分。文化是通过载体来体现的，制度就是文化载体的一种表现。制度是深深嵌入一个国家的历史、文化和现实之中的，只有与自身历史和文化相融合，才能真正发挥其最大功效。中国古代监察制度植根于中华民族文化土壤之中，也深深融入了中华民族历史文化发展血脉中。古代监察制度在整肃朝纲、整饬吏治、荡涤污弊等方面发挥了重要作用，其中历朝历代也涌现出一大批清正廉洁、刚正不阿、不畏强权暴政、敢于仗义执言的“监察官”，形成中国古代独具特色的监察文化。其中所蕴含的精神文化内核包括崇德尚廉、崇俭戒奢，清正廉洁、刚正不阿，敢于同一切贪污腐败、营私舞弊等丑恶现象和行为作斗争。历史上涌现出一批清正廉洁的践行者，如，汉代刺史张敞，执法严苛，敢于挑战诸侯王权，使广川王被削减封户；唐代御史台中丞宋璟秉承正气，敢于弹劾武则天宠信的张易之、张昌宗兄弟，体现出坚持公正的做官正气；明代海瑞曾做过右佥都御史，在外放应天巡抚时，贪官污吏纷纷闻风辞官；“清初直臣之冠”的魏象枢，一生“清、慎、勤”，不惧财色权，守身如玉，为民代言；等等。历朝历代开国、盛世时也出现过一些明君，对贪腐舞弊行为疾恶如仇，用严苛制度惩处之。如明太祖朱元璋加强对官吏的监督，鼓励民众共拿贪官污吏，百姓将害民之官绑缚赴京不得阻拦；他还重法治贪，对贪官污吏的追究与处罚不遗余力。明代四大案之一郭桓贪污案，他力主一查到底，“自六部左右侍郎下皆死”，牵连受死的诸省官吏有几万人之多。古代监察制度运行实践中所形成的监察文化内核，影响着历朝历代，融入了中华优秀传统文化的精神血脉。崇德尚廉、廉为政本、清正廉洁永远作为中华优秀传统文化基因代代传承发展着。

第三章

历史回顾：中国共产党党内监督内生动力及历史进程

加强党内监督，是中国共产党加强党的建设的重要基础性工程，是中国共产党的政治优势和优良传统，是中国共产党领导革命、建设和改革事业不断取得新成就的重要法宝。在马克思列宁主义指导下，中国共产党从1921年诞生就将有关党的纪律要求和党内监督的内容写在党纲里，二大通过的《中国共产党章程》将“纪律”写入专章，强调党内民主原则，从此在革命、建设和改革开放百年实践中不断总结经验，健全完善党内监督制度体系，丰富马克思主义党内监督理论，增强了党组织的凝聚力和战斗力，保持了党的先进性和纯洁性，推进了中国特色社会主义伟大事业的蓬勃发展。

第一节　新民主主义革命时期：党内监督的探索

中国共产党自1921年诞生，团结带领中国人民经过了艰苦卓绝的土地革命、抗日战争、解放战争等斗争，推翻了压在中国人民头上的“三座大山”；同时也在驰而不息地加强党的自身建设，探索党内监督的方式、路径，增强党的创造力、凝聚力、战斗力。由于在革命初期深受俄共（布）影响，党内监督制度的建立和探索基本是延承了俄共（布）党内监督模式。

一、中国共产党对党内监督的重视

从建党初期的历次党代会文件到党章内容修订各项规定来看，中国共产党从诞生以来对党内监督问题就非常重视。在20世纪三四十年代中国共产党政权创立初期，主要领导人对加强纪律建设、党内监督、民主监督等已经有了专门的论述和深刻认识。

（一）从党的一大到七大的党纲党章中的党内监督思想

中国共产党成立之初，就从严格组织纪律、加强党的领导等方面来认识、强调加强党内监督的重要性。在党的一大通过的《中国共产党第一个纲领》中，第十条、十二条有“工人、农民、士兵和学生的地方组织中党员人数多时，可派他们到其他地区去工作，但是一定要受地方执行委员会的严格监督”“地方委员会的财务、活动和政策，应受中央执行委员会的监督”[①]等内容，虽然只有较简单的两个条款，监督内容也较为宽泛，没有具体的实施办法，但也充分说明了中国共产党在建党时已初步认识到了

① 《中国共产党历次党章汇编（1921~2017）》，中国方正出版社，2019，第61页。

党内监督对政党建设的重要性和必要性。

尽管一大党纲没有明确提出“民主集中制”的概念，但通篇贯彻着这一党的根本组织原则和领导原则的精神，并在最初意义上规定了党的代表大会制度、党内选举制度、集体领导制度以及党员候补期制度等方面的制度。[①]这些都是加强党内监督的重要内容。此后，党的二大通过的《中国共产党章程》，以及三大、四大、五大上对《中国共产党章程》进行的三次修订，都对党内监督进行了补充和完善。

1922 年党的二大作出了《关于议会行动的决案》，对共产党员参加议会活动制定了严格的监督制度。党的二大通过第一个正式的《中国共产党章程》，其中单列了“纪律”一章，强调了民主集中制原则——“本党一切会议均取决多数，少数绝对服从多数”，明确规定党员“言论行动有违背本党宣言、章程及大会、各执行委员会之议决案”等六种情形之一，必须开除党籍。[②]党的五大修订的党章明确规定，党部的指导原则为民主集中制，按照民主集中制的原则在一定区域内建立这一区域内党的最高机关，管理这一区域内党的部分组织。虽然党的二大对违纪处分的规定比较简单，监督制度主要是自上而下的监督，但是为党内监督制度的建立和监察机关的成立奠定了重要基础。

1931 年中央苏区第一次党代会通过了《关于党的建设问题决议案》，规定“严格执行党的铁的纪律，是严密并巩固党的组织，提高党在群众中威信的方法……一切违反苏维埃法律对于革命有损害行为的党员，必须比非党员工农分子受更严厉的革命纪律制裁”[③]，要求党员严格遵守和执行党的纪律。

1938 年 9 月 29 日，中国共产党六届六中全会在延安召开。大会纠正

① 汤涛：《中共民主革命时期党内监督的历史沿革及特点》，《中共党史研究》，2006（06），第66页。

② 《中国共产党历次党章汇编（1921~2017）》，中国方正出版社，2019，第68页。

③ 《建党以来重要文献选编》第8册，中央文献出版社，2011，第635页。

了王明右倾投降主义错误，明确了党在民族战争中的地位，把全党的认识统一到正确的思想上来，以争取抗日战争的胜利。在此次会议上，党的领袖已经深刻地认识到党的纪律和党内监督的重要性和必要性，毛泽东对党的自身建设提出了重要要求，提出民主集中制的“四个服从”原则。毛泽东在《论新阶段》的政治报告中指出，“必须重申党的纪律：（一）个人服从组织；（二）少数服从多数；（三）下级服从上级；（四）全党服从中央。谁破坏了这些纪律，谁就破坏了党的统一”[①]。在党的二大通过的中国共产党首部党章中，关于党的纪律要求有：“全国大会及中央执行委员会之议决，本党党员皆须绝对服从之。”“下级机关须完全执行上级机关之命令，不执行时，上级机关得取消或改组之。”“本党一切会议均取决多数，少数绝对服从多数。”经过多次修改完善，简明扼要形成的“四个服从”成为党最根本的政治纪律和政治规矩。会议通过了一系列如《中共扩大的六中全会政治决议案》《关于各级党委暂行组织机构的决定》《关于中央委员会工作规则与纪律的决定》《关于各级党部工作规则与纪律的决定》等组织建设的重要文件。其中都有对严格党的纪律的强调，使党及其各级领导机关达到在政治上和组织上团结得同一个人一样的程度；个人服从组织，少数服从多数，下级服从上级，全党服从中央，党的一切工作由中央集中领导，是党在组织上民主集中制的基本原则，各级党的委员会的委员必须无条件地执行，成为一切党员与干部的模范。

1945 年 4 月，中国共产党第七次全国代表大会在延安召开。大会总结了多年来党的建设的历史经验，在新修订的党章中对党纪作了较为详细的规定，对党纪强调的分量比党的六大修订党章更充足。在“党员”一章中，强调了严格遵守党纪是党员的义务，并把党员遵守党纪与模范地遵守革命政府和革命组织的纪律统一起来。同时，专列“奖励与处分”一章，明确以奖励和惩处来严格党的纪律。党的七大对民主集中制原则作了重要完善，实现了新的突破。“下级组织服从上级组织，部分组织统一服从中央”，

① 《毛泽东选集》第二卷，人民出版社，1991，第528页。

着力强调上下级组织之间的关系原则。同时，党的七大在具体实践中探索，创造了新的成功经验，是党诞生以来执行党的民主集中制原则的典范。

（二）主要领导人关于党内监督的重要思想

随着中国共产党革命队伍的不断壮大，军队内部人员成分复杂，出现了一些如单纯军事观点、极端民主化、非组织化等错误思想，使党的领导人越来越重视党自身的建设。1929 年古田会议创造性地确立了思想建党、政治建军的原则，指引着中国革命不断发展壮大。从 20 世纪 30 年代开始，中共领导人对党的纪律、党内监督、民主监督等都有了一些专门的论述，在强调党的纪律的同时，对强化党内监督作了深入的思考与制度设计。

毛泽东非常重视党的纪律建设。他强调，只有党和军队“加强纪律性”，才能实现“革命无不胜”。[①] 在率领秋收起义部队向井冈山进军中，毛泽东提出并完善了“三大纪律八项注意”。他非常赞同在军队内部采取一定的民主，“军队内的民主主义制度，将是破坏封建雇佣军队的一个重要的武器”，但“必须是为着加强纪律而不是减弱纪律，所在地部队中提倡必要的民主的时候，必须同时反对要求极端民主的无纪律现象”[②]。1938 年六届六中全会，毛泽东在《论新阶段》中特别讲到了党的纪律和党的民主，首次提出了“纪律是执行路线的保证”的科学论断。毛泽东强调，“必须对党员进行有关纪律的教育，即使一般党员能遵守纪律，又使一般党员能监督党的领袖人物也一起遵守纪律，避免再发生张国焘事件”。他认为必须“制定一种较详细的党内法规，以统一各级领导机关的行动”[③]。要求发挥整个领导机关、全党党员和干部的高度积极性，“必须具体地表现在领导机关、干部和党员的创造能力，负责精神，工作的活跃，敢于和善于提出问题、发表意见、批评缺点，以及对于领导机关和领导干部从爱护观点出发的监督作用”，而这些“有赖于党内生活的民主化”。共产党员要

---

① 《毛泽东文集》第五卷，人民出版社，1996，第194页。

② 《毛泽东选集》第一卷，人民出版社，1991，第65、83页。

③ 《毛泽东选集》第二卷，人民出版社，1991，第528页。

成为“遵守纪律的模范”[①]。中国共产党领导革命即将胜利之际，毛泽东在七届二中全会上提出全党同志必须做到“两个务必”，以警示全党特别是高级干部。七届二中全会还根据毛泽东同志的提议，做出六项规定防止领导被腐蚀和反对突出个人：禁止给党的领导祝寿；不送礼；少敬酒；少拍掌；禁止用党的领导者的名字作地名、街名和企业的名字；不要把中国同志和马、恩、列、斯并列，禁止歌功颂德现象。毛泽东在《论人民民主专政》中指出，经过二十八年的发展，中国共产党已经成为“一个有纪律的，有马克思列宁主义的理论武装的，采取自我批评方法的，联系人民群众的党”[②]。

1937年5月，刘少奇在延安举行的白区党代表会议上强调了民主集中制对党的发展的重要性，认为党的集体领导只有在民主集中制的基础上才能建立起来，党的领导机关和负责人员都应当服从纪律，接受下面同志们的批评，这是民主的精神，我们每一个干部都应当具备这种精神。党的七大新修订党章，刘少奇作了《关于修改党章的报告》，指出中国共产党是“有严格纪律的党”，“有自觉的铁的纪律”[③]。党章在总纲中强调了维护执行党的纪律，“在党内不容许有离开党的纲领和党章的行为，不能容许有破坏党纪、向党闹独立性、小组织活动及阳奉阴违的两面行为……必须经常清除破坏党的纲领、党章和党纪而不能改正的人出党”[④]。1941年4月15日，邓小平在中共中央北方局《党的生活》第三十五期发表的《党与抗日政权》一文指出：“党要实现对政权指导与监督的作用，首先就要从切实指导与监督自己的党团和党员做起。”“为了保证党的行动一致，党团内部必须有严格的纪律。首先，对同级党委负完全责任，并接受同级党委的严格监督。其次，党团内部要有民主的讨论，但一经决定必须一致

---

① 《毛泽东选集》第二卷，人民出版社，1991，第522、529页。

② 《毛泽东选集》第四卷，人民出版社，1991，第1480页。

③ 《中国共产党历次党章汇编（1921~2017）》，中国方正出版社，2019，第132页。

④ 《中国共产党历次党章汇编（1921~2017）》，中国方正出版社，2019，第114页。

行动，不能有个人的自由。”[①]

二、党内监察机关的发展变迁

革命斗争越是残酷，党的自身建设越是不容忽视。新民主主义革命时期，党内监察机关经过中央监察委员会、中央审查委员会、中央党务委员会的变迁，抗日战争和解放时期再次恢复监察委员会的设置，但在实际运行中时断时续，大多由各级党委代行监察职能。

（一）第一个监察机构：中央监察委员会

1927 年 4 月 12 日，蒋介石悍然发动反革命政变，部分信仰不坚定的共产党员公开退党，甚至叛党，革命形势急转直下。危机中的中国共产党深刻意识到建立维护党性党纪的专门机构非常必要。同年 4 月底 5 月初，中国共产党第五次全国代表大会在武汉召开，产生了党的第一个中央监督机构——中央监察委员会，为执纪监督赋予了组织保障。中央监察委员会由 7 名委员和 3 名候补委员组成，王荷波任主席，委员有杨匏安、许白昊、张佐臣、刘峻山、周振声、蔡以忱，候补委员有杨培森、萧石月、阮啸仙[②]。由于当时受苏联共产党的领导与影响，中央监察委员会的组织形式是参照联共（布）筹建的。

同年 6 月 1 日，中共中央政治局会议通过了《中国共产党第三次修正章程决案》，这一修正章程较之前的更全面、完善，在章节上从党的四大党章的六个章节增加到十二个章节，其中专设了“监察委员会”一章。首先澄清了成立监察委员会的目的，即“为巩固党的一致及权威起见，在全国代表大会及省代表大会选举中央及省监察委员会”。这也从根本上规定了监察委员会的性质就是政治监督，为维护党的权威和集中统一领导，并着重阐明了监察委员会与党委会是基本平行的关系，“中央及省监察委员会，得参加中央及省委员会会议，但只有发言权无表决权。遇必要时，得

① 《邓小平文选》第一卷，人民出版社，1989，第14、18页。

② 《中国共产党组织史资料》第一卷，中共党史出版社，2000，第36页。

参加相当的党部之各种会议”。“中央及省委员会，不得取消中央及省监察委员会之决议，但中央及省监察委员会之决议，必须得中央及省委员会之同意，方能生效与执行。遇中央及省监察委员会之决议意见不同时，则移交至中央或省监察委员会与中央或省委员会联席会议，如联席会议再不能解决时，则移交省及全国代表大会或移交于高级监察委员会解决之。”①同时，在“党的中央机关”一章中规定了党的最高机关为全国代表大会，中央委员会、中央监察委员会工作报告及改选由全国代表大会讨论和批准。从这些规定来看，一方面必须维护党的集中统一领导，另一方面必须维护纪律检查机关的监督权威，合理处理好监察机关和党委会的关系，才更有利于确保党的健康成长及领导、决策的正确性与统一性。

这是中国共产党党内监督史上首次设立的纪律检查监督机构，在设置程序、地位作用、职权范围及与党委会关系等方面都作了初步规定。从当时国内革命发展形势及中国共产党组织发展情况来看，加强党内纪律和监察机制的建设是完全必要的。这也充分说明了中国共产党成立初期就认识到工人阶级政党不可能与贪污腐败问题“绝缘”，觉察到一些混入党内的投机分子会破坏党的纯洁性、先进性和凝聚力，加强党内监督是加强党的建设、拒腐防变的根本性举措。由此可见，中国共产党在国民革命遭到重大挫折的时候，还注重党内监察机构的设立并努力使其发挥作用，保证党的团结和统一、保护国民革命成果、防止重大决策失误。虽然由于国共合作破裂，国民革命失败，中国革命处于低潮期，中央监察委员会没有能够有效地开展工作，履行自己的职责，但其机构的成立在中国共产党党内监督制度的产生和形成上都具有里程碑意义。

（二）建立审查委员会与党务委员会

1931 年 11 月，中华苏维埃政权在江西瑞金成立，中国共产党获得了暂时的局部性执政地位，是中国共产党领导政权首次尝试，这一时期党政双方都设立了监察机关。在苏区政府建立工农检察委员会的同时，中国共

① 《中国共产党历次党章汇编（1921~2017）》，中国方正出版社，2019，第93页。

产党党内仍有自己的监察机构——中央审查委员会。

党的五大设立了中央监察委员会，但在四一二反革命政变后，革命形势进一步恶化，党的组织遭到严重破坏，大批共产党人包括中央监委书记王荷波都惨遭国民党反动派杀害，并未能真正履行自己的职责。在党的六大修订的党章中，删去了“监察委员会”一章，而代之以“审查委员会”。审查委员会的职责规定更多的是对于党内财政和机关工作的监督，“为监督各级党部之财政，会计及各机关之工作起见，党的全国大会、省县市代表大会选举中央或省县市审查委员会”。而对于违反党的纪律问题，“由党员大会或各级党部审查之。各级委员会特别委员会可以预先审查关于违犯党的纪律问题”①。六大选举产生了以刘少奇为书记的中央审查委员会。

经过中国共产党人的不懈努力，革命队伍在血雨腥风中不断壮大，到1933年全国红军数量发展到30万。“为要防止党内有违反党章、破坏党纪，不遵守党的决议及官僚腐化等情弊发生”，中共中央于1933年8月8日作出《关于成立中央党务委员会及中央苏区省县监察委员会的决议》，决定：“在党的中央监察委员会未正式成立以前，特设立中央党务委员会，各省县成立监察委员会。”其职责“在以布尔什维克的精神，维持无产阶级政党的铁的纪律，正确的执行铁的纪律，保证党内思想和行动的一致，监督党章和党决议的实行，检查违反党的总路线的各种不正确的倾向与官僚主义及腐化现象等，并与之作无情的斗争”②。1934年1月15日至18日，中国共产党六届五中全会在江西瑞金沙州坝召开，会上选举产生中央党务委员会，李维汉任书记，吴溉之任秘书。同时改选了中共中央审查委员会，由董必武、阮啸仙、陈潭秋三人组成，董必武任书记。③随之，省县各级监察机构也纷纷建立，并在实际工作中发挥作用。在红军第五次反“围剿”失败后，中国共产党和革命根据地遭到了严重的打击和破坏，在此后的一

---

① 《中国共产党历次党章汇编（1921~2017）》，中国方正出版社，2019，第108—109页。

② 《中国共产党党风廉政建设百年纪事》，中国方正出版社，2021，第40—41页。

③ 《中国共产党组织史资料》第二卷（上），中央党史出版社，2000，第87页。

段时间由于严峻恶劣的战争环境，党内许多部门都无法正常开展工作，其中也包括监督机构。

（三）恢复监察委员会

1938年，中共扩大的六届六中全会通过了《关于各级党委暂行组织机构的决定》，就党内监察机构设立的条件和职能作了明确的规定，要求在各解放区党委下设立监察委员会，监察委员会的职权有：监察各种党的机关、党的干部及党员的工作与对于党的章程决议之正确执行；审查党的各种机关之账目；管理审查并决定对于违犯党章党纪之党员的处分，或取消处分；审查并决定所有要求恢复党籍或重新入党者之党籍；监察党员关于破坏革命道德的行为；要求对区党委之下的监察委员会的委员，需有三年以上的党籍，但得兼职。[①]这些规定对党章中有关纪律的要求更加具体化，确保了党的纪律检查工作的制度化、规范化，对党内监察机关的恢复和推进党的纪律检查工作奠定了重要基础。

1945年4月中共第七次全国代表大会在延安召开，总结了多年来党的建设的历史经验，在新修订的党章中对党纪做了较为详细的规定，明确了“党内监察机关”的产生办法、职能与任务。党章中专列“党内监察机关”一章，明确监察委员会的职责，“决定或取消对党员的处分，受理党员的控诉”。产生办法是中央监察委员会由中央全体会议选举，地方监察委员会由各该地方党委全体会议选举，并由上级组织批准之；监察机关在“党的委员会指导下进行工作”。就这样，正式取消了党的六大党章中的审查委员会，由监察委员会履行党内监督的职能。然而，由于抗战胜利后形势迅猛发展，党的七大关于监察机构职能及党内监督机制的规定并没有得到落实，解放战争时期的党内监察工作职责皆由党的各级委员会负责履行。

① 《中国共产党党风廉政建设百年纪事》，中国方正出版社，2021，第56页。

三、党内监督机制的探索

加强党内监督，制度建设更为根本。除在党代会和党章中逐渐完善党规党纪外，中国共产党在革命实践探索中不断加强党的纪律建设、廉政建设，建立完善有效的党内监督机制。

（一）从第一个反贪污腐化文件到反腐败法

随着国民革命的兴起，中共党组织的规模空前扩大，党员队伍迅速发展壮大，到 1925 年 10 月，党员已达 3000 余人，年底达到 10000 余人，到党的五大时，党员增加到 57967 人，其中工人占 53.8%，知识分子占 19%，军人占 3.1%，妇女的比重达到 10%。[①] 其政治角色也发展成为“半公开的半政府党”[②]。这样，党员队伍中不免混入一些思想不纯、作风不好、品质恶劣的投机分子，党内出现了一些官僚主义滋长、贪污腐化等不良现象。党中央高度警惕，并提出了严厉的批评，“负责的工作同志，有雇佣劳动倾向，缺少从前那样刻苦奋斗的精神和自发的革命情绪。因此，纵然能守纪律也不免形式主义、机关主义的流弊”“同志中一部分，发生贪官污吏化（即有经济不清楚、揩油等情弊）”[③]。

党内存在的问题引起中央的高度重视，由此于 1926 年 8 月 4 日，中共中央召开第四届中央执行委员会第三次扩大会议，发布了《坚决清洗贪污腐化分子》的通告。通告指出，“在这革命潮流仍在高涨的时候，许多投机腐败的坏分子，均会跑在革命的队伍中来，一个革命的党若是容留这些分子在内，必定会使他的党陷于腐化，不特不能执行革命的工作，且将为群众所厌弃。所以应该很坚决地洗清这些不良分子，和这些不良倾向奋斗，才能坚固我们的营垒，才能树立党在群众中的威望”[④]。通告要求各级党部，迅速审查所属同志，如有此类行为者，务须不容情地洗刷出党，

---

① 张士义、王祖强、沈传宝：《从一大到十九大 中国共产党全国代表大会史》，东方出版社，2018，第71页。

② 《中国共产党组织史资料》第八卷，中共党史出版社，2000，第158页。

③ 《中共中央文件选集》第二册，中共中央党校出版社，1989，第172页。

④ 《中国共产党党风廉政建设百年纪事》，中国方正出版社，2021，第15页。

不可令留存党中，使党腐化，且败坏党在群众中的威望。这是中国共产党历史上颁布的第一个惩治贪污腐化分子的文件，第一次正式向全党指出了中国共产党与腐败势不两立，必须清除党内的贪污腐化分子，纯洁革命队伍。这说明党在建党初期就敏锐地认识到剥削阶级腐朽思想对党肌体的腐蚀，为了保证党组织的纯洁性和先进性，建立党内监督机制及监察机构是十分必要且紧迫的。

有权力的地方就有腐败产生的可能。苏维埃临时政府成立后，无产阶级政党内部的腐败现象暴露出来且有日益严重之势，中华苏维埃共和国中央执行委员会于 1933 年 12 月 15 日发布了反腐败令——《关于惩治贪污浪费行为的训令》。法令规定：凡挪用公款为私人营利者，以贪污罪论罚；因玩忽职守而浪费公款致使国家受到损失者，依其浪费程度，予以警告、撤销职务以至 1 个月以上 3 年以下的监禁。还明确提出“为了严厉惩治贪污及浪费行为”，专门针对苏维埃机关、国营企业及公共团体的工作人员利用自己地位贪污公款以图私利者，分类作出处罚，上至贪污公款在 500 元以上者，处以死刑；下至贪污公款百元以下者，处半年以上强迫劳动。[①]同此，其他苏区也出现了类似的反腐败法令，这是中国共产党历史上的第一批反腐败令。这些法律、条例及规定，为无产阶级政党加强自身建设、增强监督、预防腐败奠定了制度基础。

抗日战争爆发，国共两党第二次合作，中国共产党在敌后和边区建立大片根据地，成立了“三三制”的民主政府。革命队伍中出现了贪污腐化现象，陕甘宁党委重新向全党发布了《坚决清洗贪污腐化分子》的通告，要求各级党组织和政府立即执行。

在解放战争时期，由于在新解放区发生了一些贪污现象，党中央指示必须检查和纠正各地已经发生的贪污现象，各解放区人民政府根据形势变化和斗争需要，制定或修正了惩治贪污条例。如《东北解放区惩治贪污暂行条例》《晋冀鲁豫边区惩治贪污条例》《苏北区奖励节约、惩治贪污暂

① 《中国共产党党风廉政建设百年纪事》，中国方正出版社，2021，第41页。

行条例》等。各解放区严格执行惩治贪污条例，惩办了一批贪污犯罪分子，清除了一批腐蚀党先进性和纯洁性的“蛀虫”。

（二）“三大纪律、八项注意”

国共合作破裂，白色恐怖笼罩，南昌起义、秋收起义相继失败，中国革命面临着到何处去之问。毛泽东领导的秋收起义部队和朱德领导的南昌起义余部历经千难万险，在井冈山胜利会师，从此中国革命走上了武装夺取政权、农村包围城市的道路。三湾改编后，部队内部实行民主管理，毛泽东创造性地提出了“支部建在连上”，确立了党对军队的绝对领导地位。古田会议进一步确立了中国共产党领导人民军队建设，并形成制度延续至今。党领导军队这一建党、建军的基本原则和制度的建立，有力地加强了党组织的战斗堡垒作用。

在革命战争时期，革命纪律关系着党的生死存亡。毛泽东在《古田会议决议》中指出：“红军第四军的共产党内存在着各种非无产阶级思想，这对于执行党的正确路线，妨碍极大。若不彻底纠正，则中国伟大革命斗争给予红军的任务，是必然担负不起来的。”[①] 土地革命战争时期，中国共产党虽然在农村各根据地点燃了星星之火，但力量还是很弱小的。中国共产党如果没有严格的纪律，将会脱离人民群众这一革命基础，革命纪律直接关系着根据地的存亡，关系到战争的成败。在这一时期，毛泽东及中华苏维埃政权非常注重纪律制度建设。

毛泽东提出的“三大纪律八项注意”，是建立在政治自觉基础上的铁的纪律，是中国共产党领导革命胜利的重要法宝。1926 年秋收起义之后在向井冈山行进中毛泽东提出了“三项纪律”，工农革命军攻占遂川县城后宣布了“六项注意”。工农红军南下湘南后将二者合并，正式定为“三条纪律六项注意”，并予以颁布。此后，毛泽东、朱德在赣南、闽西开辟根据地对六项注意做了修改，“三大纪律八项注意”经过长期斗争实践经验的总结被完整地提了出来。在解放战争进入战略反攻阶段，为进一步加

① 《毛泽东选集》第一卷，人民出版社，1991，第85页。

强党对军队的领导，加强部队的正规化建设，毛泽东于1947年10月10日起草发布了《中国人民解放军总部关于重新颁布三大纪律八项注意的训令》，“三大纪律如下：一、一切行动听指挥；二、不拿群众一针一线；三、一切缴获要归公。八项注意如下：一、说话和气；二、买卖公平；三、借东西要还；四、损坏东西要赔；五、不打人骂人；六、不损坏庄稼；七、不调戏妇女；八、不虐待俘虏”。从此，“三大纪律八项注意”的内容被固定下来，全军有了统一的革命纪律。“三大纪律八项注意”言简意赅，内容涵盖了政治纪律、组织纪律、群众纪律和廉洁纪律，是对军队提出的纪律，但由于当时党指挥枪、党的一切工作都是军事化，因此也是针对党员干部提出的，是加强党的建设、实行党内监督的重要制度依据。

（三）巡视制度

在建党之初，党中央就开始派遣特派员巡视指导工作，其主要任务就是贯彻落实中央和上级政策，指导下级工作，起到上传下达与下情上达的组织作用。党的二大党章规定，中央执行委员会得随时派员到各处召集各种形式的临时会议，此项会议应以中央特派员为主席。不仅有中央特派员而且也有地方特派员，“一地方有两个支部以上，经中央执行委员会之许可，区执行委员会得派员至该地方召集全体党员大会或代表大会”。对地方党组织的巡视工作提出了明确要求。1927年大革命失败，党组织遭到严重破坏，党的发展遇到很多困难，党中央召开八七会议，决定派特派员到地方指导恢复和整顿党的组织。毛泽东以中央特派员的身份到湖南工作，改组湖南省委，领导秋收起义。

为进一步规范和加强巡视工作，1928年中共中央发布了《巡视条例》，这是中国共产党在新民主主义革命时期颁布的第一部巡视制度。在中央苏区时期，毛泽东主持建立起了巡视制度，中共中央于1931年制定通过了《中央巡视条例》，该条例的规定更为具体、详细、规范，对于巡视员的条件、工作方法、职权、基本任务、纪律等都作了详细的规定，标志着党内巡视制度的正式建立。在抗日战争和解放战争时期，党中央继续要求实行巡视制度，开展巡视工作。中共六届六中全会指出：“各级党的委员会为了了解下面的情况，便利于工作上的指导起见，上级党委得向下级党委派遣巡视员，传达上级党委的意见，考察下面的情形报告上级党委。”①

（四）思想政治教育和批评与自我批评

思想建党是中国共产党的伟大创造和优良传统。新民主主义革命时期，中国共产党把思想建设放在了党自身建设的首位。在党初创时期，为壮大组织不断从广大农民和小资产阶级中吸收党员，党内出现了一些非无产阶级的思想意识。1929 年古田会议创造性地提出了用无产阶级思想进行军队和党的建设的重大命题，初步回答了在党员以农民为主要成分的情况下，如何从加强党的思想建设入手，增强和保持党的先进性和纯洁性的问题。在井冈山、中央苏区开展了纠正错误思想的政治教育，中央苏区办起了许多党校、红军学校、苏维埃学校及其他干部培训学校，对党团员进行马克思列宁主义基本理论、党的基本理论及基本知识、形势和党的方针等教育，纠正党内错误思想。“共产党要领导革命，就要发起学习运动”②，毛泽东于 1939 年在延安在职干部教育动员大会上发出号召。从 1942 年起在全党范围内开展一场整风运动，全党的政治思想水平有了很大的提高，中国共产党已经成为一个政治上成熟的空前强大的党。同时，党员队伍与军队组织中也出现了一些新问题，一些地主、富农和流氓分子混入了地方组织，思想摇摆、立场不坚定；一些党员干部也滋长了官僚主义作风，有的甚至贪污浪费、腐化堕落。新的形势下，中国共产党发起了整党运动，即“三查”（查阶级、查思想、查作风），“三整”（整顿组织、整顿思想、整顿作风）。

批评和自我批评是党的三大优良作风之一，是党的建设的重要法宝，是党内监督的有力武器。批评和自我批评是党内民主生活的重要环节，什么时候坚持得好，什么时候党内就风清气正，党内民主生活就健康。在大革命失败后，红军中存在各种党内极端民主化的非无产阶级错误思想，毛泽东针对党内存在的各种不正确的批评现象指出，“党内批评是坚强党的组织、增加党的战斗力的武器”“他们不明白批评的主要任务，是指出政

① 《中共中央文件选集》第十一册，中共中央党校出版社，1989，第769页。

② 《毛泽东文集》第二卷，人民出版社，1993，第177页。

治上的错误和组织上的错误”[①]。1939 年，刘少奇在《论共产党员的修养》中将批评和自我批评联系起来作为一个解决党内斗争的方法，共产党员“要有马克思列宁主义理论的修养，要有运用马克思列宁主义的立场、观点和方法去研究和处理各种问题的修养……要有坚持党内团结、进行批评和自我批评、遵守纪律的修养……要有善于联系群众的修养”[②]。党的七大通过的《中国共产党章程》总纲指出，“中国共产党应该不掩盖自己工作中的错误与缺点。中国共产党应该用批评和自我批评的方法，经常检讨自己工作中的错误与缺点，来教育自己的党员和干部，并及时纠正自己的错误”“党对犯错同志给予批评或处分，是为着惩前毖后，治病救人”[③]。这是“批评和自我批评”首次写入党章，也意味着其作为优良作风在党内政治生活中的确立。

（五）惩处震慑：第一场反腐风暴

随着苏区政权的开辟和建立，革命队伍中也出现了少数干部贪污腐化的思想和行为。中央苏区首先发起了中国共产党历史上第一次大规模的反贪污反浪费斗争，进而迅速扩展到了其他苏区。在这次大规模的群众性的检举贪污运动中，查出了一批贪污腐败分子，一些大案要案纷纷曝光出来，如中央总务厅长赵宝成、瑞金县苏维埃政府财政部部长兰文勋和会计科长唐仁达、瑞金县叶坪村苏维埃主席谢步升等人的贪腐问题，于都事件更是惊人，涉及面之广、涉案人员之多、影响之大在当时引起了极大震动。

中央采取了果断措施，从严从重从快惩处。谢步升案是由时任中共瑞金县委书记的邓小平亲自批示查处的。当时有中央局领导为其开脱，邓小平气愤地拍桌子，表明不处理像谢步升这样的贪污腐化分子，共产党就无法向人民群众交代。他决定亲自去中央局反映谢步升的犯罪事实，同时让

---

① 《毛泽东选集》第一卷，人民出版社，1991，第90、91页。

② 《刘少奇选集》上卷，人民出版社，1981，第109页。

③ 《中国共产党历次党章汇编（1921~2017）》，中国方正出版社，2019，第113、129页。

调查员去向毛泽东汇报情况。毛泽东也当场表态，与贪污腐化作斗争，是我们共产党人的天职，谁也阻挡不了！1934 年，时任中央政府副主席兼工农检察部部长项英率中央工作组到于都检查工作时，发现当地存在的严重腐败现象，贪污分子从县苏维埃政府主席、部长以至乡代表，几乎每个机关都有，如贪污公款、合伙做投机生意、造假账冒领公款等。中央工作组撤销了县委书记刘洪青的职务、改组了县委和县苏维埃政府，枪决了 4 名贪污犯，原苏维埃主席熊仙壁受到撤销中央执委会委员职务、监禁一年并剥夺公权一年的处分。

四、民主监督与群众监督的起步发展

从抗日战争时期开始，我们党便同党外民主人士实行合作方针，民主监督有所起步和发展。同时，还积极发挥密切联系群众的优势，群众监督也得到蓬勃发展。

（一）抗日民主根据地的民主监督与行政监察

抗日战争时期，中国共产党政权建设还在初创阶段，一方面团结各方力量积极抗击日本帝国主义的侵略，另一方面加强抗日根据地建设，巩固和扩大抗日民族统一战线。在陕甘宁边区建设中创造性地提出了“三三制”政权建设理论，实行了参议会制度，建立了一套行之有效的民主监督机制及行政监察制度。

参议会制度有力地提高了民主监督水平。1941 年 11 月，毛泽东在陕甘宁边区参议会上指出：“我们的毛病还很多。我们不怕说出自己的毛病，我们一定要改正自己的毛病。我们要加强党内教育来清除这些毛病，我们还要经过和党外人士实行民主合作来清除这些毛病。”[①] 陕甘宁边区政权出台了《陕甘宁边区各级参议会组织条例》，建立起一套代表机关的监督制度，参议会有广泛的监督权。边区和县设参议会，边区各级参议会是人民代表会议，是各级政权的最高权力机关。边区各级参议会有权：罢免行

① 《毛泽东选集》第三卷，人民出版社，1991，第810页。

政和司法机关领导，监察及弹劾各级政府、司法机关公务人员，督促检查政府对参议会决议的执行，审查批准通过政府预算、决算及政府的各项重要计划等。

行政督察专员制度首先在陕甘宁边区建立，然后各根据地也陆续建立起来。到 1945 年 3 月，中共领导下的各根据地共建立了 104 个专员公署。[①] 边区政府成立后，不仅对公务人员提出廉洁、节俭的要求，而且从行政设置、制度机制上加强对机关人员的监督。边区政府先后出台了《陕甘宁边区行政督察专员公署组织暂行条例》《修正陕甘宁边区行政督察专员公署组织条例》等，规定：（1）随时考察及督导所属各县地方行政规划与创办分区内各县应兴应革之事项；（2）巩固分区地方治安，部署分区抗战工作；（3）督察所属各县经费之收支情形；（4）召集分区行政会议；（5）关于所属各级公务人员之考核；（6）关于所属各县争议及有关事项之处理；（7）推行边区现行法令。[②] 后又规定行政督察专员公署为“边区政府的代表机关”。行政督察专员负责传达边区政府政策、法令和批示，代表边区政府督察、指导所属县区行政事宜。行政督察专员制度充实了其督察指导功能，对于集中人力、物力、财力支援抗战胜利发挥了重要作用。

（二）建立群众性的民主监督机制

中华苏维埃共和国成立，中国共产党深刻地认识到了腐败并不是资本主义的专利，而是与权力密切相关，由此从中央到地方都设立了群众性的监察机构，以加强对公务人员的监督，检举、揭发腐败行为。中央苏区建立了工农检察委员会，其与国家政治保卫局和革命军事委员会并行，主要任务之一是监督各级行政机关、国有企业及相关人员，如有行贿、贪污、违法乱纪等行为者，即检举、报告给有关部门或移送法院，予以处分或制裁。检察委员会中专设了控告局，受理工农群众对政府机关和国家企业违

---

① 左言东：《中国政治制度史》，浙江古籍出版社，1989，第510页。

② 《中国新民主主义革命时期根据地法制文献选编》第四卷，中国社会科学出版社，1981，第212页。

反政策、贪污浪费、官僚腐化等现象的控告。此外，还在国家机关、企业、作坊、学校、社会团体、城市街道和乡村发展通讯员，在工农集中处设置控告箱，使监督工作经常化和群众化。[①]

不但中央苏区，其他苏区也创设了相似的机构和制度机制。当时，群众可以直接参与政府机构的工作，工农通讯员在工作的同时对政府机关、企事业单位工作人员的工作作风、工作态度等进行监督，如果发现贪污腐败等损害人民利益的行为可以检举、控告。群众性的监察组织有突击队、轻骑队、工农通讯员、群众法庭等。由于直接依靠广大工农群众，发挥了广大工农群众检举、揭发的监督作用，严厉打击了党内一批腐败分子，也彰显出了工农民主政权监督制度的特点和优势。

抗日战争全面爆发，国内形势发生了新的变化，一致反抗外敌侵略成为中国各界的呼声，中国共产党面临着动员组织全国力量共同抗日的重要历史使命。边区政府充分发挥了群众监督作用，发挥人民群众在廉政建设上的监督主体作用，保证党员干部的清正廉洁。毛泽东在陕甘宁边区参议会的演说中指出："共产党是为民族、为人民谋利益的政党，它本身决无私利可图。它应该受人民的监督，而决不应违背人民的意旨。它的党员应该站在民众之中，而决不应该站在民众之上。"[②]中国共产党号召广大人民群众要敢于控告党政人员徇私舞弊、以权谋私、渎职贪污等行为，同时要求党组织和执法部门对人民的控告必须认真负责、实事求是地查明，不能敷衍了事，更不能偏袒违法者。

解放战争时期，中国共产党开展了"三查""三整"整党运动，积极邀请群众参与，开展批评与自我批评。关于整党的方法，毛泽东指出："采用晋察冀解放区平山县的整党经验，即邀请党外群众中的积极分子参加党的支部会议，展开批评与自我批评，借以改变党的组织的成分不纯或者作

① 徐家林、邓纯余、陈静、卞莉莉：《中国共产党反腐倡廉建设史论》，中国方正出版社，2009，第65页。

② 《毛泽东选集》第三卷，人民出版社，1991，第809页。

风不纯的现象，使党和人民群众密切地联系起来。”[①] 周恩来也肯定了这种整党方法，认为这样既整顿了党的队伍，又整顿了群众队伍，建立起党内外的民主生活，将极大提高党的形象和威信。

第二节　社会主义革命和建设时期：党内监督体系初构

新中国成立特别是 1956 年社会主义改造基本完成，中国共产党的历史地位发生了根本的变化，“已经从一个领导人民为夺取全国政权而奋斗的党，成为领导人民掌握全国政权并长期执政的党”[②]，党员人数从 1921 年中国共产党成立时的 50 多名发展到了 400 多万名。中国共产党在继承马克思主义监督思想的基础上，总结新民主主义革命时期党的建设经验，结合中华人民共和国成立后所面临的新情况、新矛盾、新问题，初步建构起党内监督的基本机构和制度体系。

一、新中国加强党内监督的重要性和迫切性

中华人民共和国成立，翻开了中国历史和中国共产党历史的新篇章，中国共产党所处的地位、发展形势、历史任务以及所要面对的问题也发生了根本变化。这对党的自身建设也提出新的命题和要求，党内监督理论的构建、党内监督体系的建设都更显得任务紧迫。

① 《毛泽东选集》第四卷，人民出版社，1991，第1308页。

② 江泽民：《全面建设小康社会 开创中国特色社会主义事业新局面——在中国共产党第十六次全国代表大会上的报告（2002年11月8日）》，人民出版社，2002，第11页。

（一）党中央形势预判：警惕“糖衣炮弹”与“两个务必”重要思想

随着解放战争的全面胜利，中国共产党执掌中国政权是必然的选择，党的工作重心必须实现由乡村向城市的战略转移。党要由一个领导人民为夺取全国政权而奋斗的党，成为领导人民掌握全国政权并长期执政的党。这一历史角色的转换，对党的建设提出更多挑战和要求。邓小平曾指出，“执政党的地位，很容易在共产党员身上滋长着一种骄傲自满的情绪”①。

在全国革命胜利后，党应当保持什么样的精神状态？毛泽东在七届二中全会上及时地向全党敲响了警钟，提醒全党要警惕资产阶级“糖衣炮弹”的进攻，要继续保持清醒的头脑，继续保持艰苦奋斗的优良传统作风。他指出：“因为胜利，党内骄傲情绪，以功臣自居的情绪，停顿起来不求进步的情绪，贪图享乐不愿再过艰苦生活的情绪，可能生长。”因此，“务必使同志们继续保持谦虚、谨慎、不骄、不躁的作风，务必使同志们继续地保持艰苦奋斗的作风”②。这就是中国共产党历史上著名的“两个务必”。“两个务必”重要思想一直警醒着共产党人保持党的先进性和纯洁性，推动我国从社会主义革命、建设到改革开放和社会主义现代化建设不断取得新成就，推动中华民族伟大复兴行稳致远。

1945年，一些民主人士去延安考察时也表达了一种担忧。时任国民参政员的黄炎培向毛泽东提出了中国共产党如何来跳出历史上的“其兴也勃焉，其亡也忽焉”的历史周期率。毛泽东充满信心地回答：“我们已经找到新路，我们能跳出这周期率。这条新路，就是民主。”③在党即将执掌全国政权的关键时刻，毛泽东提出了“两个务必”的重要思想，实际上是对中国共产党走上执政地位所面对的党的建设问题的一种预见，也是对“窑洞对”的再思考与发展。中共中央离开西柏坡奔赴北平途中，毛泽东

---

① 《邓小平文选》第一卷，人民出版社，1994，第214页。

② 《毛泽东选集》第四卷，人民出版社，1991，第1438—1439页。

③ 《十六大以来重要文献选编》（上），中央文献出版社，2005，第144页。

还风趣地把进驻北平比喻为“进京赶考”。“进京赶考”意味着对中国共产党来说开始在全国执掌政权是一种考验，这既是对中国共产党在新的历史条件下对国家建设和治理能力的考验，更是对中国共产党治党能力的政治考验，是对党员干部在新的历史条件下能不能经得起权力、金钱、美色等“糖衣炮弹”诱惑的现实考验和历练。

（二）各个地方和部门都不同程度地存在着腐败现象

在中华人民共和国成立后，中国共产党所处的环境和条件发生了巨大的变化，一些党员干部在战争中经得起枪林弹雨的考验，却在社会主义革命和建设中没有能躲过“糖衣炮弹”的诱惑，不到两年就已经暴露出了较为严重的腐败问题。毛泽东曾称之为“贪污浪费的狂澜”，也正好和党中央对“进京赶考”中腐败问题的预估相吻合。据不完全统计，到1952年1月，全国县以上党政机关参加“三反”运动的总人数为383万（未包括军队数字），全国共查出贪污旧币1000万以上的贪污犯10万余人，判处无期徒刑的67人，判处死刑的42人，判处死缓徒刑的9人。[①]最为典型的是刘青山、张子善贪污案。

在“三反”运动中，天津地委书记刘青山和专员张子善贪污、挥霍、盗用公款案的严重情况，受到党中央的高度重视。毛泽东亲自过问、一抓到底，对中央、地方各级党委提出警告，必须严重地注意干部被资产阶级腐蚀发生严重贪污行为这一事实。在是否枪决刘青山、张子善的问题上，毛泽东表明，正因为他们两人的地位高、功劳大、影响大，所以才要下决心处决他们。只有处决他们，才可能挽救20个，200个，2000个，20000个犯有各种不同程度错误的干部。对刘青山、张子善贪污案的严肃处理，表明了中国共产党反腐败的决心和气概，也对领导干部发出强烈的信号、严肃的警示，无论官职多高、无论曾经为党做出多大贡献，一旦违纪犯法，都要按照党规党纪和法律法规进行严肃处罚。毛泽东主张严厉惩治腐败，强调要“厉行廉洁政治，严惩公务人员之贪污行为，禁止任何公务人员假

① 徐家林、邓纯余、陈静、卞莉莉：《中国共产党反腐倡廉建设史论》，中国方正出版社，2009，第169页。

公济私之行为，共产党员有犯法者从重治罪”[①]。他向全党发出警告，“一切从事国家工作、党务工作和人民团体工作的党员，利用职权实行贪污和实行严重的浪费，都是严重的犯罪行为”[②]。

新中国成立初期，百废待兴，国家机关出现严重的腐败问题，有资产阶级的拉拢腐蚀裹挟，也有一些党员干部躺在功劳簿上贪图享乐，更为重要的是党内纪律、国家法律法规一时没有跟上，党内监督机构和制度缺失、不健全。党的七大虽然恢复了监察委员会，明确了监察委员会的职责，“决定或取消对党员的处分，受理党员的控诉”，然而随着解放战争的迅猛发展，这些规定并未得到落实，党内监察工作都由各级党委负责。直到1949年11月，在毛泽东提议下，党中央作出了《关于成立中央及各级党的纪律检查委员会的决定》，建立了党的专门监督机构——纪律检查委员会，加强党的组织纪律性，严厉惩处各级党的组织和党员违纪行为。

（三）防止和克服党内官僚主义

做官当老爷、不关心群众的作风，与权力密切相关，有权力存在，就有产生官僚主义的可能。正如邓小平在1956年党的八大上所作报告《关于修改党的章程的报告》指出的，“执政党的地位，使我们党面临着新的考验”“执政党的地位，很容易使我们同志沾染上官僚主义的习气”[③]。

解放战争胜利之际，期盼已久的独立统一的新中国即将建立，中国共产党工作重心由农村转向城市，在继续做好解放地方和扫除反革命残余革命工作的同时，工作重点逐渐转向了社会主义改造和社会主义建设，恢复和发展生产被作为一项中心任务来抓。党的领导干部也开始了角色转换，大部分由军队转向了地方，领导和主持地方工作，恢复和发展经济和生产。在这一进程中，党内就出现了不少骄傲自满、居功自傲、不思进取的思想，一些党员干部自认为对革命有功，是时候该享受一下了，贪图享乐的思想冒头；有的则染上了官僚主义的不良风气，高高在上，不了解下情，颐指

① 《毛泽东文集》第二卷，人民出版社，1993，第335页。

② 《毛泽东文集》第六卷，人民出版社，1993，第208页。

③ 《邓小平文选》第一卷，人民出版社，1994，第214页。

气使，恣意妄为，不关心群众的疾苦；有的官官相护，互相包庇。这些行为表现都严重损害了党的形象和党在群众中的威信。

官僚主义作风的滋长，不仅侵蚀了党执政的基础，而且破坏了党内民主，使党严重脱离人民群众。因此，党中央在 1950 年 5 月发出《关于在全党全军开展整风运动的指示》，要求各级党组织结合具体工作，在全党尤其是党员干部中开展一场大规模的整风运动，重点就是要通过自上而下的批评和自我批评，克服各级领导干部中的居功自傲、骄傲自满情绪和官僚主义、命令主义倾向。在持续开展的“三反”运动、1957 年的全党整风运动、1963 年开展的社会主义教育运动中，反对官僚主义都是重要任务之一。毛泽东在党的八届二中全会中再次强调，加强党内监督，克服党内官僚主义，防止党内“形成一个脱离人民的贵族阶层”①。

（四）党员干部队伍的建设

血与火的革命斗争锻造了广大党员干部刚强的党性。中华人民共和国成立后首先是要恢复生产，在城市对私人资本主义进行改造，使得一部分资产阶级对共产党人发起了腐蚀进攻。面对恢复国民经济和社会主义改造的任务，在适应任务角色的转变中，每个党员都可能遭到糖衣炮弹的攻击，受到社会、党内不良风气的影响，如果不加强党内监督，党内官僚主义、命令主义、贪污挪用公款等不良风气就会破坏党内民主和党在思想上的团结统一，使在党中央领导下的统一行动大打折扣。

解放战争全面胜利极大地鼓舞了中国人民的信心，中国共产党的向心力、凝聚力高涨，党员人数也激增，到新中国成立时，已有 448.8 万名中国共产党党员。但是，党员质量上还是有一些问题，其中不乏一些不具备入党条件的人也被吸纳进党组织，许多新党员带着非无产阶级思想进入党内，思想作风不纯，更有一些品行不端、心术不正的投机钻营者混入党员干部队伍，把一些不良作风带入了党内。同时，也有一些老党员骄傲自满、盲目自大，觉得劳苦功高、对革命有贡献，向党组织要权要职务，甚至一

---

① 《毛泽东年谱（1949—1976）》第三卷，中央文献出版社，2013，第34页。

些党员干部贪污挪用公款，横行乡里，打击报复，欺压百姓。在农村基层，少数党员滋长了剥削思想，贪污公款、侵害群众利益等违法乱纪现象严重起来。同时，新中国成立伊始，需要大量的管理干部，有一些旧机关里工作干部被留用，还招收了一批旧机关人员到各级政府和财经、政法、教育等企事业单位中工作。这些人员虽然经过教育改造，但总有一些旧机关的不良习气被承袭下来，对党员干部队伍纯洁性建设也造成一定的不良影响。

党中央在恢复国民经济的同时，也在不断加强党员干部的思想教育，但影响党内团结的一些事件仍在发生，特别是经过了1953年新税制风波和“高饶事件”，党中央更加认识到党内监督对于维护党的团结统一的重要性。毛泽东在1953年夏季全国财经工作会议上指出，“无论任何人，犯了错误都要检讨，都要受到党的监督，受各级党委的领导，这是完成党的任务的主要条件”[①]。高岗、饶漱石都是20世纪20年代加入中国共产党的老党员，新中国成立前后曾担任重要领导职务。他们居功自傲，互相勾结，阴谋分裂党，攻击党的领导人，公开向党要权要官，臆想篡夺党和国家最高领导权力。毛泽东于1953年12月24日在中共中央政治局会议上，对高岗作出严厉警告，提出加强党的团结的建议，1954年2月中国共产党七届四中全会通过《关于增强党的团结的决议》。毛泽东对那些“自以为天下第一，只能听人奉承赞扬，不能受人批评监督，对批评者实行压制和报复，甚至把自己所领导的地区和部门看作个人的资本和独立王国”[②]的行为提出严厉批评，要求加强集体领导、遵守党的民主集中制、充分发展党内民主、充分发展批评和自我批评，使每个同志都能在和睦的大家庭里共同进步。

二、加强党的纪律监察机构与制度建设

中国共产党深刻地认识到监督监察对于一个新政权的重要性，中华人

① 《毛泽东选集》第五卷，人民出版社，1977，第96页。

② 《建国以来重要文献选编》第五册，中央文献出版社，1993，第128页。

民共和国成立后不久，中共中央就着手建立党的纪律检查机构和监察机关，加强对党员干部及国家机关和各种公务人员的监督。到党的八大时，中国共产党纪律建设和纪律检查工作进入全面发展的新时期。

（一）各级纪律检查机构的设立及制度建设

1949 年 11 月，中央成立了以朱德为书记的中央纪律检查委员会。中共中央发出《关于成立中央及各级党的纪律检查委员会的决定》，要求从中央到地方成立纪律检查委员会，加强党内监督，保证党的一切决议正确实施。中央纪律检查委员会在中央政治局领导下工作，地方各级纪律检查委员会在同级党委会指导下进行工作。其任务和职能是检查各级党组织和党员干部违反党的纪律的行为，受理、审查和决定各级党组织及党员违纪案件、纪律处分，以及在党内加强纪律教育等。到 1951 年 4 月，除个别地区外，县级以上各级党委均建立了纪律检查委员会。中央纪律检查委员会和各级纪检机构的成立，使执政后的中国共产党有专门机构处理党组织和党员违反党章党纪的行为，从制度上保障了党的组织建设和纪律建设，保障了党的集中统一领导。直到 1955 年 5 月中央纪委停止办公，中央监委从 5 月 25 日开始办公。

同时，纪检制度也在不断完善之中。1949 年 12 月，中央纪委第二次全体委员会议通过了《中央纪律检查委员会工作细则》（次年 1 月中央政治局批准），对中央纪律检查委员会的工作依据、组织机构、办案程序、会议制度、请示报告制度等分别作了明确规定。1950 年 2 月，中共中央发出《关于各级党的纪律检查委员会隶属各级党委领导的指示》，明确了各级纪委是各级党委的一个工作部门，直接在各级党委的领导下工作；上级纪委在工作上、业务上与下级纪委是指导关系，与下级党委意见不一致时，要提请同级党委做决定。由此，各级纪委在受同级党委领导、业务上在上级纪委指导下开展工作，党内监督是纪委的责任，更是党委的责任，实际在运行中一些党委没把党内监督重视起来，常常把监督工作交给纪委，纪委承担监督责任但又没有独立的权力。1953 年 11 月，中央纪委第二次全国纪律检查工作会议制定了《中共中央纪律检查委员会关于处理控告、申诉案件的若干规定》《中共中央纪律检查委员会关于报告请示制度的规定》，并代中共中央起草了《中共中央关于处分党的组织及党员的批准权限和手续的规定》，于次年1月施行。这些制度统一规定了党员或群众向党控告申诉的程序，对党员党组织纪律处分、取消处分的程序，以及批准权限等，更为细化了党内组织监督和处理的程序，为纪检工作系统化、制度化奠定了基础。

（二）成立中央和地方党的各级监察委员会

1955年3月，中国共产党全国代表大会在北京举行，邓小平代表中央委员会作报告时特别指出，我们党必须经过一定的组织对任何一个党员（哪怕是最负责的党员）的工作实行严格的有系统的监督。[①]会议通过了《关于成立党的中央和地方监察委员会的决议》，规定成立党的中央和地方各级的监察委员会，代替中央和地方各级的党的纪律检查委员会。会议选举产生了中央监察委员会，由15名委员组成，董必武任书记。由于中央国家机关和人民团体都未设专门的纪检机构，中央监委在中央国家机关和人民团体中分别设立了中央监委的兼职监察员，定期向中央监委作报告并协助检查案件，增强了对中央国家机关和人民团体党组织、党的高级干部的监督。在原有的各级纪律检查委员会的基础上，中央监察委员会和地方各级监察委员会陆续成立。

与原来的纪律检查委员会相比，监察委员会被赋予了更大的监督权限。原来的纪委在同级党委领导下工作，不能对同级党委委员进行有效的监督，对下级纪委的工作也不能直接过问。成立监察委员会，是为了克服原来的纪委在监督过程中职权受限，无法开展有力的监督，对党内监督专职机构建制所作出的有益探索。在产生方式上，各级监委由同级人民代表大会产生；在领导体制上，各级监委在各级党委指导下进行工作，下级监委在上级监委领导下工作，加强监委的垂直领导关系，进一步扩大了执纪机关的职权；在职能上，监委要经常检查和处理各党政部门党组织和党员

① 《新中国成立以来党风廉政建设纪事》，中国方正出版社，2019，第44页。

违反党章、党纪、国家法律法令的案件，受理党员群众对党组织和党员的检举控告及党员对处分不服的申诉，加强对党员干部的监督和党员权利的保护；而且监察工作要加强对各级党组织和党员干部，特别是中央各部门和各省（市）的高级干部在执行党的路线、政策中的监督工作，要加强各级监委专职干部的理论教育、思想教育、政策教育、业务教育的工作①，党内监督的工作覆盖面进一步扩大。

（三）八大党章对监察制度的重新修订

1956年社会主义改造基本完成，全国全面进入社会主义建设新时期，在此前景下，党的八大召开。八大强调，要加强党和国家的监察工作，及时发现和纠正官僚主义、处理各种违法乱纪的言行。邓小平在大会上作了《关于修改党的章程的报告》，强调党的监察委员会应当不限于受理案件，而且要积极地检查党员遵守党的章程、党的纪律、共产主义道德和国家法律法令的状况。②八大党章对纪检监察制度进行了重新修订，对产生办法和领导体制作了明确规定，即中央监察委员会由党的中央委员会会议选举，地方监察委员会由本级党的委员会全体会议选举；各级监察委员会在各级党的委员会领导下进行工作。在八届一中全会上，选举产生了以董必武为书记的中央监察委员会，从1956年至1959年连续四次召开全国党的监察工作会议，并完善修订了《中央监察委员会工作细则》《中央监察委员会关于处分党员的批准权限的具体规定》等一些党内法规，逐步建立起了保障监察委员会机构内部运行规则和程序的制度体系。党内监督制度得到进一步加强，政府监察机构也逐步建立。

1962年为了反对分散主义，加强党中央集中统一领导，八届十中全会通过了《关于加强党的监察机关的决定》，不仅强调了党委要加强对同级监察委员会的领导，定期讨论党的监察工作，而且也赋予了监察委员会以一定的监督职权，“地方各级监察委员会，有权不通过同级党委，向上

---

① 《新中国成立以来党风廉政建设纪事》，中国方正出版社，2019，第46页。

② 《中国共产党历次党章汇编（1921~2017）》，中国方正出版社，2019，第297页。

级党委、上级监察委员会直到党的中央，直接反映情况，检举党员的违法乱纪行为”①。这一探索性改革，在加强党的领导的同时，给予监察委员会更大的权威性和独立性，使监察机关能够有效、公正、独立地行使职能。与 1955 年全国代表会议通过的《关于成立党的中央和地方监察委员会的决议》“上级监委领导，同级党委指导”一样，都是党在特殊背景下作出的一些探索性改革。这些都为改革开放后实行的纪检监察机关双重领导体制提供了有益的借鉴。实际上，监察委员会一直是在党委的领导下开展工作的。

随着 20 世纪 50 年代后期，党内政治生活出现异常，运动式的监督占了主导，党内纪检监察机构的监督功能弱化。到“文化大革命”时期，党内监督机构被取消，党内组织和审查工作转移到各级党组织，同时各种名目的组织也担任着“审查处理”工作。1969 年党的九大通过的党章，取消了关于党的监察机关和党的纪律的条款，党的纪检监察制度遭到全面破坏。在 1978 年党的十一届三中全会恢复党的纪律检查委员会之前，党内监督在很长时期内不能正常运行。

三、党内民主监督的发展

党内民主是党的生命。在延安“窑洞对”中，毛泽东给民主人士黄炎培“共产党如何跳出历史周期率”之问以斩钉截铁的回答，我们已经找到的新路就是民主。党内民主是党内监督的基础和前提，只有发展了党内民主，才能保障党内监督的有效实行。

（一）民主集中制

民主集中制是中国共产党的根本组织原则和领导原则，也是加强党内监督的根本原则。民主集中制是民主基础上的集中和集中指导下的民主合二为一的制度，二者缺一不可，监督贯穿于其中。党组织内部之间、上下级组织之间、党和人民群众之间、党和非党之间等相互支持、相互监督。

---

① 《新中国成立以来党风廉政建设纪事》，中国方正出版社，2019，第84页。

坚持民主集中制是建立和发展党内监督的关键和基础，强化党内监督必须坚持、完善民主集中，党内有民主，才能将监督落实得有效、有力。

自党诞生之日起，民主集中制作为党的组织原则，就在不断地发展、完善，由工作的指导原则、组织原则，发展成为党的根本组织制度和领导制度。1949 年 9 月，中国人民政治协商会议第一届全体会议通过的《中国人民政治协商会议共同纲领》规定："各级政权机关一律实行民主集中制。"1954 年 9 月，第一届全国人民代表大会第一次会议通过的《中华人民共和国宪法》规定："全国人民代表大会、地方各级人民代表大会和其他国家机关，一律实行民主集中制。"民主集中制，被确定为国家的组织制度和领导制度。

发展党内民主是坚持和健全民主集中制的关键。正如陈云所指出的："我们党内要强调一下，要有民主生活制度。常委多少时间开一次会议，政治局多少时间开一次会，要立个规矩。常委会议、政治局会议，政治局扩大会议，应该分开来开。这是党内民主生活。民主集中制要坚持。经常开会讨论，经常交换意见，就不至于出大的问题。"① 这一论述表明了党内民主生活、民主集中制的实行与党和国家的命运、社会主义事业发展密切相关。中华人民共和国成立后，党中央和毛泽东非常重视发扬党内民主和民主集中制，正是在坚持民主集中制的基础上，党实现了政治、思想、组织的一致，作出了科学的决策，克服重重困难和障碍，完成了社会主义的改造，恢复了社会主义国民经济；也正是在广泛民主的基础上集中，激发了全党党员干部参与党内事务管理的热情，以及投入社会主义革命和建设的积极性、主动性，以党内民主带动党内监督的进一步发展。

邓小平在《共产党要接受监督》一文中指出，"党要领导得好，就要不断地克服主观主义、官僚主义、宗派主义，就要受监督，就要扩大党和国家的民主生活。如果我们不受监督，不注意扩大党和国家的民主生活，就一定要脱离群众，犯大错误"②。在党的八大之后，特别是 1958 年庐山会议，

① 《陈云文选》第三卷，人民出版社，1995，第359页。

② 《邓小平文选》第一卷，人民出版社，1994，第70页。

把党内正常的意见分歧当作阶级斗争来处理，党内民主生活受到严重破坏。1962年1月11日至2月7日，中共中央在北京召开了“七千人大会”，毛泽东、刘少奇、邓小平等中共中央领导人在报告和讲话中一再强调民主集中制，对党的民主集中制进行了深刻反思和论述，大大丰富了马克思主义理论宝库。但遗憾的是，由于政治思想上的“左”倾错误进一步发展，民主集中制遭到严重破坏。邓小平同志在1980年《党和国家领导制度的改革》中分析了这一现象，“权力过分集中的现象，就是在加强党的一元化领导的口号下，不适当地、不加分析地把一切权力集中于党委，党委的权力又往往集中于几个书记，特别是集中于第一书记，什么事都要第一书记挂帅、拍板。党的一元化领导，往往因此而变成个人领导……必然要损害各级党和政府的民主生活、集体领导、民主集中制、个人分工负责制等等”①。党内民主缺乏，党内监督的功能也就大大削弱。

（二）批评和自我批评

批评和自我批评是中国共产党在长期的革命和建设实践中形成的自我革新、自我提升、保持肌体健康的锐利武器，是加强党内监督、规范党内政治生活的重要手段。在党的七大上，毛泽东把批评和自我批评同理论联系实际、密切联系群众一起，确立为党的三大优良作风。他强调，有无认真地批评和自我批评，“是我们和其他政党互相区别的显著的标志之一”②。

中华人民共和国成立后，中国共产党非常重视党和国家的民主生活建设，继承和发展了批评和自我批评这一优良作风。1950年、1957年的整风运动较好地运用批评与自我批评这一思想武器，解决了当时党内的思想和作风问题。1956年党的八大党章明确规定，中国共产党和它的党员必须经常用批评和自我批评的方法揭露和消除自己的缺点和错误，以教育自己和人民；并且将其作为党员的义务和党组织的任务来要求。1962年，在三年困难时期后召开了“七千人大会”，毛泽东、刘少奇等中央领导同

---

① 《邓小平文选》第二卷，人民出版社，1994，第328—329页。

② 《毛泽东选集》第三卷，人民出版社，1991，第1096页。

志做了深刻的批评和自我批评，为团结全党全国人民战胜困难，恢复发展国民经济，都起到了积极的作用。

（三）充分发动和依靠群众

人民群众是历史的创造者，更是历史的推动者。中国共产党继承了马克思主义唯物史观，发挥了密切联系群众的优良作风，在社会主义革命和建设中充分发挥人民群众的积极性创造性，充分发动群众广泛参与推进党的建设，让广大人民群众积极行动起来监督党和政府、监督党员干部，严厉惩治腐败行为。邓小平在党的八大上作的《关于修改党的章程的报告》强调，“我们需要实行党的内部监督，也需要来自人民群众和党外人士对于我们党组织和党员的监督”①。

面对国家机关工作人员相当严重的贪污腐败现象，党中央和毛泽东在形成了新中国成立初期将会面临腐败高频发生态势的一致认识的基础上，领导全国人民开展了“三反”“五反”运动。毛泽东指示，“三反”斗争应“一样的发动广大群众包括民主党派及社会各界人士去进行，一样的大张旗鼓去进行”②。1952 年 1 月 4 日，中共中央发出了《关于立即限期发动群众开展“三反”斗争的指示》，要求各单位限期发动群众开展斗争。各级领导向群众做动员报告，动员群众打消思想顾虑，积极行动起来提供线索，大胆揭发问题，反对腐败。由于群众的广泛参与，各类腐败分子纷纷落网。

党中央非常重视群众的来信来访。1951 年 5 月 16 日，针对中央办公厅关于群众来信的报告，毛泽东专门批示县级以上的人民政府和党委、党组，“必须重视人民的通信，要给人民来信以恰当的处理，满足群众的正当要求，要把这件事看成是共产党和人民政府加强和人民联系的一种方法，不要采取掉以轻心置之不理的官僚主义的态度”③，史称为“五月批示”。1953 年，政务院秘书厅成立了规范的专门处理信访工作的常设机构——

① 《邓小平文选》第一卷，人民出版社，1994，第215页。

② 《毛泽东文集》第六卷，人民出版社，1999，第191页。

③ 《毛泽东文集》第六卷，人民出版社，1999，第164页。

群众信访组。

四、人大监督、政协监督的定位和发展

新中国成立，中国共产党和各民主党派在国家政权中的地位都发生了重大改变，共产党成为掌握全国政权的执政党，各民主党派成为接受共产党领导并与其通力合作、共商国是的参政党。1949 年 9 月底，中国人民政治协商会议第一届全体会议在北平（北京）召开，由人民政协全体会议代行全国人大职权，选举产生人民政府，通过了《中国人民政治协商会议共同纲领》，规定中国人民政治协商会议是人民民主统一战线的组织形式。1954 年 12 月 25 日通过的《中国人民政治协商会议章程》列举人民政协共同准则时指出，人民政协要“密切联系群众，向有关国家机关反映群众的意见和提出建议”[①]。人民政协可以代表群众提出意见建议，进行民主监督。关于在党和非党关系的问题上究竟如何处理，毛泽东指出：“究竟是一个党好，还是几个党好，现在看来，恐怕是几个党好。不但过去如此，而且将来也可以如此，就是长期共存，互相监督。”[②]“为什么要让民主党派监督共产党呢？这是因为一个党同一个人一样，耳边很需要听到不同的声音。大家知道，主要监督共产党的是劳动人民和党员群众。但是有了民主党派，对我们更为有益。”[③]这一表述明确了中国共产党和各民主党派之间的关系——“长期共存，互相监督”。由于人民政协作为各民主党派、群众团体的联合机构，“长期共存，互相监督”也就成为人民政协的重要政治职能。

1954 年，第一次全国人民代表大会召开，会议通过了共和国第一部宪法，选举了中华人民共和国主席和中央人民政府，全国人民代表大会被法定为国家最高权力机关。人民政协代行人大职权的任务结束后，还权于全国人大。作为国家权力机关的各级人民代表大会及其常务委员会由人民

① 《毛泽东文集》第七卷，人民出版社，1999，第34—35页。

② 《毛泽东文集》第七卷，人民出版社，1999，第34页。

③ 《毛泽东文集》第七卷，人民出版社，1999，第234—235页。

选举产生，代表人民行使立法监督，是人民行使当家作主权利的重要体现，是涵盖范围最广、影响力最强的监督。

在1956年后，我国社会主义建设已全面展开，国际国内形势不断发生变化，执政党面临的考验也日益增多。中共中央对于各民主党派的性质发生了“左”转，将其定位为“资产阶级的政党”。毛泽东同志在1957年《关于正确处理人民内部矛盾的问题》中将其表述为“资产阶级和小资产阶级的民主党派”。后来虽在1962年第十二次统战工作会议上有短暂的扭转，各民主党派“一、一般不再叫资产阶级政党；二、民主党派是社会主义服务的政治力量”，但随着阶级斗争扩大化，仅坚持四个月后又恢复到“资产阶级政党”的说法，直到“文化大革命”结束。人民政协的工作难以持续，监督职能也就停滞下来。

这一时期，人大工作也处在非持续发展状态，甚至不按法定程序和期限开会。自1956年党的八大召开后，历经14年才召开九大，在思想上、政治上、组织上制定了错误的路线方针，十大延续了九大的“左”倾错误，人大的监督作用也难以发挥。

第三节 改革开放和社会主义现代化建设新时期：党内监督体系的修复与完善

1978年12月，在党和国家历史上具有深远意义的历史转折——党的十一届三中全会召开，党和国家的工作重心由以阶级斗争为纲转移到以经济建设为中心，实现了党的思想路线、政治路线和组织路线的拨乱反正，由此开启了改革开放和社会主义现代化建设的历史新征程。党的建设结束了徘徊期，逐步走上正轨，党内监督体制机制逐步得到修复、发展和完善。

一、党对加强党内监督的认识上升到党和国家领导制度建设层面

进入改革开放新时期，党在总结历史经验教训的基础上，坚持加强社会主义民主法制建设，开始对党内监督进行新的探索，把党内监督的理论认识和实践推进到一个新发展阶段。

（一）全体党员尤其是领导干部必须接受监督

党员在进入党组织的时候，就不是一般意义上的自由人，而是有党性、有纪律、必须服从党的领导的组织人，其思想、行为都要接受党的监督。邓小平在 1978 年 12 月 13 日中央工作会议闭幕会上发表了《解放思想，实事求是，团结一致向前看》的重要讲话，指出“国要有国法，党要有党规党法。党章是最根本的党规党法”，“对于违反党纪的，不管是什么人，都要执行纪律，做到功过分明，赏罚分明，伸张正气，打击邪气”[①]。这为新时期加强党内监督工作作出明确的指示。1980 年 2 月党的十一届五中全会通过的《关于党内政治生活的若干准则》指出，为了保持党和广大人民群众的密切联系，防止党的领导干部和党员由人民的公仆变成骑在人民头上的老爷，必须采取自下而上和自上而下相结合、党内和党外相结合的方法，加强党组织和群众对党的领导干部和党员的监督。党的十二大修订党章，对党内监督作出了一系列具体的规定，其中明确指出全体党员必须接受监督，特别规定对党的领导人的监督。“每个党员，不论职务高低，都必须编入党的一个支部、小组或其他特定组织，参加党的组织生活，接受党内外群众的监督。不允许有任何不参加党的组织生活、不接受党内外群众监督的特殊党员。”“党禁止任何形式的个人崇拜。要保证党的领导人的活动处于党和人民的监督之下。”[②]党的十四大后进一步强调了对高级领导干部的监督。新时期新旧体制交替，党的建设面临新形势新问题，

① 《邓小平文选》第二卷，人民出版社，1994，第147页。

② 《中国共产党历次党章汇编（1921~2017）》，中国方正出版社，2019，第335—336页。

加强党内监督的主要对象也越来越明确，重点也越来越突出。

（二）监督要靠制度来约束

邓小平在总结党的历史经验的基础上，强调了制度建设对于党的建设的重要性，指出“领导制度、组织制度问题更带有根本性、全局性、稳定性和长期性。这种制度问题，关系到党和国家是否改变颜色，必须引起全党的高度重视”①。“文化大革命”给党的监督工作造成严重破坏，也留下了深刻教训。

监督不能搞群众运动，要靠制度。邓小平强调：“纠正‘左’的倾向和右的倾向，都不要随意上‘纲’，不要人人过关，不要搞运动。人人都去做检查，那就会成为运动。当然，不搞运动不等于政治工作没方向，也不是不要声势。”②党内监督是要建立长效机制，久久为功，确保权力正确运行。监督是加强社会主义法治建设，用党纪党规和法律来约束、规制党员的行为，用法律来与腐败分子做斗争。邓小平强调：“为了保障人民民主，必须加强法制。必须使民主制度化、法律化，使这种制度和法律不因领导人的改变而改变，不因领导人的看法和注意力的改变而改变。”③在法律制度面前，要人人平等，不管什么人都要遵守纪律，一旦违法违纪，都要严肃地作出惩处。邓小平对特权思想作出严厉的批评，“谁也不能违反党章党纪，不管谁违反，都要受到纪律处分，也不许任何人干扰党纪的执行，不许任何违反党纪的人逍遥于纪律制裁之外。只有真正坚决地做到了这些，才能彻底解决搞特权和违法乱纪的问题”④。从1979年至1981年，中共中央集中整顿了领导干部特殊化的问题。

（三）新时期反腐败斗争形势严峻，必须加强党内监督

改革开放的战略决策打开了社会主义建设的新局面，开辟了有中国特色社会主义建设之路。同时，对外开放和对内搞活经济政策才实行一两

---

① 《邓小平文选》第二卷，人民出版社，1994，第333页。

② 《邓小平文选》第二卷，人民出版社，1994，第381页。

③ 《邓小平文选》第二卷，人民出版社，1994，第146页。

④ 《邓小平文选》第二卷，人民出版社，1994，第332页。

年，就有相当多的干部被“糖衣炮弹”所腐蚀，发展社会主义市场经济所带来的“副产品”，使我们党面临着新的严峻考验。邓小平站在党和社会主义性质的高度来认识改革进程中腐败问题的危害性，认为腐败现象严重侵蚀党的肌体、损害人民的利益、破坏党同人民群众的血肉联系，提醒全党要防止和警惕党组织和党员脱离群众，警惕因党风不正而引起党的变质。1982 年 4 月在中央政治局会议上，邓小平指出经济犯罪现象问题的严重性及危害性，并要求坚决打击一切经济犯罪活动，将反腐败问题进行到底。同时，他看到整个改革开放进程中反腐败斗争的长期性、艰巨性，严肃地指出，“我们要反对腐败，搞廉洁政治。不是搞一天两天、一月两月，整个改革开放过程中都要反对腐败”[①]。在 1992 年视察南方时，他仍在提醒全党，“中国要出问题，还是出在共产党内部”[②]，加强党内监督是防止腐败滋生的首要选择，继续深化党内监督体制机制的任务依然艰巨。

（四）党内监督列入党的工作重要议事日程

党的十一届三中全会明确提出要加强党内监督。十一届五中全会通过的《关于党内政治生活的若干准则》指出，必须采取自下而上和自上而下相结合、党内和党外相结合的方法，加强党组织和群众对党的领导干部和党员的监督。十一届六中全会通过的《关于建国以来党的若干历史问题的决议》，把党内监督作为新中国成立以来的十大经验教训之一加以强调。十三届六中全会通过的《中共中央关于加强党同人民群众联系的决定》第一次提出，要制定党内监督条例。十四届四中全会通过的《中共中央关于加强党的建设几个重大问题的决定》强调，党员无论从事何种职业，担负何种领导职务，都要严格遵守党的纪律，自觉接受党组织和群众的监督。党的十六大报告提出了“建立结构合理、配置科学、程序严密、制约有效的权力运行机制”的决策部署，从决策和执行等环节加强对权力的监督，保证把人民赋予的权力真正用来为人民谋利益。重点加强对领导干部特别是主要领导干部的监督。党的十七大提出，要建立健全决策权、执行权、

① 《邓小平文选》第三卷，人民出版社，1994，第327页。

② 《邓小平文选》第三卷，人民出版社，1994，第380页。

监督权既相互制约又相互协调的权力结构和运行机制，保证把人民赋予的权力真正用来为人民谋利益。

二、纪检监察机构的恢复、发展及完善

伴随改革开放的步伐，纪检监察机关的恢复重建首先被提上重要日程。纪检监察机关历经重建、改革和合署办公，主动应对世情国情党情变化，深入推进党风廉政建设和反腐败斗争。

（一）机构恢复发展

1977年8月党的十一大召开，要求重新增设党的各级纪律检查委员会，从制度上恢复了党内监督体制机制。十一届三中全会决定正式恢复党的纪律检查机关，决定建立中央纪律检查委员会，选举陈云为第一书记，规定党的纪律检查委员会的根本任务是维护党规党法，切实搞好党风。1979年1月，中央纪律检查委员会召开第一次全体会议，对中央纪律检查委员会的工作作出全面部署，印发《中央纪律检查委员会关于工作任务、职权范围、机构设置的规定》。同年3月，中央纪委、中央组织部发出《关于设立纪律检查委员会有关问题的通知》，要求省、县各级党的委员会都设立纪律检查委员会。1982年9月，党的十二大选举产生新一届的纪律检查委员会，十二大党章对党的纪律检查机构的设置、职权、运作机制和任务都作出新的规定。至此，各级纪律检查委员会在党内政治生活中的地位大大提高，党内专门监督机构的体制机制更加优化，对权力的监督也走向系统化、权威化。

在加强纪律检查工作的同时，行政监察工作也不断加强。1986年12月2日，我国重新恢复和确立了行政监察体制，设立了中华人民共和国监察部。在运行过程中，由于纪委、监委有时会出现工作交叉和重复，降低了工作效能，浪费了人力物力资源。党的十四大决定将纪委、监委合署办公，增强党对纪检监察工作的领导。1993年1月7日，按照中央规定，中央纪委和监察部合署办公，实行一套工作机构、两个机关名称的体制，合署后中央纪委履行党的纪律检查和政府行政监察两项职能，充分发挥党

政监督机关的整体效能，提高工作质量和效率。

（二）优化领导体制和职能定位

十二大党章恢复完善了“党的纪律检查机关”专章，并在总结纪律检查委员会在同级党委领导下工作的经验教训的基础上，将双重领导体制正式确定下来：党的中央纪律检查委员会在党的中央委员会的领导下进行工作；党的地方各级纪律检查委员会和基层纪律检查委员会在同级党的委员会和上级纪律检查委员会的双重领导下进行工作。这样，党内监督的双重领导体制使纪委工作能够具有一定的独立性、系统性，能够比较独立完整地行使监督权，更有利于监督工作的展开和效能提升。

纪律检查机关的职能定位由单纯处理违反政治纪律行为转移到党风廉政建设上来。关于纪律检查委员会的职能定位，在历次党代会、修改党章中都有体现。十二大党章规定，维护党的章程和其他重要的规章制度，协助党的委员会整顿党风，检查党的路线、方针、政策和决议的执行情况；党的十四大党章，将“协助党的委员会整顿党风”修改为“协助党的委员会加强党风建设”；党的十四大后，决定纪律检查机构和国家监察机构合署办公；党的十六大党章规定，除协助党委加强党风建设外，增加了协助党委“组织协调反腐败工作”“对党员领导干部行使权力进行监督”和“保障党员的权利”。这样，纪律检查机关的工作重心由过去处理违反政治纪律的职能定位，逐渐转移到党风廉政建设和反腐败斗争上来。

三、高度重视党内民主建设

党内民主是党内监督的基础。党的十六大明确提出“党内民主是党的生命”的重要论断。改革开放以来，我们党不断加强党内民主建设，党内民主得到长足的发展，具体体现在民主集中制、党员民主权利保障、领导干部选拔任用、党的代表大会制度等方面。

（一）健全党的民主集中制

“文化大革命”给党内民主造成极大的破坏，鉴于这一深刻历史教训，邓小平在改革开放初期就向全党郑重地提出，恢复党长期行之有效的民主集中制的优良传统。邓小平指出："解放思想，开动脑筋，一个十分重要的条件就是要真正实行无产阶级的民主集中制。"[①]1978 年 12 月，十一届三中全会决定，恢复党的民主集中制的传统，并健全党的民主集中制。

依照这一指导思想，1980 年 2 月，党的十一届五中全会通过了《关于党内政治生活的若干准则》，以党内法规的形式，对应当如何贯彻落实民主集中制作出了详细、明确的规定。1981 年 6 月，党的十一届六中全会通过的《关于建国以来党的若干历史问题的决议》，对党内民主作了深刻的总结，强调必须把我们党建设成为具有健全的民主集中制的党。党的十二大要求全党在党内充分发扬民主，在民主的基础上实行高度的集中，加强组织性纪律性，保证全党行动的一致。十二大修订党章对民主集中制原则作了更加系统、全面的规定，特别指出"党禁止任何的个人崇拜。要保证党的领导人的活动处于党和人民的监督之下，同时维护一切代表党和人民利益的领导人的威信"[②]。1987 年，党的十三大进一步完善党内民主制度，规定差额选举和对重大问题进行表决。

20 世纪 80 年代末 90 年代初，东欧剧变对国内产生了巨大影响，一些人对民主集中制产生了怀疑，党中央旗帜鲜明地提出必须坚持和健全民主集中制。1994 年 9 月，党的十四届四中全会通过的《中共中央关于加强党的建设几个重大问题的决定》，关于坚持和健全民主集中制就是其中重要内容之一，强调坚持和健全民主集中制，决不能削弱和放弃民主集中制；以为实行社会主义市场经济就可以不要党和国家领导制度中的民主集中制，或者以为坚持民主集中制就是回到计划经济的老路上去，都是不对的。江泽民在中国共产党成立 72 周年座谈会上指出："各级党组织都要坚决执行民主集中制，维护党和国家的整体利益，维护党的团结和统一，

① 《邓小平文选》第二卷，人民出版社，1994，第144页。

② 《中国共产党历史党章汇编（1921~2017）》，中国方正出版社，2019，第336页。

维护党中央、国务院的权威，保证政令畅通。”[①] 坚持民主集中制始终是我们党保持先进性纯洁性、维护党中央集中统一领导的重要法宝，是立党立国的治国之本。

（二）保障党员权利

保障党员权利是发展党内民主的基础。改革开放新时期，党的十二大党章在八大党章的基础上将党员权利增至八项，主要增加了被培养权：“参加党的有关会议，阅读党的有关文件，接受党的培养和训练”；检举权：“党员有权向党负责地揭发、检举党的任何组织和任何党员的违法乱纪事实，要求处分违法乱纪的党员，要求罢免或撤换不称职的干部”。这是党员的民主监督权利。党章还强调“党的任何一级组织直至中央都无权剥夺党员的上述权利”[②]，增强了对党员党内民主监督权利的保护。以后历次修订党章对党员权利进行微调，也是为适应新形势发展要求。

1995 年，党中央印发了《党员权利保障条例（试行）》，党的历史上第一部保障党员权利方面的专门法规出台。“试行条例”分总则、党员享有的各项权利、对党员各项权利的保护、对侵犯党员权利行为的惩处、程序和责任、附则，对于发展党内民主、健全党内生活、保障党员权利的正常行使和不受侵犯起到了重要作用，是我们党历史上第一次对党员权利保障制定条例。根据新形势新任务要求，2004 年党中央重新修订颁布《党员权利保障条例》，丰富了党员享有的各项权利，对党员权利的规定更加明确、具体。其中，关于提出处分、罢免或者撤换要求权，声明保留不同意见权、请求权、控告和申诉权等权利的规定更加完善。

四、党内监督制度建设

制度问题更带有根本性、全局性、稳定性和长期性。邓小平强调“克

① 《江泽民论加强和改进执政党建设》，中央文献出版社、研究出版社，2004，第232页。

② 《中国共产党历史党章汇编（1921~2017）》，中国方正出版社，2019，第333页。

服特权现象，要解决思想问题，也要解决制度问题”[①]。江泽民在十五届中央纪委七次全会上强调，要进一步加强和健全党内监督的各项制度，真正从体制和制度上保证各级领导干部正确行使手中的权力。[②]面对改革开放的新形势，党中央在加强党的纪律检查工作的同时，建立健全关于党内监督的各项规章制度。

（一）恢复和完善党内监督制度体系

滥用权力、徇私舞弊等腐败现象发生的一个重要原因，是政治和经济上存在着“法律和制度之外的利益”。党的十一届三中全会实施改革开放战略，大力完善党的法规制度，1979 年 1 月十一届中央纪委一次全会讨论和制定了《关于党内政治生活的若干准则》，并于十一届五中全会通过。《关于党内政治生活的若干准则》共十二条，几乎涉及党内政治生活的各个方面，与这一时期建立的党内法规制度一起，初步搭建起了党内监督制度体系的基本构架。1987 年 7 月，中央纪委发出《关于对党员干部加强党内纪律监督的若干规定（试行）》，强调了党内纪律的内容和形式、纪律监督的任务和重点及纪检机关专责监督作用。从 1978 到 1992 年间陆续制定、颁布了关于党的纪律建设的若干决议、决定和规章制度，如《关于进一步制止党政机关和党政干部经商、办企业的规定》（1986）、《关于坚决查处共产党员索贿问题的决定》（1987）、《党员领导干部犯严重官僚主义失职错误党纪处分的暂行规定》（1988）等等，推动了党内监督机制的健全和完善。

（二）党内监督逐渐走向制度化、规范化

1997 年 2 月中央办公厅转发了《中共中央纪律检查委员会关于重申和建立党内监督五项制度的实施办法》，强化对党政领导干部特别是省（部）级领导干部的监督作用。2003 年 12 月《中国共产党党内监督条例（试行）》的颁布，标志着党内监督工作步入规范化、制度化轨道。

---

① 《邓小平文选》第二卷，人民出版社，1994，第332页。

② 《新中国成立以来党风廉政建设纪事》，中国方正出版社，2019，第275—276页。

派驻监督和巡视监督得到恢复和完善。党的十二大党章对党的八届十中全会所确立的“派驻”形式给予肯定，中央纪委可以向中央一级的党和国家机关派驻纪检组或纪检员。为解决长期存在的纪委对同级党委监督缺位问题，中央纪委进行了派驻机构改革，赋予了派驻机构更大的监督权力和工作权限，以提升监督能力。1983 年党的十二届二中全会通过《中共中央关于整党的决定》，提出县级以上各级党委应向所属整党单位派出联络员或巡视员。1990 年党的十三届六中全会，赋予中央、省、自治区和直辖市党委可以向各地、各部门派出巡视工作小组，开展巡视监督工作。党的十六大正式提出建立巡视制度，“改革和完善党的纪律检查体制，建立和完善巡视制度”①。2003 年《中国共产党党内监督条例（试行）》将巡视制度作为党内监督的十项制度之一，中央纪委、中央组织部正式组建巡视工作专门机构。党的十七大将巡视制度写入党章，“党的中央和省、自治区、直辖市委员会实行巡视制度”②。2009 年专门制定了《中国共产党巡视工作条例（试行）》，中央纪委、中央组织部巡视组和巡视办公室更名为中央巡视组、中央巡视工作领导小组办公室，全国 31 个省（自治区）和新疆生产兵团党委相继成立巡视工作领导小组，发挥巡视利剑功能，发现问题，推动从严管党治党，加强党的先进性纯洁性建设。

建立健全党风廉政建设责任制及责任追究制度。随着市场经济不断发展，商品交换原则对党内生活造成一定程度的侵蚀，一些腐败现象和不正之风也逐渐显现出来。对此，党中央高度重视，中共中央和中央纪委于 1984 年对党风廉政建设责任制首次作出明确要求，建立健全各级领导班子抓党风的责任制，领导带头，一级抓一级，层层建立责任制，全党抓党风。1996 年，江泽民在十四届中央纪委第六次全会提出，要坚持党委主要领导同志亲自动手，实行严格抓党风和廉政建设责任制。1998 年，党中央、

---

① 《十一届三中全会以来历次党代会、中央全会报告公报决议决定（下册）》，中国方正出版社，2008，第766页。

② 《中国共产党历次党章汇编（1921~2017）》，中国方正出版社，2019，第503页。

国务院颁布实施《关于实行党风廉政建设责任制的规定》，正式确立了党风廉政建设责任制，并在责任内容、责任考核、责任追究等方面作出了初步回答。

健全党内生活制度。严格党内生活，是我们党保持先进性、纯洁性的政治优势。新时期，党中央高度重视党内生活制度建设，积极营造良好的党内政治生活环境，出台一系列的党内生活制度，如党内组织生活会制度、党内政治生活制度、领导班子民主生活会制度、实行集体领导和个人分工负责相结合制度的集体领导制度、党内情况通报制度、情况反映制度和重大决策征求意见制度等。党内生活制度不断健全完善，有效地加强了领导班子内部监督，使党员能够广泛地参与党内事务，抵御社会不良风气的侵蚀。

同时，不断建立健全党内监督相关制度，如领导干部个人重大事项报告制度，述职述廉制度，干部考察考核制度、民主评议制度，提醒谈话、诫勉谈话制度，经济责任审计制度等。这些制度的出台，极大地推进了监督关口的前移，让权力运行事前能够预防、事中得到监督，可以及时发现和纠正领导干部作风方面的问题。

五、加强对领导干部的重点监督

从严管党治党，最关键的是管住党的领导干部。早在 1962 年《执政党的干部问题》一文中，邓小平就指出，“党要管党，一管党员，二管干部。对于执政党来说，党要管党，最关键的是干部问题”[①]。领导干部必然成为管党治党的重点监督对象。

在改革开放和社会主义市场经济条件下，必须加强对党的领导机关和领导干部的监督。改革开放初期，党员干部特别是高级干部脱离群众，搞特殊化时有发生，对党的形象造成极坏的影响。邓小平严厉地指出领导干部搞特殊化的恶劣影响，“我们的高级干部现在并不是工资太高，而是其

① 《邓小平文选》第一卷，人民出版社，1994，第125页。

他方面的待遇太宽了。这样就要脱离群众，脱离干部，甚至腐蚀自己的子女和家庭，把风气带坏了，官僚主义也无法克服”。为了整肃党风，他强调要先从领导干部开始抓不正之风，“高级干部不能以身作则，影响是很大的。现在，不正之风很突出，要先从领导干部纠正起”[①]，并亲自推动出台《关于高级干部生活待遇的若干规定》，严格规范高级干部生活待遇，要求高级干部要在作风建设中起带头作用。邓小平身体力行，为废除干部职务终身制作出表率。在南方谈话中，他更是指出“中国要出问题，还是出在共产党内部”，强调“关键是我们共产党内部要搞好，不出事”。[②]当然其中就包含对领导干部的监督问题。

随着改革开放深入推进，社会主义市场经济与计划经济新旧体制转换，其中也必然会有一些监督管理漏洞和薄弱环节。党内不断发生的腐败现象严重威胁党的领导权威和执政地位。江泽民在建党 70 周年大会上指出：“现在有些党员干部滋长了严重的官僚主义，有些干部为了本地区、本部门、本单位的利益乃至个人利益，而不惜损害国家和人民的全局利益，少数人以权谋私、行贿受贿、贪污腐化。这些现象败坏党的声誉，损害党群关系，同党的宗旨是根本不相容的。党风是关系到党的生死存亡的问题，如果听任腐败现象发展下去，党就会走向自我毁灭。”[③]党的十四大提出了坚持党要管党和从严治党，加强和改进党的建设的目标要求，江泽民在十四届中央纪委六次全会上指出：“我们党执政以后，特别是在新的历史条件下，能不能成功地解决党内监督问题，尤其是对高中级干部的监督问题，是加强党的建设需要解决的一个重要问题。”他强调：“越是改革开放，越要加强和健全党内监督；越是领导机关、领导干部，越要有严格的党内监督。”提出搞好党内监督要求，首要的是“重点抓好对领导干

① 《邓小平文选》第二卷，人民出版社，1994，第329页。

② 《邓小平文选》第三卷，人民出版社，1994，第380、381页。

③ 《江泽民论有中国特色社会主义》，中央文献出版社，2002，第425页。

部的监督，强化领导集体内部的监督。”[①] 党的十六大报告提出并强调“重点加强对领导干部特别是主要领导干部的监督，加强对人财物管理和使用的监督”“强化领导班子内部监督，完善重大事项和重要干部任免的决定程序”[②]。胡锦涛同志深入推进反腐败工作，将加强党内监督作为重要任务来抓，在关于加强领导干部重点监督上，在十六大的基础上又加上了人财物管理使用、关键岗位的重点监督。监督重点越来越明确具体。

六、拓宽监督渠道，增强监督合力

改革开放以来，党中央不断拓宽监督渠道，把党内监督与人大监督、政府专门机关监督、政协民主监督、群众监督、舆论监督等较好地结合起来，增强了监督合力，提高了监督效能。

（一）推进党务公开建设

阳光是最好的“防腐剂”，公开透明是党内民主的基础。在长期推进党内民主建设中，党中央开始意识到党务公开对于党内民主建设的重要性，逐步进行党务公开理论和实践的探索。2003 年中央印发了第一部党内监督法规《中国共产党党内监督条例（试行）》，规定：地方各级党的委员会全体会议作出的决议、决定，一般应当向下属党组织和党员通报，根据实际情况，以适当方式向社会公开，提出了党务公开的基本要求。2004 年 9 月，党的十六届四中全会通过的《中共中央关于加强党的执政能力建设的决定》规定，要认真贯彻党员权利保障条例，建立和完善党内情况通报制度、情况反映制度、重大决策征求意见制度，逐步推进党务公开，增强党组织工作的透明度，使党员更好地了解和参与党内事务。这也是“党务公开”首次在党的重要文献中被明确提出。党的十七大修订的《中国共产党章程》

① 《新中国成立以来党风廉政建设纪事》，中国方正出版社，2019，第236页。

② 江泽民：《全面建设小康社会 开创中国特色社会主义事业新局面——在中国共产党第十六次全国代表大会上的报告（2002年11月8日）》，人民出版社，2002，第36—37页。

进一步规定：党的各级组织要按规定实行党务公开，使党员对党内事务有更多的了解和参与。党务公开正式被写入党的根本大法。2009 年 9 月，党的十七届四中全会通过的《中共中央关于加强和改进新形势下党的建设若干重大问题的决定》强调，积极推进党务公开。2010 年 8 月，中共中央办公厅印发《关于党的基层组织实行党务公开的意见》，强调了党的基层组织实行党务公开是加强党内监督、规范权力运行、推进基层党风廉政建设的重要举措，明确了党的基层组织实行党务公开的内容、程序和方式。

（二）党内监督和外部监督相结合

坚持党内监督和党外监督相结合，是马克思主义政党的一贯要求，是我们党的优良传统和政治优势。随着改革开放的深入推进，党和国家监督体系在不断地建立健全，人大监督、政府专门机关监督、政协民主监督、司法监督、群众监督、舆论监督等得到了极大发展。将党内监督和外部监督相结合，整合各种监督力量，逐渐成为党中央提升监督效能的共识。

加强执政党的建设，离不开有力的监督，包括党内的监督，也需要外部的监督。邓小平早在 1957 年西安干部会议上，指出“党要受监督，党员要受监督”[①]，并将监督分为三种：党的监督、群众的监督、民主党派和无党派人士的监督。他认为有了这几方面的监督，我们就会谨慎一些，看问题就会少一些片面性。1990 年党的十三届六中全会审议通过《中共中央关于加强党同人民群众联系的决定》，提出要建立和完善党内监督与党外监督制度，切实加强对各级领导机关和领导干部的监督。2000 年 12 月，江泽民在第 19 次全国统战工作会议上更为全面地指出，“要完善民主监督机制，畅通下情上达的渠道，加大民主监督的力度”，还指出中共与各民主党派实行互相监督，“主要是民主党派监督共产党”，“我们是执政党，必须自觉倾听人民群众和民主党派意见，自觉接受人民群众和民主党派的监督”[②]。2003 年《中国共产党党内监督条例（试行）》第五条规定：党内监督要与党外监督相结合。党的各级组织和党员领导干部，应当自觉

① 《邓小平文选》第一卷，人民出版社，1994，第270页。

② 《江泽民文选》第三卷，人民出版社，2006，第146页。

接受并正确对待党和人民群众的监督。

推动党内监督与党外监督相结合，形成监督合力，提升监督效能。胡锦涛在2004年十六届中央纪委三次全会上指出，“综合运用党内监督、国家专门机关监督、群众监督和舆论监督等多种形式，努力形成结构合理、配置科学、程序严密、制约有效的权力运行机制”。在2006年庆祝中国共产党成立85周年暨总结保持共产党员先进性教育活动大会上强调，“要加强对党的领导机关和党员领导干部的监督，把党内监督与人大监督、政府专门机关监督、政协民主监督、民主党派监督、司法监督、群众监督、舆论监督等很好地结合起来，形成监督合力，提高监督效果”，由此提升党的执政能力，全心全意为人民谋幸福。党的十七大报告明确指出：“落实党内监督条例，加强民主监督，发挥好舆论监督作用，增强监督合力和实效。”深入推进党的建设，需要凝聚全党全社会的力量。只有党内监督与国家机关监督、人大监督、民主监督、司法监督、群众监督和舆论监督等相协调配合，形成整体合力，才能不断将制度优势转化为党的执政能力。

第四章

时代特征：新时代加强党内监督的时代逻辑与创新

与时俱进深入推进党的建设伟大工程，以改革精神为党内监督注入新的时代活力，是中国共产党的优良传统和政治优势。党的十八大以来，世情、国情、党情发生了深刻变化，党所面临的“四大考验”“四种危险”将长期存在，以习近平同志为核心的党中央，在统筹推进“五位一体”总体布局、协调推进“四个全面”战略布局的伟大实践中，深入把握执政党建设规律，全面从严管党治党，以自我革命精神加强党内监督、强化政治监督，深入推进纪检监察体制改革，全面构建党和国家监督体系，不断推动党内监督理论创新、制度创新和实践创新，中国特色社会主义监督体系不断得到健全完善，为全面建设社会主义现代化国家、实现中华民族伟大复兴提供了坚强的政治保障。

第一节　深入推进新时代党的建设新的伟大工程

新时代，我们党正在进行具有许多新的历史特点的伟大斗争。党中央面对新的伟大斗争，将全面从严治党作为推进新时代党的建设新的伟大工程的鲜明主题。党内监督是党的建设新的伟大工程的基础工程，也是坚持党的全面领导、实现党的历史使命的前提和保障。习近平总书记在党的十八届六中全会上强调，全面从严治党，要“把强化党内监督作为党的建设的重要基础性工程，使监督的制度优势充分释放出来”[①]。

一、新时代党的建设新的伟大工程

党的十八大以来，党中央统筹中华民族伟大复兴战略全局和世界百年未有之大变局，提出并实施新时代党的建设新的伟大工程，以自我革命精神锻造党的执政能力，保持党的先进性和纯洁性，使中国共产党更加坚强有力、充满活力。

（一）新时代党的建设总要求

“中国特色社会主义进入新时代”，党的十九大作出了这一重要的政治判断。进入新时代，中华民族伟大复兴走到一个重大历史节点上：全面建成小康社会指日可待，全面建设社会主义现代化国家新征程将乘势开启；中国社会主要矛盾出现了新的变化，改革开放任务也更加繁重，国家治理难题更加复杂，执政兴国挑战更加严峻，党的全面领导为中华民族伟大复兴提供根本政治保证、科学思想引领和可靠的组织保障。我们必须始终坚

① 《十八大以来重要文献选编》（下），中央文献出版社，2018，第409页。

持和加强党的全面领导，坚持以人民为中心、以法治为基础、以德治为保障、以自我革命为保证的党的全面领导，团结各族人民踔厉奋进、砥砺前行，实现中华民族伟大复兴中国梦。

新时代也赋予了党的领导新的时代内涵，提出党的建设新任务新要求。新时代党的建设总要求，“坚持和加强党的全面领导，坚持党要管党、全面从严治党，以加强党的长期执政能力建设、先进性和纯洁性建设为主线，以党的政治建设为统领，以坚定理想信念宗旨为根基，以调动全党积极性、主动性、创造性为着力点，全面推进党的政治建设、思想建设、组织建设、作风建设、纪律建设，把制度建设贯穿其中，深入推进反腐败斗争，不断提高党的建设质量，把党建设成为始终走在时代前列、人民衷心拥护、勇于自我革命、经得起各种风浪考验、朝气蓬勃的马克思主义执政党”[①]。党的二十大要求坚定不移全面从严治党，深入推进新时代党的建设伟大工程，“落实新时代党的建设总要求，健全全面从严治党体系，全面推进党的自我净化、自我完善、自我革新、自我提高，使我们党坚守初心使命，始终成为中国特色社会主义事业的坚强领导核心”[②]。新时代党的建设总要求，无不包含着以自我革命精神强化党内监督的深刻意蕴。

新时代党的建设总要求，首次把政治建设纳入党的建设伟大工程内，并且将政治建设放在首要地位，起统领作用。习近平总书记在十九大报告中强调，“党的政治建设是党的根本性建设，决定党的建设方向和效果”，党的政治建设必然要纳入党的建设具体布局中来。这是对党的建设具体布局的重大突破，是对马克思主义政党建设理论新的重大贡献；二是首次增加“党的纪律建设”。没有规矩，不成方圆，组织严密、纪律严明是我们党作为马克思主义政党的优良传统和政治优势，加强纪律建设是全面从严

① 习近平：《决胜全面建成小康社会 夺取新时代中国特色社会主义伟大胜利——在中国共产党第十九次全国代表大会上的报告（2017年10月18日）》，人民出版社，2017，第61—62页。

② 习近平：《决胜全面建成小康社会 夺取新时代中国特色社会主义伟大胜利——在中国共产党第十九次全国代表大会上的报告（2017年10月18日）》，人民出版社，2017，第64页。

治党的治本之策。以党的政治建设为统领加强政治监督，必然要落实到党的纪律建设中，要把强化党内监督作为第一路径。

（二）坚持和完善党的全面领导

新时代党的建设遵循的根本原则和目的，就是必须坚持和完善党的全面领导。党的十九大报告指出，“中国特色社会主义最本质的特征是中国共产党领导，中国特色社会主义制度的最大优势是中国共产党领导”①。中国共产党的全面领导，是中国人民在革命、建设和改革开放前进道路上战胜一切艰难险阻和风险挑战的“定海神针”。中国特色社会主义进入新时代，世情、国情、党情发生深刻变化，党的全面领导被赋予了新的时代内涵和要求，党的领导是全面的、系统的、整体的。全面领导是对党“总揽全局、协调各方”领导核心地位的准确界定。在开创和发展中国特色社会主义事业的整个历史进程中，党始终发挥着总揽全局、协调各方的统领作用。

坚持党的领导是历史的结论，也是时代的呼声，是全面建设社会主义现代化国家、实现中华民族伟大复兴的根本保证。党的十九大报告指出，“历史已经并将继续证明，没有中国共产党的领导，民族复兴必然是空想”②。中国共产党诞生百年来，正是中国共产党领导人民浴血奋战、艰苦奋斗，中华民族才从站起来、富起来，走上强起来的康庄大道。“没有共产党就没有新中国。”“办好中国的事情，关键在党，关键在党要管党、全面从严治党。”③“中国特色社会主义最本质的特征是中国共产党领导，中国特色社会主义制度的最大优势是中国共产党领导。”“坚持和完善党的领

① 习近平：《决胜全面建成小康社会 夺取新时代中国特色社会主义伟大胜利——在中国共产党第十九次全国代表大会上的报告（2017年10月18日）》，人民出版社，2017，第20页。

② 习近平：《决胜全面建成小康社会 夺取新时代中国特色社会主义伟大胜利——在中国共产党第十九次全国代表大会上的报告（2017年10月18日）》，人民出版社，2017，第16页。

③ 《习近平著作选读》第二卷，人民出版社，2023，第229页。

导，是党和国家的根本所在、命脉所在。”[①]“把坚持党的全面领导贯彻到管党治党全部工作之中。”[②]这些深刻的论述都高度概括了坚持和加强党的全面领导的历史必然性和现实必要性。

（三）全面从严治党一以贯之

坚持党要管党、全面从严治党，是党的十八大以来从严管党治党不断创新的重要成果，是保持党的先进性纯洁性、巩固党的执政地位、发挥基层党组织战斗堡垒作用的重要经验总结。

坚持党要管党、全面从严治党，是中国共产党走过百年历史辉煌的优良传统和宝贵经验。无瑕疵不美玉，任何政党发展都不可能保证其肌体不受“细菌”感染，不可能保证其党员不受周围环境的侵染、不被“糖衣炮弹”所击破。但中国共产党与时俱进，有勇于自我革命的底气和精神，勇于从自身下手革除腐败病灶，保持住自己的性质，也就保持住了强大的战斗力凝聚力和纯洁性。从从严治党到全面从严治党，保住了执政党的先进性纯洁性，也就守住了人民对党的信任和支持。在新的发展起点上，我们党依然面临着重大风险挑战，要经受得住“四大考验”，能够化解“四种危险”，最根本的还是加强党的自身建设，始终保持党的先进性和纯洁性。腐败是社会发展的“政治之癌”，是党长期执政的最大威胁，必须保持反腐败政治定力，坚持严的主基调，不断实现不敢腐、不能腐、不想腐一体推进的战略目标。

党的十八大以来，着眼于破解新的历史起点上党的建设所面临的突出矛盾和问题，提出全面从严治党，成为“四个全面”战略布局的重要内容，成为推进中国特色社会主义事业健康发展的根本保证。习近平总书记在党的十八届中央纪委六次全会上指出，全面从严治党，核心是加强党的领导，基础在全面，关键在严，要害在治。其“全面”的意义重大，我们必须深刻理解把握全面从严治党的核心要义。办好中国的事情，关键在党，中国特色社会主义最本质的特征是坚持中国共产党领导，中国特色社会主义的

---

① 《习近平谈治国理政》第二卷，外文出版社，2017，第43页。

② 《习近平著作选读》第二卷，人民出版社，2023，第592页。

最大优势是中国共产党领导，必须坚定维护党的全面领导权威。党的十九大在总结提炼过去五年成功管党治党经验，将坚持党要管党、全面从严治党确定为党的建设指导方针。党的二十大要求“落实新时代党的建设总要求，健全全面从严治党体系”，将全面从严治党提升到体系化建设上。体系化建设成为新征程上深入推进全面从严治党、提升管党治党质效的目标要求。

二、坚决打赢反腐败斗争的攻坚战和持久战

“反腐败必须强化监督、管住权力。”[①] 监督有力，治党才有效。这既是我们党对全面从严治党实践经验的深刻总结，也是对管党治党规律的科学把握。加强党内监督，健全党和国家监督体系，既是我们党长期面临党风廉政建设和反腐败斗争严峻复杂形势的势所必然，也是全面建设社会主义现代化国家、实现中华民族伟大复兴的必然选择。

（一）反腐败斗争形势依然严峻复杂

腐败是危害党的生命力和战斗力的最大毒瘤。党的十八大以来，党中央深化了对反腐败斗争形势的认识，指出党风廉政建设和反腐败斗争形势依然严峻复杂。党中央把全面从严治党纳入“四个全面”战略布局，坚持无禁区、全覆盖、零容忍，刀刃向内、刮骨疗毒，猛药去疴、重典治乱，一体推进不敢腐、不能腐、不想腐，使党在革命性锻造中变得更加坚强有力。反腐败斗争形势从“腐败和反腐败呈胶着状态”到“压倒性态势正在形成”，从“压倒性态势已经形成”到“压倒性态势已经形成并巩固发展”，全面从严治党不断取得新成效，但反腐败斗争形势依然严峻复杂。

权力是把“双刃剑”，我们党长期执政必然面临被腐蚀的风险。十八大前，党中央以标本兼治、综合治理、惩防并举、注重预防的方略，建立健全惩治和预防腐败体系，党风廉政建设和反腐败斗争取得长足的进步。

---

① 《习近平关于坚持和完善党和国家监督体系论述摘编》，中央文献出版社、中国方正出版社，2022，第177页。

滋生腐败的土壤不铲除，腐败问题就不可能被完全解决。进入新时代，由于世情、国情、党情发生深刻变化，我们党领导的社会主义事业面临着各种各样的风险、考验和挑战。从近年来查处的腐败案例来看，腐败问题呈现出更为复杂化、交错性等特征，突出表现在：

一是从以往单纯地贪图享乐型的腐败发展为政治问题与经济问题交织的腐败。多数腐败分子的腐败表现有理想信念动摇、宗旨意识淡薄、背弃初心使命和党性原则、对党不忠诚不老实等违反党的政治纪律和政治规矩的行为。特别是党中央发现有高级干部“在党内培植个人势力、结成利益集团、妄图攫取党和国家权力的阴谋行径”[①]。2021 年，中央纪委“严肃查处孙力军、邓恢林、龚道安、王立科、刘新云等人的政治团伙案，查处王富玉、周江勇、彭波等政治问题和经济问题交织的腐败案件”[②]，结党营私、拉帮结派、对党阴阳两面、不忠诚等行为严重地破坏着党内政治生态，还容易结成新的利益集团，严重危害着党和国家的政治安全，危害着党执政地位的稳定和巩固。

二是领导干部特别是高级干部腐败与蝇贪蚁腐同时并存。这也是多年来党中央一直采取“‘老虎’‘苍蝇’一起打”策略的重要原因。多地多领域塌方式腐败发生，如山西仅在 2014 年半年的时间里，省委常委落马的人数就达到 7 名之多；吉林市原“四大班子”及纪委、公检法主要领导相继被查。习近平总书记在党的十八届六中全会第二次全体会议上讲话指出，“一些高级干部发生的问题往往是所在地方和单位各种问题滋生蔓延的主要导因。党的十八大以来查处近二百名高级干部，其中不乏省委书记、省长、部长、中央委员、中央候补委员……给我们党的形象和威信造成的损害是特别巨大的”[③]。相较于“老虎”，“苍蝇式”腐败虽小，但发生在群众身边，种种不良行为、不当行迹，其害如虎，严重损害人民群众的

---

① 《习近平关于全面从严治党论述摘编》，中央文献出版社，2021，第381页。

② 《十九届中央纪委历次全会文件资料汇编》，中国方正出版社，2022，第361页。

③ 《习近平著作选读》第一卷，人民出版社，2023，第531页。

根本利益，严重损害党和政府形象。“苍蝇式”腐败主要表现为基层干部的吃拿卡要、不作为等小微腐败问题，呈现出隐蔽性强、反复发作、群发性等特点，容易死灰复燃，打不胜打。

三是重点领域和一些“清水衙门”腐败问题并存。土地、工程、矿产、房地产等领域腐败一直是腐败高发区，交通系统、政法系统、粮食领域、金融系统等权力集中、资金密集、资源富集领域，也是发生腐败问题的重灾区。腐败分子权钱交易、投桃报李，“围猎”和被“围猎”交织，为了各自的利益目的沆瀣一气，形成利益输送链条，盗取国家利益、侵害集体利益、损害人民利益。同时，腐败现象也向一些人心中的“清水衙门”蔓延，科教文卫领域也在滋生蔓延一些带有行业特点的腐败现象，有些部门甚至成为腐败的重灾区。这些“清水衙门”看似微不足道的“人情往来”“边角碎料”，但长年累月、积少成多，也深度侵害了民生福祉和基层群众对党和政府的信任支持。

（二）腐败是党作为执政党的最大威胁

习近平总书记在庆祝中国共产党成立95周年大会讲话中指出：“我们党作为执政党，面临的最大威胁就是腐败。”[①] 如果放任不正之风和腐败问题横行，必然会亡党亡国。作为执政党，不正之风和腐败问题直接表现在党的建设上，如果管党治党不严不实，人民群众反映的突出问题得不到根本解决，长期发展下去必然会失去执政基础，失去人民的支持和拥护。党的二十大报告指出，十年前，“党内存在不少对坚持党的领导认识模糊、行动乏力问题，存在不少落实党的领导弱化、虚化问题，有些党员干部政治信仰发生动摇，一些地方和部门形式主义、官僚主义、享乐主义和奢靡之风屡禁不止，特权思想和特权现象，一些贪腐问题触目惊心”[②]。

追根溯源，腐败的本质是权力没有得到很好的制约和监督，监督是防

---

① 《习近平关于全面从严治党论述摘编》，中央文献出版社，2021，第374页。

② 习近平：《高举中国特色社会主义伟大旗帜 为全面建设社会主义现代化国家而团结奋斗——在中国共产党第二十次全国代表大会上的报告（2022年10月6日）》，人民出版社，2022，第5页。

止权力变质最好的“防腐剂”。从腐败发生的机理上看，腐败动机和腐败机会是导致腐败行为产生的最重要因素。在腐败动机和腐败机会两者兼具的情况下，基于人追求利益最大化的本性，经过成本和收益的核算，如果腐败所获得的收益远远高于所付出的成本，腐败行为就会发生。也有一些腐败者在成本核算后，虽然不能达到利益最大化，但由于名利、心理满足等因素，也会铤而走险，使腐败行为发生。一直以来，“一把手”权力制约和监督是个难点问题，从近年来纪检监察机关查处的腐败案例来看，相当大的比例是“一把手”，其原因在于监督不到位，上级监督太远，下级监督太难，其手中掌控的权力处于“山高皇帝远”的状况，于是丧失理想信念，被周围的吹捧奉承、利益输送冲昏了头脑，作风霸道，任性用权，独断专行。反腐败斗争必然要加强权力制约和监督，实施有力、有效的监督方略和措施。

强化党内监督是执政党反腐败的最有效的途径，是预防腐败的治本之策。不论是纪律建设、作风建设，还是反腐败斗争，都离不开党内监督。从诸多的腐败案例来看，不正之风和腐败问题只是“表”，理想信念不坚定、组织纪律涣散、政治纪律松弛是“里”。如何由表及里根治腐败，首先在于对党员干部的监督，在于对党员干部所掌握的人民赋予权力的监督。由此，党的十八大以来，党中央高度重视党内监督，着力解决管党治党失之于宽、失之于松、失之于软的问题，不仅从组织体系上理顺、健全党内监督体系，从制度上修缮党内监督条例；而且积极推进改革，加强对纪检机关内涵式发展改革，聚焦监督、执纪、问责职责，强化党委（党组）监督主体责任，深入推进国家监察体制改革，促使党内监督和民主监督、国家行政监督、法律监督、群众监督、舆论监督、审计监督、统计监督等形成合力。

三、强化党内监督是新时代党的建设的基础性工程

监督是权力运行的根本保证。加强党的建设，提升党的执政能力，必须加强对领导干部掌握权力的制约和监督。党的二十大报告指出：“全面

从严治党永远在路上，党的自我革命永远在路上，绝不能有松劲歇脚、疲劳厌战的情绪，必须持之以恒推进全面从严治党，深入推进新时代党的建设新的伟大工程。”[①]党内监督必须回应时代主题，适应党的建设新要求。

（一）党内监督是提升党的执政能力、巩固党的执政地位的基础工程

党内监督是党的建设伟大工程的重要内容之一，是提升党的执政能力、保持党的先进性的重要措施。所谓党的执政能力，是指党在执政过程中，提出和运用正确的路线、方针、政策和策略，采取科学的领导制度和方式，充分动员调动社会一切积极力量、积极有利的因素，协调党和社会的关系，促进社会发展和进步的能力。科学执政、民主执政和依法执政无不包含着对权力运行的制约监督。中国共产党是无产阶级的先锋队，代表的是人民的根本利益。作为执政党，党的权力是人民所赋予的，也要保证为人民所用。保证党的权力为人民所用，外部监督是重要的，要加强人民对权力的监督，而党的自身建设更为根本。党内监督是以自我革命的精神来加强党的自身建设，提升党组织和领导干部提出和落实党的路线、方针、政策的能力和水平。面对新形势、新任务，我们的党员干部整体素质、整体战斗力是很强的，但也有一些地方和部门仍然存在党的领导弱化、党的建设缺失、管党治党不力等问题，一些党组织和领导干部政治意识缺失，党的观念淡漠，组织观念缺失，执行党中央决策部署“上有政策、下有对策”“我行我素”，纪律松弛，管党治党宽、松、软仍不同程度地存在。只要有权力，就存在腐败的风险。政党尤其是执政党，由于权力没有得到科学的制约监督而最终失去政权的，世界上也有很多案例。由此，加强党内监督就是要着力保证党的纯洁性、先进性，保证党的组织充分履行职能，发挥领导核心和战斗堡垒作用，为党的建设打牢根基、扎固笼子。

---

① 习近平：《高举中国特色社会主义伟大旗帜 为全面建设社会主义现代化国家而团结奋斗——在中国共产党第二十次全国代表大会上的报告（2022年10月6日）》，人民出版社，2022，第64页。

（二）党内监督是落实全面从严治党战略、保证党的领导核心地位的重要举措

加强党内监督始终是保持党的先进性、纯洁性政治本色的制度保障。党内监督是政党内部运用监督制约机制对党自身建设的一种自我调节、自我控制，说到底是要强化权力的制约，防止公权力被滥用。世界各国在政党建设方面，都非常重视党内监督工作。虽然政党性质及监督内容形式不同，但核心都是权力的制约和监督。如果政党权力得不到有效监督，尤其是对于执政党，不仅政党内部是一片散沙，而且会因分裂、腐败而导致亡党亡国。

建党百年的经验反复证明，办好中国的事情，关键在党，关键在党要管党，从严治党。党的权威、党的力量、党的形象，来自党的严密组织体系，来自党风党纪的严格自律。中国共产党发展到现在，从领导新民主主义革命到革命胜利后成为领导人民掌握全国政权并长期执政的党，无不是靠严格党内纪律和健全纪检监察制度来提高党的领导能力，防止和克服官僚主义、腐败变质等危险的。党内监督的制度体系是刚性的约束，党的纪律、规矩是不可触碰的“高压线”，也是党的组织和党员干部必须履行的“底线”“红线”。党的十八届六中全会对强化党内监督提出了明确要求，审议通过《中国共产党党内监督条例》，是新形势下强化党内监督、落实全面从严治党的基本遵循，也为我们党治国理政提供了重要保障，是党内监督制度的重大创新。新形势下，必须把强化党内监督视为党的建设的重要基础性工程，统筹推进，使之成为全面从严治党的重要基础支撑。

党内监督没有禁区、没有例外，党内监督权威是至高的，不允许任何人置身法外。党内没有特殊党员，党员一律平等是马克思主义政党一以贯之的建党原则。重视党内监督、平等接受监督，已成为我们党管党治党的重要原则和政治优势。毛泽东指出：“无论任何人，犯了错误都要检讨，都要受党的监督，受各级党委的领导，这是完成党的任务的主要条件。”①

① 《毛泽东选集》第五卷，人民出版社，1977，第96页。

邓小平同志指出，“对共产党员来说，党的监督是最直接的”[①]，所有共产党员都要增强党性，遵守党的章程和纪律，“一切党员，不管他们的功劳和职位如何，都没有例外”“不允许有任何在遵守党员义务方面与众不同的老爷”[②]。《中国共产党章程》明确规定，“不允许任何党员脱离群众，凌驾于群众之上”，每个党员不论职务高低，都必须“参加党的组织生活，接受党内外群众监督”。作为一个长期处于执政地位而又肩负重要历史使命的大党，要始终保持“赶考”的清醒和自觉，需要在强化自身监督和全方位监督上做出更大努力，坚决清除一切损害党的先进性和纯洁性的因素，清除一切侵蚀党的健康肌体的“病毒”，确保党不变质、不变色、不变味，以永远在路上的坚定、清醒和执着把全面从严治党进行到底，确保党始终成为中国特色社会主义事业的坚强领导核心。

（三）党内监督是推动党的自我革命、实现新时代党的历史使命的有力保障

建党百年来，加强党内监督、推进自我革命是中国共产党不断发展壮大，始终保持党的纯洁性、先进性，实现党的历史使命的密码。进入新时代，国内外形势发生重大变化，我国发展处于一个重要的战略期和机遇期，我们党面临许多新的伟大任务和伟大斗争的挑战和风险。习近平总书记要求全党领导干部要胸怀“两个大局”，一个是中华民族伟大复兴的战略全局，一个是世界百年未有之大变局，这是我们谋划工作的基本出发点。“两个大局”既是关于国内国际发展大势的战略判断，也是对我国发展历史方位和世界坐标的精准定位，更为新时代党的建设提出更高要求。

中华民族伟大复兴是中华民族近代以来最伟大的梦想，是中国共产党肩负的历史使命。中国共产党一经成立，就把实现共产主义作为党的最高理想和最终目标，义无反顾地肩负起实现中华民族伟大复兴的历史使命。从领导中国人民浴血奋斗推翻“三座大山”，实现民族独立和人民解放，历经新中国成立完成社会主义革命和社会主义建设新胜利、改革开放走向

① 《邓小平文选》第一卷，人民出版社，1994，第270页。

② 《邓小平文选》第一卷，人民出版社，1994，第243页。

繁荣富强，直到进入新时代，中华民族伟大复兴不断取得辉煌成就。习近平总书记指出：“我们比历史上任何时期都更接近、更有信心和能力实现中华民族伟大复兴的目标。”同时也强调，“行百里者半九十。中华民族伟大复兴，绝不是轻轻松松、敲锣打鼓就能实现的。全党必须准备付出更为艰巨、更为艰苦的努力”①。

当今世界正经历百年未有之大变局，和平和发展仍是世界主题，但不稳定性、不确定性明显增强。我国已经进入高质量发展的重要阶段，发展方面有许多优势和条件，但发展不平衡、不充分问题仍然突出。在实现中华民族伟大复兴的道路上，仍然会有各种风险挑战，甚至会遇到难以想象的困难和问题。这些都需要中国共产党立于复兴潮头、勇于担当，始终成为团结带领亿万人民勇毅前行的坚强领导核心，以自我革命精神继续推进新时代党的建设伟大工程，使全党增强危机意识和风险意识，常怀远虑、居安思危，把握发展规律，发扬斗争精神，为实现中华民族伟大复兴接续奋斗。在新征程上，只有坚定不移坚持党的全面领导，坚决维护习近平总书记党中央的核心、全党的核心地位，坚决维护党中央权威和集中统一领导，确保拥有团结奋斗的强大政治凝聚力和发展自信心，就一定能在危机中育新机、于变局中开新局，把我国发展进步的命运牢牢掌握在自己手中，以中国式现代化全面推进强国建设、民族复兴伟业。

① 习近平：《决胜全面建成小康社会 夺取新时代中国特色社会主义伟大胜利——在中国共产党第十九次全国代表大会上的报告（2017年10月18日）》，人民出版社，2017，第15页。

第二节　新时代强化党内监督的理论创新

党内监督实质上是以规范和制约权力为核心、保持党的先进性和纯洁性的一种内控机制。党的十八大以来，党中央以前所未有的勇气和定力推进全面从严治党，加强党的自身建设，积极探索加强党内监督的有效途径，不断形成新思想、新观点、新论断，特别是党的十八届六中全会形成了《中国共产党党内监督条例》这一重要制度成果，大大推进了马克思主义党内监督理论与实践的创新发展。

一、党内监督在党和国家各种监督形式中是最基本的、第一位的

习近平总书记在党的十八届六中全会上指出："党的执政地位，决定了党内监督在党和国家各种监督形式中是最基本的、第一位的。"[①]这一表述也充分彰显了中国特色社会主义监督制度的突出特点。

我国是在中国共产党全面领导下的中国特色社会主义国家，坚持党的领导是中国特色社会主义最本质的特征。中华人民共和国成立后，中国共产党由领导人民争取民族解放独立的党，成为领导人民建设社会主义国家的执政党。在推进国家治理体系建设中，我们党将自身的组织机构、意识形态、价值理念及行动逻辑等深深地植入国家治理结构，逐步形成了以自我监督为主的权力运行结构和运行机制。党和国家监督体系就是党在长期执政条件下实现自我净化、自我完善、自我革新、自我提高的重要制度成

① 《习近平著作选读》第一卷，人民出版社，2023，第519页。

果，是以党内监督为主导的、各类监督贯通协同。

强化党内监督，就是要促使党的领导干部做到有权必有责、有责要担当，用权受监督、失责必追究。习近平总书记多次强调，要健全权力运行制约和监督体系，有权必有责，用权受监督，失职要问责，违法要追究，保证人民赋予的权力始终用来为人民谋利益。党内监督的任务是确保党章、党规、党纪在全党有效执行，维护党的团结统一，重点解决党的领导弱化，党的建设缺失，全面从严治党不力，党的观念淡薄、组织涣散、纪律松弛，管党治党宽、松、软等问题，保证党的组织充分履行职能、发挥领导核心作用，保证全体党员发挥先锋模范作用，保证党的领导干部忠诚、干净、担当。没有无责任的权力，也没有无权力的责任，权力与责任缺一不可。有权必有责、有责要担当、失责必追究正是匡正干部履职行为的准绳，让权力在党纪国法所预设的轨道上运行。

以党内监督为主导，促进各类监督贯通融合。习近平总书记在党的十八届六中全会第二次会议上指出："党内监督在党和国家各种监督形式中是最根本的、第一位的，但如果不同有关国家机关监督、民主党派监督、群众监督等结合起来，就不能形成监督合力。"[①]《中国共产党党内监督条例》第六章就党内监督和外部监督相结合作出专门规定。党的十九大报告明确提出："要构建党统一指挥、全面覆盖、权威高效的监督体系，把党内监督同国家机关监督、民主监督、司法监督、群众监督、舆论监督贯通起来，增强监督合力。"[②]党的二十大报告要求，"以党内监督为主导，促进各类监督贯通协调"[③]。随着党和国家监督体系建设进入系统集成、协同高效的新阶段，党内监督与各项监督之间以及各项监督之间的关联度、互动性越来越强，更加需要相互协同配合、联动推进，以增强监督实效。

---

① 《习近平著作选读》第一卷，人民出版社，2023，第529页。

② 习近平：《决胜全面建成小康社会 夺取新时代中国特色社会主义伟大胜利——在中国共产党第十九次全国代表大会上的报告（2017年10月18日）》，人民出版社，2017，第68页。

③ 《习近平著作选读》第一卷，人民出版社，2023，第54页。

各级党委要支持和保证同级人大、政府、监察机关、司法机关等国家权力机关及公职人员依法监督。民主监督是人民政协的主要职能之一，人民政协依照章程进行民主监督，重视民主党派和无党派人士提出的意见、批评、建议，鼓励党外人士讲真话、进诤言。要利用互联网技术和信息化手段，推动党务公开、拓展监督渠道，虚心接受群众监督，及时回应人民群众关切。要加强舆论监督，通过对典型案例进行曝光剖析，发挥警示作用，为全面从严治党营造良好的舆论氛围。把党内监督与各项监督联动推进，将党和国家监督体系制度优势更好地转化为治理效能。

二、民主集中制是强化党内监督的核心

民主集中制是民主基础上的集中和集中指导下的民主，中国共产党历经革命、建设和改革开放实践考验的科学的、根本的组织原则和领导制度。习近平总书记在十八届中央纪委六次全会上指出，坚持民主集中制是强化党内监督的核心，必须坚持、完善、落实民主集中制，把民主基础上的集中和集中指导下的民主有机结合起来。党的十八届六中全会审议通过的《中国共产党党内监督条例》规定，党内监督必须贯彻民主集中制，依规依纪进行，强化自上而下的组织监督，改进自下而上的民主监督，发挥同级相互监督作用。

强化党内监督，必须坚持、完善、落实民主集中制。从党的十八大以来政治巡视的情况反馈来看，民主集中制执行不到位是一些地方党委（党组）核心领导作用发挥不力的重要原因，党内不集中、班子决策不民主问题同时存在。有些党组织组织涣散、各行其是，党的重大决策部署得不到有效落实。有的党组班子不团结，搞独断专行的“一言堂”“一支笔”，“一把手”权力得不到很好的制约。坚持民主集中制是强化党内监督的关键所在，要始终坚持、完善、落实民主集中制，把民主集中制原则贯彻到党内政治生活的各个方面；要充分调动积极因素，将民主基础上的集中和集中指导下的民主有机结合起来，增强上下级之间、同级之间相互的监督，确保党内监督落到实处、见到实效，保证人民赋予的权力集中于党组织、

服务于人民群众利益。

坚持民主集中制，严肃党内政治生活。民主集中制是我们党最大的优势。从党的历史经验来看，什么时候民主集中制坚持得好，党的领导就坚强有力，党的事业就蓬勃发展；什么时候民主集中制坚持得不好，党内就弊病丛生，党的事业就挫折不断。坚持民主集中制，就要坚持民主与集中的辩证统一，坚持党的统一领导，坚决维护党中央权威和集中统一领导。要强化政治意识、大局意识、核心意识、看齐意识，向党中央看齐，向习近平总书记看齐，向党的理论和路线方针政策看齐。坚持民主集中制，就要坚持集体领导制度，既要加强集体领导，又要科学地分工负责，要坚决反对和防止议而不决、决而不行、行而不实或以集体决策名义违规，坚决防止和克服名为集体领导、实际上个人或少数人说了算，或名为集体负责、实际上无人负责。要充分运用批评和自我批评的思想武器，勇于在党内开展经常性的积极健康的思想斗争，解决党内矛盾，消除工作中的缺点。

三、信任不能代替监督

《中国共产党党内监督条例》指出，信任不能代替监督。各级党组织应当把信任激励同严格监督结合起来，促使党的领导干部做到有权必有责、有责要担当，用权受监督、失责必追究。信任和监督是辩证统一的，领导干部权力越大，责任越大，风险越大，就越应当接受监督，监督是对党员干部的爱护。把信任激励和严格监督结合起来，更有利于党内监督增强实效，确保党章党规和党中央决策部署执行有力、落实到位，切实维护党的全面领导和团结统一。

信任激励同严格监督相结合。对同志信任和关爱是我们党的优良传统和作风。信任是权力赋予的源头，监督是权力运行的保障。严管才是厚爱，对党员干部的信任不能代替监督责任。权力赋予是党和人民群众的信任，党员干部行使权力应当具备自律精神，严格遵守法律法规、党纪党规，用人民的权力为人民谋福祉。同时由于权力不受制约被滥用的特点，党组织要履行对党员干部的监督责任。好干部是选出来的，更是管出来的。党管干部，“管”就是教育、培养，另一含义就是监督。严管就是厚爱，就是对党员干部的真正负责。通过严格有效的监督，能够警醒党员干部行使权力时不偏离正道、不走上歪路，从而保证权力始终沿着正确的轨道运行，不辜负组织和人民的信任。信任和监督是自律和他律的辩证统一，党的领导机关和党员领导干部特别是主要领导干部，要正确认识信任与监督二者之间的关系，增强主动接受监督的意识，自觉把自己置于党和人民事业所要求的监督之下，遵守党纪党规，履行为人民服务的职责和义务。

四、党内监督没有禁区、没有例外

监督是权力正常行使的保障，党内没有特殊的党员，也没有不受监督的权力。习近平总书记在十八届中央纪委二次全会上强调："各级领导干部要牢记，任何人都没有法律之外的绝对权力，任何人行使权力都必须为人民服务、对人民负责并自觉接受人民监督。""不想接受监督的人，不能自觉接受监督的人，觉得接受党和人民监督很不舒服的人，就不具备领导干部的起码素质。"[①] 自觉接受监督是领导干部的必备素质。

把权力关进制度的笼子里。领导干部特别是"一把手"，掌握着大量的行政权力，经常会受利益诱惑，稍有不慎就会陷入违法违纪甚至腐败的深渊。习近平总书记在十八届中央纪委二次全会中指出，"要加强对权力运行的制约和监督，把权力关进制度的笼子里"[②]。制度带有根本性、全局性、稳定性、长期性，增强党内监督、有效防治权力腐败必须靠制度。这样，如何将制度的笼子织密织牢以防止"牛栏关猫"，如何将权力用制度"关住"，以防止"稻草人""破窗效应"，是当前党内监督制度建设要解决的重点、难点问题。习近平总书记还提出了建立和完善制度的指导性原则，"要本着于法周延、于事简便的原则，体现改革精神和法治思维，把中央要求、群众期盼、实际需要、新鲜经验结合起来，努力形成系统完

① 《习近平关于党风廉政建设和反腐败斗争论述摘编》，中央文献出版社、中国方正出版社，2015，第122页。

② 《十八大以来重要文献选编（上）》，中央文献出版社，2014，第136页。

备的制度体系”[①]。同时也强调提升制度执行力，强化责任追究，“不要让它们形同虚设，成为‘稻草人’，形成‘破窗效应’”“制度很重要，更重要的是抓落实，九分力气要花在这上面”[②]。由此，党的十八大以来，党中央制定、修订了《中国共产党巡视工作条例》《中国共产党廉洁自律准则》《中国共产党纪律处分条例》《中国共产党党内监督条例》《中国共产党问责条例》等一系列的工作条例，全面从严治党制度的笼子是越扎越密、越扎越牢。

抓“关键少数”带动“绝大多数”。面对党面临“四大考验”“四种危险”的严峻形势，全面从严治党、加强党内监督如何抓、怎样抓？党中央运用了马克思主义辩证思维的方法论，以问题为导向，抓重点，抓关键，抓要害，牵住“牛鼻子”下猛药。习近平总书记在十八届中央纪委六次全会上指出，“各级党组织要多设置一些监督‘探头’，把一把手置于党组织、党员、群众监督之下”[③]。党中央以壮士断腕之决心和勇气，重拳打“虎”，铁腕拍“蝇”，不断打破“禁区”“惯例”“潜规则”，一批省部级“老虎”纷纷落马，乃至正国级、副国级“大老虎”也被推到人民的审判台上，使“刑不上大夫”成为臆想、传说。《中国共产党党内监督条例》明确提出，党内监督的重点对象是党的领导机关和领导干部特别是主要领导干部，即党内监督的重点对象是领导干部这个“关键少数”，尤其是高级干部这个“关键少数”的“关键少数”。同时，结合推进国家监察体系试点改革，整合监督资源，形成监督合力，让专责监督他人的纪检机关也要接受监督，逐步破解长期以来的监督悖论——“谁来监督监督者”“纪委的权力谁来监督”的问题。抓“关键少数”是目的，也是手段，为了以上率下、示范带动“绝大多数”。习近平总书记多次强调，坚持抓住“关键少数”以上

① 《习近平关于党风廉政建设和反腐败斗争论述摘编》，中央文献出版社、中国方正出版社，2015，第88页。

② 《习近平关于坚持和完善党和国家监督体系论述摘编》，中央文献出版社、中国方正出版社，2022，第178页。

③ 《习近平同志在第十八届中央纪律检查委员会第六次全体会议上的讲话》，《人民日报》，2016.05.03（002）。

率下，坚持不懈把全面从严治党向纵深推进。领导干部从自身严起，更好地发挥示范带动作用，提升全体党员干部养成勇于和乐于自觉接受监督、敢于和善于监督他人的政治能力和素质。

五、党规党纪严于国家法律

中国共产党是靠崇高的理想信仰和铁的纪律打造的马克思主义政党，严明党的纪律是中国共产党保持先进性、纯洁性的制度法宝和政治优势。党的十八大以来，将严明党的纪律作为党的建设重中之重，坚持把纪律挺在前面，党的十九大首次将纪律建设纳入党的建设总体布局，并写入党章。习近平总书记指出："党要管党、从严治党，靠什么管，凭什么治？就要靠严明纪律。"①2024年，党中央在全党开展了集中性党纪学习教育，并推进党纪学习教育常态化、长效化，教育引导党员干部学纪、知纪、明纪、守纪，始终做到忠诚、干净、担当。

坚持纪严于法，纪在法前。党的十八届四中全会对全面推进依法治国、依规管党治党作出重大战略部署。《中共中央关于全面推进依法治国若干重大问题的决定》强调，党规党纪严于国家法律，党的各级组织和广大党员干部不仅要模范遵守国家法律，而且要按照党规党纪以更高标准严格要求自己。从共产党员的先进性来说，中国共产党党员是中国工人阶级的有共产主义觉悟的先锋战士，必须全心全意为人民服务，甚至不惜牺牲个人的一切。这也就意味着从成为共产党员的那刻起，已经主动放弃了部分公民法定的权利和自由，而要在遵守国家法律法规的底线之上，以更高的标准——党规党纪来严格要求、约束自我。纪律严明是我们党的光荣传统和独特优势。从党的百年奋斗历程来看，我们党能够从小到大、由弱变强，不断取得革命、建设和改革的胜利，很重要的一个原因，就是有严密的组织和严格的纪律做保证。从近年来发生的违

① 《习近平关于党内廉政建设和反腐败斗争论述摘编》，中央文献出版社、中国方正出版社，2015，第36页。

法违纪案例来看，破法是从破纪开始的，腐败分子一步步走入腐败泥潭，是忽视了党纪党规，把党的纪律当成了摆设、“橡皮筋”。纪律既是党员干部的行为底线，又是拒腐防变的有力武器。加强党内监督，确保党组织坚强有力和党员干部清正廉洁，必须从纪律抓起，把纪律挺在前面，让纪律真正成为“带电的高压线”，成为党员干部保持先进性、纯洁性的第一道防线。

党内监督必须把纪律挺在前面。党的纪律涉及党内生活的各个方面，有政治纪律、组织纪律、廉洁纪律、群众纪律、工作纪律和生活纪律等“六项纪律”，是全党必须遵守的行为准则，每个党员都必须自觉地用党的纪律约束自己，并接受党组织和人民群众的监督。把纪律挺在前面，既是党内监督的功能决定的，也是党中央对全面从严治党规律和反腐败斗争规律的重要总结。党内监督的权力制约功能，不仅在于发现问题、查处问题，体现惩治的威慑，更在于事前预防，通过制度建设制约权力，保护干部不出问题、少出问题。把纪律挺在前面，就是把监督的关口前移到纪律的“警戒线”，要求党组织在日常工作中加强对党员干部的纪律教育，使其知敬畏、明底线、画红线；纪检监察机关要运用好监督执纪“四种形态”，经常开展批评和自我批评，在出现苗头性、倾向性问题或轻微违纪问题时能够及时“扯袖”提醒，避免在错误的道路上越走越远；在党员干部发生严重违纪问题之后，以零容忍的态度严肃处理，始终保持高压态势，实现惩处极少数、教育大多数的政治效果和社会效果。

六、以党内监督引领党和国家监督体系健全完善

监督是国家治理的世界性难题。在全面从严治党的实践经验基础上，党的十九大提出要“健全党统一领导、全面覆盖、权威高效的监督体系”，党的十九届四中全会将党和国家监督体系纳入国家治理体系和治理能力现代化的重要内容，要求充分发挥党内监督的主导作用，促进各类监督贯通融合，不断增强监督治理效能。

坚持党的统一领导，以党内监督为主导健全完善党和国家监督体系。坚持党的领导是中国特色社会主义制度优势。党的二十大报告提出，“党的领导是全面的、系统的、整体的，必须全面、系统、整体加以落实”[①]。健全完善党和国家监督体系作为党的建设的重要组成部分必然就在其中。从体系上来看，党和国家监督体系可归纳为三大子系统：党内监督体系、国家监督体系、社会监督体系，有党内监督、人大监督、民主监督、司法监督、审计监督、统计监督、群众监督、舆论监督等。从统领指挥和协调监督体系的核心主体来看，我国监督体系的最大特色就是在党集中统一领导下所具有的整合性、系统性，有效地确保了监督全面覆盖、权威高效。这是我国监督体系最鲜明的结构特征，也是我国监督体系区别于西方分散性权力监督体系的最大优势。[②]随着时代的发展，我们党要不断地面对许多具有新的历史特点的伟大斗争，过去是、现在是、将来也是，必须不断地深化党的自我革命，提高自我净化、自我完善、自我革新、自我提高的能力水平。“要做好监督体系顶层设计，既加强党的自我监督，又加强对国家机器的监督”“强化党内监督是为了保证党立党为公、执政为民，强化国家监察是为了保证国家机器依法履职、秉公用权”[③]。要充分发挥党内监督在党和国家监督体系中的主导作用，以党内监督引领和带动其他各方面的监督，构建党统一指挥、全面覆盖、权威高效的监督体系，进一步完善中国特色社会主义监督体系，推进国家治理体系和治理能力现代化。

以党内监督为引领，推进党和国家监督体系监督全面覆盖、权威高效。党的执政地位、党中央的领导核心和集中统一领导权威，决定了党内监督在党和国家监督体系中的根本性地位。党内监督作为党和国家监督体系的

① 习近平：《高举中国特色社会主义伟大旗帜 为全面建设社会主义现代化国家而团结奋斗——在中国共产党第二十次全国代表大会上的报告（2022年10月6日）》，人民出版社，2022，第64页。

② 许玉镇：《健全党统一领导、全面覆盖、权威高效的监督体系》，《光明日报》，2023.01.13。

③ 《习近平同志在第十八届中央纪律检查委员会第六次全体会议上的讲话》，《人民日报》，2016.05.03（02）。

核心，贯穿党组织和国家机关的各个领域，推动党和国家监督体系延伸到权力行使的各领域、各环节，覆盖每一个党员干部和公职人员，覆盖党和国家机关所有机构履行职责的全过程，推动各类监督有机贯通、相互协调。要确保党和国家监督体系权威高效，各级党委（党组）就要增强全面从严治党的主体责任，勇于担当作为，敢于动真碰硬，狠抓监督责任落实；还要不断增强纪检监察机关的监督责任，增强其独立性和权威性，发挥派驻监督和巡视巡察监督的重要功能，有力地推进监督长效机制形成。

第三节　新时代强化党内监督的实践创新

信任不能代替监督，监督没有禁区、例外。党的十八大以来，以习近平同志为核心的党中央，从全面从严治党的战略高度，进一步强化和完善党内监督、强化政治监督，从反腐败斗争的治理层面逐步深化为维护党中央的核心领导权威，把自我监督、自我革命的制度优势逐步转化为国家治理效能，构建起了具有中国特色的党和国家监督体系。

一、勇于自我革命，从全面从严治党战略高度谋篇布局党内监督

勇于自我革命，是建立在“否定之否定”上的自我摒弃、自我提升。建党百余年来，中国共产党始终坚持马克思主义建党原则，始终坚持党要管党、从严治党的立党要求，以刀刃向内的自我革命精神来锤炼忠诚、干净、担当的政治品格。党的十八大以来，党中央面对深刻变化的世情、国情、党情，针对党的领导弱化、党的建设缺失、管党治党宽松软等问题，将全面从严治党纳入“四个全面”战略布局中，从党和国家全局的高度来加强顶层设计。党要管党，从严治党，“管”和“治”都包含监督。加强

党内监督，既是全面从严治党的制度保障，又是全面从严治党的重要内容。

党的十九大报告指出："增强党自我净化能力，根本靠强化党的自我监督和群众监督。"[①] 从严管党治党必须秉持自我革命的情怀、刀刃向内的勇气，从党内监督这一基础工程抓起。在新的历史时期，党面临的"四大考验""四种危险"压力依然不减，党内思想不纯、组织涣散、作风慵懒等弱化党的先进性、削弱党的战斗力、影响党的纯洁性的因素依然复杂。党中央发挥了党的自我革命优势和自觉，健全完善党内监督的制度体系，充分发挥党内监督的威力，向威胁和摧毁党执政地位的腐败问题开刀，严格要求人民权力的行使者——党的领导机关和领导干部特别是主要领导干部，坚决铲除一切滋生腐败的土壤，清除一切损害党的先进性、纯洁性的因素。面对新形势下对党的建设的要求，以及党内监督存在的问题，党中央重新修订了《中国共产党党内监督条例》，对党内监督体系作出新的布局，对监督主体、监督对象、监督内容、监督方式等问题作出严格规定，为新形势下强化党内监督提供了根本遵循。这是对 2003 年《中国共产党党内监督条例》（试行版）的重新修订，凸显出党内监督在全面从严治党中的地位和作用。

二、党纪严于国法，以严明党的纪律贯穿党内监督主线

《中国共产党党内监督条例》明确提出，"党内监督必须把纪律挺在前面"，并对如何将纪律挺在前面作出具体要求。党内监督的任务就是确保党章、党规、党纪在全党有效执行，把纪律挺在前面是新时代强化党内监督应当把握的重要原则。

党章、党规、党纪是一个政党建设的基础性要求。解决党内存在的各种问题，首先必须建立起党章、党规、党纪的尊严，以有效监督检查保障有力执行。要建立党纪严于国法的理念，提高党员干部监督和被监督的意

① 习近平：《决胜全面建成小康社会 夺取新时代中国特色社会主义伟大胜利——在中国共产党第十九次全国代表大会上的报告（2017年10月18日）》，人民出版社，2017，第67页。

识。党的十八届四中全会强调了党规、党纪严于国家法律的重要论断，要求党的各级组织和广大党员干部不仅要模范遵守国家法律，而且要按照党规、党纪以更高标准严格要求自己。从国内外历史经验来看，许多政党的覆灭都是折在纪律松散上的。我们党曾在一段时期出现过纪律松散的情况，一些党员干部特权思想严重，党章、党规、党纪意识弱化，有的恣意践踏和逾越党规党纪底线；一些党组织放弃了领导责任、监督责任，对一些违纪违规行为“睁一只眼，闭一只眼”，上有政策、下有对策，打折扣、搞变通，久而久之，形成“破窗效应”“牛栏关猫”，导致了一些省市、部门、系统发生塌方式腐败，严重损害了人民群众对党的信任，损害了党的领导权威。

严明党的纪律，最为根本的是严明政治纪律和政治规矩。政治纪律是各级党组织和全体党员在政治方向、政治立场、政治言论、政治行为方面必须遵守的规矩，是维护党的团结统一的根本保证。规矩是我们党从胜利走向胜利的重要法宝，是党在长期实践中形成的优良传统和工作惯例，经过实践检验，是约定俗成、行之有效的，也是重要的党内规矩，需要全党长期坚持并遵循。党的纪律有政治纪律、组织纪律、工作纪律、廉洁纪律、群众纪律和生活纪律，执行党的任何纪律都不能含糊，否则就会成为“稻草人”“纸老虎”。但党的政治纪律是全部纪律的基础，是“方向盘”“指南针”，是最重要、最根本、最关键的纪律。政治纪律走歪了，一切都会灰飞烟灭，党之不存，国将不国。习近平总书记在十八届中央纪委五次全会上，对党员领导干部遵守政治纪律和政治规矩提出了“五个必须”的要求，即遵守政治纪律和政治规矩，必须维护党中央权威，在任何时候任何情况下都必须在思想上政治上行动上同党中央保持高度一致；必须维护党的团结，坚持五湖四海，团结一切忠实于党的同志；必须遵循组织程序，重大问题该请示的请示，该汇报的汇报，不允许超越权限办事；必须服从组织决定，决不允许搞非组织活动，不得违背组织决定；必须管好亲属和身边工作人员，不得默许他们利用特殊身份谋取非法利益。党的十九大以来，各级纪检监察机关更是把党的政治建设摆在首位，强化政治监督，做到“两个维护”。2019年党中央出台的《中共中央关于加强党的政治建设的意见》要求，“深化政治巡视，强化政治监督，着力发现和纠正政治偏差”[①]。十九届中央纪委四次全会、五次全会更加强调了强化政治监督保障制度执行的功能。政治监督强化了党对政治信仰、政治方向、政治路线等的监督，更加注重对党的重大决策部署落实的监督，有力地增强了“两个维护”的政治自觉和坚定性。

三、突出权责对等，构筑起党内监督“责任共同体”

权责对等，即权利和责任、权利和义务一致原则，也就是说一个组织内部的管理者在掌握运用权力的同时，也必须承担相应的责任和义务。习近平总书记在十八届中央纪委六次全会上指出，“有权就有责，权责必须对等”[②]。围绕权力、责任、担当设计制度、推动实践是当前党内监督的一个显著特点。[③]其清晰地明确了监督主体党委（党组）的监督责任、专责监督部门纪律检查机关监督执纪问责职责，以及对监督客体履行权力、履行职责的监督，构建起了党内监督的“责任共同体”，推进主体责任、监督责任一体落实。

加强对党组织主体责任的监督。督促党委（党组）切实担当起党内监督的主体责任。党内监督也是一种责任监督，党组织在党内监督中负有主体责任，必须认真履行党内监督的政治责任，领导本地区本部门本单位党内监督工作，组织实施各项监督制度，抓好督促检查工作。曾在一段时期内，有的党组织“挂帅不出征”，党委书记成为“甩手掌柜”，把监督任务分配给纪检监察机关就放任不管。抓实全面从严治党主体责任，使党组织切实担负起党内监督的领导责任，履行监督职责，而且要对监督职责的履行情况承担责任后果，失责必被追究。全面从严治党牵住党内监督主体

① 《中国共产党党内重要法规汇编》，党建读物出版社，2019，第80页。

② 《习近平谈治国理政》第二卷，外文出版社，2017，第164页。

③ 王翠芳：《新时代党内监督的创新发展》，《中国特色社会主义研究》，2020（03），第100页。

责任这一“牛鼻子”，调动起了党组织监督的主动性，大幅提升了监督的治理效能。

加强对纪律检查专责部门的监督。纪律检查机关作为党内监督专责机关，严格围绕监督、执纪、问责来履职尽责，以专职监督协同配合党委全面监督，加强对同级党委特别是常委会委员履行职责、行使权力的监督，精准发现问题和线索，形成监督合力和有效监督机制。推动纪委双重领导体制落实，强化上级纪委对下级党委和纪委的监督，严肃问责下级纪委不向上级纪委报告问题线索和案件查处情况。纪律检查机关不仅要练就“打铁必须自身硬”的本领，加强内控机制建设，接受党内监督，而且要自觉接受社会监督、群众监督，确保权力受到严格约束。

重点抓“关键少数”的监督。权力始终是监督的核心，监督对象既要把握着国家机关重要权力的行使，也要切实承担起权力行使所产生的责任和后果，这是党内监督机制有效运行的基本要求，否则党内监督就不能有效开展，或可能会流于形式。党的领导机关和领导干部特别是主要领导干部这一“关键少数”掌管着国家核心权力，其权力能否正确行使牵动着国家治理效能，关乎人民群众的根本利益。各地纷纷破解“一把手”监督和同级监督难题，如上级“一把手”对下级“一把手”的监督、优化权力结构配置、围绕“三重一大”事项集体决策制度进行巡察监督、派驻监督等。

加大问责追责力度。全面从严治党，有权必有责、有责要担当、失责必追究。《中国共产党问责条例》从2016年7月实施，到适应新形势时隔三年重新修订，为有效落实监督责任提供了法规依据，为解决党的领导弱化、党的建设缺失、全面从严治党不力等问题，督促各级党组织和党的领导干部守责尽责、干净担当，提供了根本的制度保障。

四、织密扎牢监督之网，构建权威高效的党和国家监督体系

从中央到地方到全体党员，是党的有机组织体，如何能够使这些有机组织体产生聚合效应，凝聚起全党全国力量，党内监督起着决定性的重要作用。织密扎牢监督之网，进一步加强对权力的监督制约，是健全党内监督、

提高监督效能的基础性条件。党的十八大以来，党中央围绕健全完善党和国家统一领导、全面覆盖、权威高效的监督体系，积极构建党内监督体系的“四梁八柱”，即建立健全党中央集中统一领导、党委（党组）全面监督、纪律检查机关专责监督、党的工作部门职能监督、党的基层组织日常监督、党员民主监督的党内监督体系。各级党组织和全体党员干部既是严格履行监督责任的监督主体，又是自觉接受监督的监督对象，一级监督一级，层层传达压力，共同推进自上而下的组织监督、自下而上的民主监督、同级之间的相互监督，使之协同配合，形成监督合力。巡视监督是对党组织和党员干部不定期的“政治体检”，是党内监督的战略性制度安排，发挥着政治监督的重要功能。党中央不断深化巡视制度改革创新，提升了我党精准发现问题的能力，同时全面推进巡视巡察监督、派驻监督融合贯通，实现了监督全覆盖，切实发挥了监督“利剑”“探头”的作用。县级以上成立监察委员会，与纪检机关合署办公，对所有行使公权力的公职人员实现监督全覆盖，加大了党内监督力度，实现了党内监督和国家监察的有机统一。此外，还在健全监督常态、长效机制上下功夫，着眼于抓早抓小，建立起了纪检监督的“四种形态”，并与组织生活、干部管理等制度相结合，丰富了党内监督的形式，以党内监督为主导的党和国家监督体系逐渐织密织实。

五、以作风建设为切入点，树立起党内监督的“标尺”

没有监督的权力必然导致腐败，这一铁律任何国家都不能避免。惩治和预防腐败一直是中国共产党党内监督的重要功能和目标要求。党的十八大以来，党中央科学研判反腐败斗争的严峻复杂形势，转变惩防思路，以中央八项规定切入、贯穿作风建设，不断创新载体，层层深入推进全面从严治党。这是在新形势下加强党内监督、推进党风廉政建设和反腐败斗争的重要实践创新。

党的作风问题关系人心向背，关乎党和国家的生死存亡。党的作风就是党的形象、性质、宗旨、纲领、路线的重要体现，决定着党的创造力、凝聚力、战斗力。党的作风实质上是党性问题，党性决定党风。坚持理论联系实际、密切联系群众、批评和自我批评，是我们党的优良传统和作风。习近平总书记指出，“党的作风就是党的形象，是观察党群干群关系、人心向背的晴雨表。党的作风正，人民的心气顺，党和人民就能同甘共苦”[①]。我们党作为一个在中国长期执政的马克思主义政党，对作风问题任何时候都不能掉以轻心，必须经常抓、时时抓，以钉钉子精神抓落实，防止“四风”问题死灰复燃。

以上率下，中央八项规定成为监督利器。面对世情、国情、党情的深刻变革，我们党面临精神懈怠、能力不足、脱离群众、消极腐败四大危险的挑战。针对如何加强党的自身建设的问题，党中央抓住了当前最为严重的“四风”问题。2012 年 12 月 4 日中共中央政治局会议审议通过关于改进党的作风、密切联系群众的八项规定，对作风之弊、行为之垢来了一次大排查、大检修、大扫除。中央八项规定出台，中央领导率先垂范，作风建设由虚转实，这从根本上解决了作风建设“老虎吃天，不知从哪儿下口”的问题。党的十八大以来，党中央驰而不息查处违反中央八项规定精神问题。据统计，2024 年 11 月全国共查处违反中央八项规定精神问题 28327 起，批评教育和处理 38961 人，其中党纪政务处分 27996 人。

中央八项规定自诞生之日起就成为作风建设的抓手、利器。以落实中央八项规定精神切入，党中央于 2013 年 6 月 18 日启动党的群众路线教育实践活动，以为民、务实、清廉为主题，聚焦“四风问题”，以县处级以上领导机关、领导班子、领导干部为重点。2015 年 4 月开展“三严三实”专题教育，针对“四风”进一步查摆问题，切实解决领导干部“不严不实问题”，作风建设进一步深化。2016 年 2 月面向全体党员开展“两学一做”学习教育，使党内教育从“关键少数”向广大党员拓展、从集中性教育向常态化教育延伸，全体党员经常性学习党章、党纪、党规。党的十九大以来，开展了“不忘初心、牢记使命”主题教育，党史学习教育，学习贯彻

---

① 《习近平关于全面从严治党论述摘编》，中央文献出版社，2021，第331页。

习近平新时代中国特色社会主义思想主题教育，党纪学习教育，全党在以学铸魂、以学增智、以学正风、以学促干上下功夫见实效，推进学习教育常态化、长效化，坚持党性、党风、党纪一起抓。党内监督以落实中央八项规定精神为抓手，一以贯之，层层递进，步步深入。党员干部精神面貌、党风党纪有明显好转，反腐败斗争取到了压倒性胜利并全面巩固。

六、严肃党内政治生活，营造积极健康的党内监督生态

党内监督效能的提升，与良好的党内政治生态密切相关，也需要创造一个良好的党内监督环境。曾经一段时期内，党内政治生活出现了一些突出问题，如党内监督虚化弱化、随意化，严重地损害了党内政治生态和党的形象，破坏了党的团结和集中统一。党要管党必须从党内政治生活管起，只有抓好党内政治生活，党内监督才会有坚强的组织保障。

党的十八大以来，以习近平同志为核心的党中央以严肃党内政治生活为抓手，持续净化党内政治生态，培育积极健康的党内监督生态，营造了风清气正的政治环境。党中央以上率下、身体力行，贯彻落实中央八项规定精神，开启了作风建设，加大监督检查力度，纠正“四风”、严防反弹，大力纠治形式主义、官僚主义，密切党群、干群关系。党的十八届六中全会审议通过《关于新形势下党内政治生活的若干准则》《中国共产党党内监督条例》，紧紧围绕全面从严治党主题，对新形势下规范党内政治生活和加强党内监督提出了新的要求。选人用人是党内政治生活的风向标，党中央下大力气严厉整治选人用人的不正之风，落实好干部标准，不让老实人吃亏，不让投机钻营者得利，把忠诚、干净、担当的干部选到领导岗位上。民主集中制是党内政治生活健康有序开展的重要制度保障，也是加强党内监督的基本原则，是强化党内监督的核心。党中央把民主集中制作为政治监督的重要内容，强化对民主集中制执行情况的监督检查，坚决反对和防止独断专行、各自为政、集体违规等行为。在广泛民主的基础上善于集中，保证党员干部的监督权利，充分调动其积极性、主动性，确保上级对下级、同级之间、下级对上级的监督落到实处，从而发挥党内监督的制度优势。严格党的组织

生活，重点在落实“三会一课”、民主生活会、组织生活会等制度，推进党的组织生活制度化、规范化。在开展主题教育专项民主生活会、组织生活会中，运用好批评和自我批评这一利器，在“红脸出汗”中及时发现问题、纠正问题，坚定理想信念，净化党内政治生态。

七、打铁必须自身硬，优化提升监督者的监督能力和水平

《中国共产党监督条例》明确规定，“党的各级纪律检查委员会是党内监督的专责机关，履行监督执纪问责职责”。这样，纪律检查委员由2003年《中国共产党监督条例（试行）》中规定的党内监督的“专门机关”成为“专责机关”。“专门”和“专责”虽仅一字之差，但突出的是责任，反映的是实践的发展和认识的深化。这个“责”字凝练了监督执纪问责的职责，体现了权力与责任的统一，凸显了政治责任和使命担当。

内涵式改革聚焦监督主业。党的十八大以来，新一届中央纪委为适应新的发展要求，提出要转职能、转方式、转作风，找准定位，突出主业，不断进行深度改革创新以提高监督效能。各级纪委通过整合、重组、新设等方式对内设机构进行改组优化，工作力量向一线增强；明晰内设机构的工作职责，减少职能交叉，提高工作效能。在职能上，纪委聚焦监督执纪问责，打破了原来覆盖面太宽的“万能胶”状态，实现职能回归，把主要精力用在执纪监督上，更好地履行党章、党内监督条例赋予其的职责，真正执好纪、问清责、严把关。在党内监督机制上，不断推动纪检工作双重领导机制具体化、程序化、制度化，强化上级纪委对下级纪委的领导，明确了查办腐败案件以上级纪委领导为主，线索处置和案件查办在向同级党委报告的同时必须向上级纪委报告，各级纪委书记、副书记的提名和考察以上级纪委会同组织部门为主；“两个为主”，强化了上级纪委对下级纪委的领导，体现了纪委专责监督的相对独立性、权威性，为纪检机关履职尽责提供了制度保障。纪委在党委领导下的工作体制保持相对独立性取得重大突破。

打铁必须自身硬。纪检机关作为专责监督部门，被赋予了与监督职能相应的职责和权力。如何运用好这些权力？如何行使好执纪监督问责职

能？首先必须有一支纪律严明、技能过硬的纪检干部队伍。党的十八大以来，党中央高度重视纪检干部队伍建设。习近平总书记明确要求，面对新形势、新任务，各级纪检监察机关要增强党的意识、责任意识，用铁的纪律打造一支忠诚可靠、服务人民、刚正不阿、秉公执纪的纪检监察干部队伍。中央纪委多次强调“打铁还需自身硬”“打铁必须自身硬”“信任不能代替监督”“防止‘灯下黑’”的要求，要建设忠诚、干净、担当的纪检干部队伍。

紧紧扭住“两个责任”问责。纪检监察机关在履行好自己监督责任的同时，还要拿起问责这个利器，严肃问责履行主体责任和监督责任不力的党组织和领导干部。党的十八届三中全会提出，落实党风廉政建设责任制，党委负主体责任，纪委负监督责任。十八届中央纪委六次全会又明确指出，纪委监督重点是履行监督执纪问责的责任，党内监督是全党的任务，第一位是党委监督。党的十八届六中全会审议通过的《中国共产党党内监督条例》以党内法规的形式明确了党委（党组）在党内监督中负主体责任，书记是第一责任人，党委常委委员（党组成员）和党委委员在职责范围内履行监督职责。有权必有责，这就从制度上根本厘清了党委、纪委在管党治党、加强党内监督上所承担的职责。同时，这也意味着对那些不履行或不正确履行党内监督职责的，要依照有关规定进行严肃执纪问责，既要追究直接责任、主体责任、监督责任，又要追究领导责任、党组织的责任，形成有力的震慑、威慑。党的十八大以来，实现了对党风廉政建设主体责任不力的责任追究的重大突破，改变了责任只“写在纸上”“说在嘴上”的状况，责任更要落实在执行上。据统计，2016 年 1 月至 11 月，各级党组织共查处落实主体责任和监督责任不力问题 11200 多项，780 多个党组织和 14800 多人被问责。问责人数与 2015 年同期相比，增长了近 33%，问责力度明显加大。这表明了我们党深入推进全面从严治党的决心，在其位就要负其责，要敢担当、善作为，不履职、履职不力必定会被问责。

第四节　新时代强化党内监督的制度创新

“经国序民，正其制度。”制度的根本性、全局性、长期性特征，是有效监督制约权力、惩治和预防腐败最为有效的途径。党的十八大以来，以习近平同志为核心的党中央高度重视制度治党、依规治党，把党内法规制度建设作为全面从严治党的长久之策、治本之策，及时制定修订党内法规，修订《中国共产党党内监督条例》，提高制度执行力，增强监督合力，为增强党内监督效能，健全党和国家监督体系，将党内监督制度优势转化为国家治理效能提供了制度支撑和坚强保障。

一、以党章为根本健全完善党内法规体系

全面从严治党，必须依法依规。党的十八大以来，党中央把党内法规体系建设置于管党治党、提高党的执政能力和水平的重要位置，统筹推进各领域党内法规制定和修订工作，逐步形成以党章为根本、以民主集中制为核心、以准则和条例为主干，覆盖党的领导和党的建设各方面的党内法规制度体系，为新时代党内监督提供了重要制度依据。

（一）修订党章

《中国共产党章程》是党的根本大法，对坚持党的领导、加强党的建设作出了根本性的规范和指导，是党内监督的首要遵循。从 1922 年党的第二次全国代表大会通过了第一个党的章程，已经随着形势任务的发展变化进行了 19 次修订。据统计，党的十九大通过党章修正案，修改 107 处；二十大通过党章修正案，修改 50 多处。根据新时代党的建设总要求，十九大党章、二十大党章对党的建设、全面从严治党等内容都有增补修订。

这些都为加强党内监督适应新时代党的建设发展总要求提供了新的制度依凭。

关于党的建设基本要求。党的十九大党章在总纲中将全面从严治党纳入党的建设重要内容，要求“强化管党治党主体责任和监督责任，加强对党的领导机关和党员领导干部特别是主要领导干部的监督，不断完善党内监督体系”。二十大党章增写了党的建设六项基本要求中的第三项“坚持新时代党的组织路线”，要求增强党组织的政治功能和组织功能，从组织上保证党的路线方针政策的落实，党的建设基本要求从四项扩展为六项。

关于政治建设。党的十九大党章把政治建设纳入党的建设总体布局并置于首要位置，凸显其统领地位；二十大党章在党的建设方面要求“坚持党的基本路线”，提出“必须提高政治判断力、政治领悟力、政治执行力，增强贯彻落实党的理论和路线方针政策的自觉性和坚定性”，并在党员义务中增加了“增强‘四个意识’、坚定‘四个自信’、做到‘两个维护’”，凸显政治监督的基本要求。

关于党的纪律建设。十九大党章在历史上第一次把党的纪律要求细化为政治纪律、组织纪律、廉洁纪律、群众纪律、工作纪律、生活纪律，并在党员义务中明确“自觉遵守党的纪律，首先是党的政治纪律和政治规矩”，政治纪律是首要制度要求，以政治纪律带动其他纪律。二十大党章则在第四十条，在“批评教育直至纪律处分”，增加了责令检查、诫勉的处理方式，要求监督执纪要注重防微杜渐、抓早抓小，体现了党的纪律检查工作惩前毖后、治病救人的方针。

关于纪检机关职能定位。十九大党章明确规定纪检机关是党内监督专责机关，职责是监督、执纪、问责，各级纪委退出各种议事协调机构，职能全面回归。在第四十六条中还增加了“进行问责或提出责任追究的建议”，监督、执纪、问责，形成了党内监督从发现问题到执行纪律，再到追责问责的全链条、全过程。二十大党章将“推动完善党和国家监督体系”作为党的各级纪律检查委员会的主要任务，强化纪委监委监督的协助引导推动功能。同时拓展监督范围，“按照规定向有关国有企业、事业单位派驻党的纪律检查组”，让党内监督不留死角、没有空白。同时，根据时代要求及现实中出现的问题修订党章，使党内监督更具有针对性、科学性、前瞻性。

（二）加强党内法规制度建设

党内监督是以遵守党章、党规、党纪为主要监督内容的，党内法规制度是党组织和全体党员必须遵守的制度规范，是党内监督的重要依据和重要内容。党的十八大以来，党中央高度重视党内法规制度建设。截至2024年6月，全党现行有效党内法规3916部，其中中央党规223部，部委党规221部，地方党规3472部，为健全党和国家监督体系的方向、内容、标准和范围等提供了重要的制度依据，为深入推进不敢腐、不能腐、不想腐机制提供了重要保障。

中央历次重要会议对党内法规制度建设作出重要部署要求。十八届中央政治局第一次集体学习就明确提出了制度建设的目标任务。党的十八届四中全会把形成完善的党内法规体系确立为建设中国特色社会主义法治体系的重要内容，对加强党内法规制度建设作出明确部署。党的十九大明确提出，坚持依法治国和依规治党有机统一，加快形成覆盖党的领导和党的建设各方面的党内法规制度体系。党的十九届四中全会强调，健全总揽全局、协调各方的党的领导制度体系，加快形成完善的党内法规体系。党的二十大报告指出：“坚持制度治党、依规治党，以党章为根本，以民主集中制为核心，完善党内法规制度体系，增强党内法规权威性和执行力，形成坚持真理、修正错误，发现问题、纠正偏差的机制。”[①]

加强顶层设计和规划健全党内法规制度体系。党的十八大以来，党中央先后制定发布《中央党内法规制定工作五年规划纲要（2013—2017年）》《中央党内法规制定工作第二个五年规划（2018—2022年）》《中央党内法规制定工作规划纲要（2023—2027年）》，系统谋划、整体推进，明确党内法规制度体系的任务目标，并制定路线图、时间表，相继修订出

① 习近平：《高举中国特色社会主义伟大旗帜 为全面建设社会主义现代化国家而团结奋斗——在中国共产党第二十次全国代表大会上的报告（2022年10月6日）》，人民出版社，2022，第66页。

台《中国共产党党内法规制定条例》《中国共产党党内法规和规范性文件备案审查规定》《中共中央关于加强党内法规制度建设的意见》《中国共产党党内法规执行责任制规定（试行）》等。其中，2016年12月出台的《中共中央关于加强党内法规制度建设的意见》，确定了党内法规制度体系“1+4”基本框架，就是在党章之下分为党的组织法规制度、党的领导法规制度、党的自身建设法规制度、党的监督保障法规制度四大板块。在2012—2014年和2019年，先后在全党范围内对党内法规和规范性文件进行两次集中清理，其中有866件中央法规文件被废止、失效和修改，实现了党内法规制度“瘦身”“健身”。2023年8月，中共中央办公厅、国务院办公厅专门针对领导干部印发了《关于建立领导干部应知应会党内法规和国家法律清单制度的意见》，推动领导干部自觉地用党章、党规、党纪约束自己的言行。

有力推进党的监督保障法规制度建设。监督保障法规制度是调整党的监督、激励、惩戒、保障等的党内法规，是“1+4”党内法规制度体系中重要的一大板块。监督性党内法规包括：2016年修订出台《中国共产党党内监督条例》，强化党内监督在党的建设中的基础性工程，强化党内监督责任，健全党内监督体系；十八大以来先后三次修订《中国共产党巡视工作条例》，深化政治巡视，充分发挥巡视监督的利剑作用；修订出台《中国共产党纪律检查机关监督执纪工作规则》《党的纪律检查机关案件审理工作条例》《中国共产党纪律检查机关控告申诉工作条例》《中国共产党纪律检查机关案件检查工作条例实施细则》《纪检监察机关处理检举控告工作规则》等，保证纪检机关依规依纪履行监督执纪问责职责；修订出台《党政领导干部选拔任用工作条例》《领导干部报告个人有关事项规定》《推进领导干部能上能下规定（试行）》《中国共产党重大事项请示报告条例》等，加强对“关键少数”监督执纪，确保领导干部履职尽责、廉洁清正；修订出台《中国共产党纪律处分条例》《中国共产党问责条例》《党政领导干部考核工作条例》《领导干部干预司法活动、插手具体案件处理的记录、通报和责任追究规定》等，通过考评机制、问责机制等促使党员干部担当作为，守责尽责，廉洁守正。

二、全面加强党的纪律建设，突出政治监督的制度建设

严明纪律是我们党的优良传统和独特优势，我们党是靠革命理想和铁的纪律组织起来的马克思主义政党。党的十九大把纪律建设纳入党的建设总体布局，与政治建设、思想建设、组织建设、作风建设并列，突出纪律建设的治本功能。十九届中央纪委二次全会强调“全面加强党的纪律建设”，体现了新时代全面从严治党的新要求。党的二十大报告，对“坚持以严的基调强化正风肃纪”作了战略部署，要求“全面加强党的纪律建设”。二十届中央纪委二次全会再次强调，把纪律建设摆在更加突出的位置，党规制定、党纪学习教育、执纪监督全过程都要贯彻严要求，要让铁纪“长牙”“发威”。2024 年 4 月至 7 月，党中央在全党开展了集中性党纪学习教育，引导党员干部进一步坚定学纪、知纪、明纪、守纪自觉，从根本上增强政治定力、纪律定力、道德定力、抵腐定力。

（一）严明党的政治纪律和政治规矩

政治纪律是最基本的制度性要求，它涉及党的政治领导、政治方向、政治立场、政治信仰等关乎根本的问题；而政治规矩是党长久以来不成文的优良传统与约定俗成的例行惯例。[①] 政治纪律和政治规矩在党的纪律中处于首要位置，是各级党组织和全体党员在政治方向、政治立场、政治言论和政治行为方面必须遵守的规则，是党最重要、最根本、最基础且最关键的纪律，也是政治监督的首要内容。只有政治纪律严明，全党才能在政治上高度统一、思想上高度自觉、行动上步调一致，才能团结带领全国各族人民全面建成社会主义现代化强国、推进中华民族伟大复兴。

坚决做到“两个维护”，是事关党和国家前途命运的重大原则问题，是党的政治建设的首要任务，是遵守政治纪律和政治规矩的首要规则。

① 蔡文成、张艳艳：《新时代党的政治建设的时代特征》，《思想理论教育导刊》，2019（12），第42页。

十九大党章要求全体党员“增强‘四个意识’、坚定‘四个自信’、做到‘两个维护’”。《中国共产党纪律处分条例》把政治建设摆在首位，将“两个维护”作为最根本的政治纪律和政治规矩予以明确，第二编第六章“对违反政治纪律行为的处分”，从第四十四条到第六十九条共 26 条，以负面清单的方式回答了政治监督究竟要监督什么，对于违反政治纪律行为的监督给予明确的内容指向。当然也不可忽视那些隐藏性极高的违反政治纪律和政治规矩行为，要对其进行深入分析观察。纪检监察机关作为党的政治机关，把政治纪律摆在第一位，严查“七个有之”，力促“五个必须”，力争排除党内重大政治隐患，使各级党组织和党员干部都要时刻绷紧政治纪律这根弦，自觉做到“四个服从”，有力维护了以习近平同志为核心的党中央权威和集中统一领导。

（二）以政治建设为引领，严肃党内政治生活

政治性是党内政治生活的第一属性。开展严肃认真的党内政治生活，是我们党的优良传统和政治优势，是坚持党的性质和宗旨、保持党的先进性和纯洁性的重要法宝。2016 年 10 月 27 日，中共中央十八届六中全会通过了《关于新形势下党内政治生活的若干准则》，从坚定理想信念、坚持党的基本路线、坚决维护党中央权威、严明党的政治纪律、保持党同人民群众的血肉联系、坚持民主集中制原则、发扬党内民主和保障党员权利、坚持正确选人用人导向、严格党的组织生活制度、开展批评和自我批评、加强对权力运行的制约和监督、保持清正廉洁的政治本色等十二个方面，对开展严肃认真的党内政治生活作了严格规范，要求党员干部高度重视思想政治建设，在政治生活中经常接受“政治体检”，荡涤“思想灰尘”，提高政治鉴别力和政治免疫力。党的政治建设是党的根本性建设。2019 年 1 月 31 日，中共中央出台了《中共中央关于加强党的政治建设的意见》，聚焦坚定政治信仰、坚持党的政治领导、提高政治能力、净化政治生态，要求将党的性质宗旨、指导思想、路线纲领等具体落到实处，从加强政治建设上来深入推进全面从严治党。同时，要求深化政治巡视，强化政治监督；把党的政治建设工作情况纳入党委（党组）书记抓党建述职评议和党建考核评价体系。这也为新时代加强政治建设、强化政治监督提供方法、路径指导。

（三）以落实主体责任为抓手，强化全面从严治党的政治责任担当

习近平总书记指出，“党委的主体责任，主要是加强领导”，“各级党委特别是主要负责同志必须树立不抓党风廉政建设就是严重失职的意识”①。主体责任首先是一种政治责任担当，是新形势下推进全面从严治党、强化政治监督的重要制度保障。党的十八大以来，党委（党组）主体责任从党风廉政建设和反腐败斗争层面的重新界定，到全面从严治党政治责任之规定，使管党治党有了质的提升，由“宽松软”逐渐走向了“严紧硬”。《关于新形势下党内政治生活的若干准则》《中国共产党党内监督条例》《中共中央关于加强党的政治建设的意见》等党内法规，都明确规定了各级党委（党组）在加强和规范党内政治生活、党内监督、党的政治建设工作中必须担负的主体责任，并且要求强化责任追究，严格追责问责。2020年3月9日，中共中央办公厅发布的《党委（党组）落实全面从严治党主体责任规定》，以党内法规制度的形式对党委（党组）落实全面从严治党主体责任作了严格要求和规范，为新形势下深入推进全面从严治党、维护党的集中统一领导提供了重要的制度保障。其中，第四章“监督追责”对于党委（党组）及其领导班子成员落实全面从严治党责任，有下列情形之一的依法依规追究责任：贯彻执行党中央关于全面从严治党重大决策部署以及上级党组织有关决定不认真、不得力；履行全面从严治党第一责任人职责、重要领导责任不担当、不作为；本地区本单位政治意识淡化、党的领导弱化、党建工作虚化、责任落实软化，管党治党宽松软；本地区本单位在管党治党方面出现重大问题或者造成严重后果；等等。这些都为强化政治监督提供了具体化内容和制度保障。

（四）以巡视制度为主导着力发现和纠正政治偏差

巡视作为党内监督的重要制度，其产生的初衷就是政治监督，是对党

① 《习近平关于党风廉政建设和反腐败斗争论述摘编》，中央文献出版社、中国方正出版社，2015，第61页。

组织和党员干部自上而下的“政治体检”。其要求重点是，针对地方党委对于中央路线方针政策及重大决策部署的落实情况，准确地发现问题，查找出政治偏差，切实解决党内存在的问题，维护党中央权威和集中统一领导。党的十八大以来，党中央于2015年、2017年、2024年对《中国共产党巡视工作条例》作了三次修订，其总体要求中着重提出，深化政治巡视，聚焦坚持党的领导、加强党的建设、全面从严治党……确保党始终成为中国特色社会主义事业的坚强领导核心。违反政治纪律和政治规矩的行为，是巡视监督的首要内容。当然，政治巡视也不是孤立而行的，要发挥群众监督、民主监督等的协同作用，才能有效发现问题，提升监督效能。在党内监督制度体系中，坚持党内谈话制度也是有问题早发现的事前政治监督的重要方式，党组织对党员干部出现苗头性、倾向性问题进行及时提醒谈话，防止小毛病演变为大问题。在《中国共产党党内监督条例》第二十一条有“坚持党内谈话制度，认真开展提醒谈话、诫勉谈话”的内容。《关于新形势下党内政治生活的若干准则》的“九、严格党的组织生活制度”中规定，“坚持谈心谈话制度。党组织领导班子成员之间、班子成员和党员之间、党员和党员之间要开展经常性的谈心谈话，坦诚相见，交流思想，交换意见”。干部考察考核制度是对干部政治能力事后监督的重要工作机制，《中国共产党党内监督条例》第二十二条强调“既重政绩又重政德，重点考察贯彻执行党中央和上级党组织决策部署的表现”。2019年4月7日，中共中央办公厅印发《党政领导干部考核工作条例》，强调考核工作“坚持把政治标准放在首位”。事前有提醒、事中有监督、事后有考核，党内政治监督体制机制在不断健全完善。

三、狠抓制度执行力，将党内监督制度优势更好地转化为治理效能

“天下之事，不难于立法，而难于法之必行。”制度的生命在于执行，好的制度如果落实不力，只能成为“花瓶”“摆设”，甚至危害党和政府的形象和公信力。党的十八大以来，习近平总书记多次强调，制度的生命

力在于执行，不能让制度成为“纸老虎”“稻草人”，违纪违法者都要受到追究。十年来，党中央始终把全面从严治党制度建设作为全面从严治党治本之策，将制度建设贯穿其中，不敢腐、不能腐、不想腐一体推进，反腐败斗争取得压倒性胜利并全面巩固，确保了党和人民赋予的权力始终用于为人民谋福祉。

（一）加强组织领导，切实维护制度的严肃性权威性

一分部署还要九分落实，制度的价值必须依靠制度的落实来实现。习近平总书记反复强调执行落实的重要性，要求加强制度建设要“两手抓”，特别要抓好制度落实。我们党作为有 9900 多万名党员的大党，必须保持大党的清醒与自觉。党的十八大以来，党中央始终坚持把法规制度执行摆在更加突出的位置，深入开展党内法规学习宣传教育，增强领导干部的制度意识、制度思维及监督和被监督的思想基础，提高党员干部遵守制度的自觉性和坚定性；持续推进纪检监察制度改革，聚焦纪律检查机关监督执纪问责职责，坚决纠正有令不行、有禁不止的行为，推进党内法规执行真正严起来、硬起来、实起来，推动党的各级组织和党员干部更加自觉地遵守党的纪律、服从党的决定，使全党上下统一思想、统一意志、步调一致向全面实现社会主义现代化强国进军。新时代，党中央先后组织开展党的群众路线教育实践活动，“三严三实”专题教育，“两学一做”学习教育，“不忘初心、牢记使命”主题教育，党史学习教育，学习贯彻习近平新时代中国特色社会主义思想主题教育，党纪学习教育等七次集中性学习教育，其中都贯穿着遵守党章党纪党规教育。尤其是“两学一做”学习教育，推动学习党章、学习习近平总书记系列讲话成为常态化制度，使制度执行更加有力。

强化各级党委（党组）全面从严治党的主体责任，把制度建设摆在突出位置。加强组织领导，把制度建设作为党建工作的日常性任务来抓，日常抓、抓日常、抓长久，进行常态化建设。精准运用好“四种形态”，抓早抓小，防微杜渐，层层设防，让咬耳扯袖、红脸出汗成为常态。深入推进党委（党组）加强中心组学习和党规党纪教育培训，增强领导干部的制

度意识，善于用制度推进全面从严治党，用制度防范和解决党内存在的突出问题，用制度引导党员干部加强党性修养。加大制度学习、宣传、教育力度，督促各级党组织严格执行制度，推动党员、干部严格遵守制度，形成严格执行制度、自觉尊崇制度的良好氛围。

（二）坚持以上率下，领导干部以身作则带头执行制度

“其身正，不令而行，其身不正，虽令不从。”党员干部是提高制度执行力的关键。习近平总书记强调“执行党章和党内法规制度是对党员、干部的基本要求，领导干部要发挥‘关键少数’作用，带头按规矩办事”。党的十八大以来，党中央从严管党治党首先从中央政治局立规矩，以中央八项规定落实破题加强作风建设，起到很好的示范带动作用。领导机关和领导干部带头冲在前、干在先，是我们党走向成功的关键。

以“关键少数”带动“绝大多数”。榜样的力量是无穷的，抓领导干部制度意识，也是要其发挥榜样的示范带头作用，带动广大党员干部严格执行制度。我国古代就有“上行下效”的历史故事，这些故事也成为传统文化并被传承下来。领导干部特别是高级领导干部，是党员干部队伍的“火车头”“领头雁”，其言行举止不仅代表着党的形象，而且发挥着示范带动作用。长期以来，少数党员干部身上依然存在着不同程度的特权思想和特权现象，从而产生了“破窗效应”，严重影响了党的形象。由此，党中央把抓“关键少数”作为全面从严治党的重中之重。《中国共产党党内监督条例》明确规定，党内监督的重点对象就是党的领导机关和领导干部特别是主要领导干部。以党内法规的形式督促领导干部强化制度思维，带头维护制度权威，以身作则，以上率下，做制度执行的表率。树立执行制度的先进典型，及时查处和曝光严重违反制度的反面典型，善于运用正反两方面典型教育引导党员干部，强化党员干部的制度意识、敬畏意识。

（三）加强追究问责，建立健全高效的制度执行机制

有权必有责、有责要担当、失责必追究。权力的制约和监督必须由责任追究来保障，要求党员干部勇于担当、敢于问责，不推诿、不塞责、不敷衍，公正用权、谨慎用权、廉洁用权。为深入推进全面从严治党，规范和强化问责工作，党中央于2016年出台、2019年修订《中国共产党问责条例》，使党内问责制度更为科学有效。为提高党内法规的执行力，强化制度执行责任，党中央于2019年出台《中国共产党党内法规执行责任制规定（试行）》，要求在党中央集中统一领导下，建立健全党委统一领导、党委办公厅（室）统筹协调、主管部门牵头负责、相关单位协助配合、党的纪律检查机关严格监督的执纪责任制，统分结合、各司其职，一级抓一级、层层抓落实。

强化对制度执行的监督检查。党中央深入推进国家监察体制改革，深化纪检监察机关内涵式发展，健全党和国家监督体系，充分发挥组织监督、纪检监督、巡视监督、信访监督、舆论监督、网络监督、群众监督的作用，形成强大的监督合力，从监督体制机制上强化了党内监督，提高了党内法规制度的执行力。各级党委（党组）将党内法规制度执行情况作为督促检查、巡视巡察重要内容，对重要党内法规制度实施情况开展定期督查、专项督查。加大制度执行的监督检查力度，开展常态化监督，及时发现和纠正偏离制度的“苗头性、倾向性”问题。坚持纪严于法、执纪执法贯通，不断丰富“四种形态”内涵，将其落实到执纪执法全过程，统筹运用党性教育、政策感召、纪法威慑，监督执纪执法由“惩治极少数”向“管住大多数”拓展。建立健全制度执行的问责机制。坚持有规必依、执规必严、违规必究，决不能遮丑护短、姑息养奸，不留“暗门”、不开“天窗”，坚决杜绝做选择、搞变通、打折扣的现象。对党内法规执行中存在的问题开展专项整治，对执行不力造成严重后果的党组织和领导干部，进行严肃问责；对不按制度和规矩办事的干部要严肃批评教育，严重的要进行组织处理，让党内法规制度真正成为带电的“高压线”。

第五章

政治监督：坚定维护党中央权威和集中统一领导

马克思主义政党自诞生起就具有了自身鲜明的政治属性。政治建设是保持党的先进性、纯洁性的根本要求，决定着党的建设方向和效果，考量着党的执政能力和国家治理水平。新时代，强化政治监督，切实加强党的政治建设，坚决维护党中央权威和集中统一领导，确保全党统一意志、统一行动、步调一致前进，为夺取中国特色社会主义伟大胜利提供坚强政治保障，是全党的重大政治任务。强化政治监督，要坚定拥护“两个确立”、坚决做到“两个维护”，党中央重大决策部署到哪里，政治监督就要跟进到哪里。政治监督执行得怎么样、制度绩效发挥得如何，对于加强党的政治建设、坚持和加强党的全面领导、推进全面从严治党向纵深发展以及实现党和国家监督体系和治理能力现代化意义重大。

第一节　政治监督的内涵、特征及价值意蕴

政治监督是我们党深入推进政治建设的内在要求，围绕“两个维护”，主要回答关于谁来监督、监督什么、如何监督等一系列问题。具体来说，就是我们依据什么样的标准和要求、具体又落实到哪些行为规范中来量化评价关于政治意识、政治信念、政治方向、政治原则等的偏差问题，对标对表，精准纠偏，确保全党意志统一、行动一致，充分发挥党全面领导的“中国之治”制度优势。

一、新时代强化政治监督的根本任务就是“两个维护”

党的政治监督是对党的建设政治方向的根本性监督。维护无产阶级政党的领导核心，维护党中央领导权威和集中统一领导，始终是马克思主义政党建设的本质要求。“两个维护”，是党的十八大以来最大的政治成果，也是政治监督的根本任务。

（一）政治监督的提出

深入推进全面从严治党，首先必须把好党的建设“方向盘”，维护党中央领导权威和集中统一领导。党的十八大以来，随着全面从严治党的深入推进，加强政治建设、强化政治监督成为新时代加强党的建设、提高党的执政能力和领导水平的根本路径。

习近平总书记指出，“任何政党都有政治属性，都有自己的政治使命、政治目标、政治追求”[①]。政治监督由来已久，中国共产党百余年来一直

① 习近平：《增强推进党的政治建设的自觉性和坚定性》，《求是》，2019（14）。

在探索保持党的先进性纯洁性、巩固执政地位和提升执政能力的有效途径。2013 年，习近平总书记在十八届中央纪委二次全会上要求把维护党的政治纪律放在首位，强调加强对政治纪律执行情况的监督检查。2016 年党的十八届六中全会通过的《中国共产党党内监督条例》强调要加强对党内政治生活状况、党的路线方针政策和决议执行情况的监督检查。党的十九大后，“政治监督”作为专业用语，明确地、频繁地出现在中国政治生活、党内文件、领导讲话中。

党内存在各种问题首先是在理想信念、政治立场、政治能力上出了问题，解决党内各种问题必须首先从政治建设这一根本性问题出发。党的十九大从战略和全局的高度，首次将政治建设纳入党的建设总体布局，将其定位于党的建设各项内容的统领地位，并于 2019 年初出台《中共中央关于加强党的政治建设的意见》，以制度性规范要求强化政治监督纠偏校准功能，保障党的领导权威和集中统一领导。党的十九届四中全会公布的《中共中央关于坚持和完善中国特色社会主义制度 推进国家治理体系和治理能力现代化若干重大问题的决定》明确了强化政治监督的范畴，即加强对党的理论和路线方针政策以及重大决策部署贯彻落实情况的监督检查。十九届中央纪委四次全会、五次全会，对坚决做到“两个维护”、落实中央重大决策部署更加突出政治监督。2021 年通过的《中国共产党纪律检查委员会工作条例》第 33 条，对政治监督的任务作出明确规定。在政治监督取得阶段性成果的基础上，党的二十大又提出“推进政治监督具体化、精准化、常态化”要求，是完善党的自我革命制度体系建设的重要路径。纪检监察机关作为党的政治机关，旗帜鲜明讲政治、坚定维护党的集中统一领导，是其本质要求和根本任务。

（二）科学把握政治监督的深刻内涵

究竟什么是政治监督，国内学者进行了不同层面的分析、阐释。有学者从国家权力监督层面来谈，认为“政治监督是对政治权力主体及其权力行使过程的控制和约束”，我国基本政治监督制度框架已经形成，政治监督体系包含纪检监督、监察监督、审计监督、司法监督、人大监督、民主党派监督、政协监督、媒体监督、公民监督、网民监督、社会组织监督等。[①]有学者从政治权力的分权状态来谈，把政治监督分为了横向的权力制衡和纵向的权力监督、监察及对违规的惩处与纠正。[②]更多学者着眼于党政建设视域，认为“从现实层面来说，政治监督是一个有政治要求、标准、立场的监督活动，重在对党组织和党员干部贯彻落实党的路线方针政策、执行党章党规、遵守政治纪律和政治规矩、推进政治生态建设等情况进行监督检查”[③]。“中国共产党的政治监督是依据党章党规党纪对党的各级组织和党员行使职权、履行义务等情况采取的党内监督行为，以确保党的路线、方针、政策得到有效贯彻执行和实现党的政治目标。”[④]政治监督是与社会主义政治制度相适应并且为其服务的制度安排。[⑤]政治监督的根本目的是坚持和加强党的全面领导，首要任务是“两个维护”。[⑥]

综合已有的研究成果，政治监督的内涵可以这样来理解：政治监督是与新时代中国特色社会主义政治建设相适应的保障性制度，是各级党委(党组）和纪检监察机关依据党章和党内法规制度，对党的各级组织和党员干部行使公权力、履行义务过程中进行规范性检查和督促的监督活动，是党中央的重大决策部署和方针政策贯彻落实，以及实现政治目标、政治任务、政治理想的重要保障。根据中国共产党的性质和阶段性任务要求，政治监督的首要任务就是“两个维护”，根本目的就是坚持和加强党的全面领导。

---

① 何增科：《中国政治监督40年来的变迁、成绩与问题》，《中国人民大学学报》，2018（04），第32页。

② 陈国权：《政治监督：形态、功能及理论阐释》，《政治学研究》，1998（04），第61页。

③ 庄德水：《从强化政治监督入手推进全面从严治党》，《检察日报》，2000.1.21（08）。

④ 全家悦、郭昭、张旭：《新时代加强党的政治监督论析》，《西北工业大学学报（社会科学版）》，2019（03），第26页。

⑤ 蒋来用：《多重视角下政治监督概念的理论性阐释》，《中州学刊》，2020（04），第41—42页。

⑥ 贺夏蓉：《政治监督的内涵及要求》，《中国纪检监察报》，2018.9.27（06）。

二、政治监督是中国共产党勇于自我革命的鲜明品格

政治监督因政党的政治性而生，也因新时代新形势下党的建设伟大斗争、伟大工程而强化。新时代政治监督的根本目标任务就是要坚持党的全面领导，维护党的集中领导权威和统一领导。

（一）政治监督的特征

任何政党建设都有政治性特征。加强政治建设、强化政治监督，既强化了马克思主义政党的政治属性，又是中国共产党管党治党的内在要求，体现的是中国共产党勇于自我革命的精神特质。

政治监督是马克思主义政党建设的内生性要求，是聚焦于权力运行与制约，以党的政治建设工作为客体，以监督检查为重要途径，着力发现和纠正政治偏差，保持党的先进性、纯洁性的保障制度。政党建设一诞生就带有了政治性特征，讲政治是中国共产党的突出特点和优势。强化政治监督就是把舵校准政治方向，保障马克思主义政党的健康发展，坚定中国特色社会主义道路，确保改革开放沿着正确的航向破浪前行。同时我们也要看到，政治监督是具体的、现实的，具有时代性、阶段性特征。不同的发展时期，党面临的形势任务也不尽相同。进入新时代，党和国家的事业发生了历史性变革，正处于“两个一百年”奋斗目标交汇期、实现中华民族伟大复兴的关键时期。我们党既要面对复杂多变的国际形势，面对国内改革发展的繁重任务，还要面对管党治党不严等现实问题。以中国式现代化全面推进中华民族伟大复兴，必须坚持党的全面领导、维护党中央权威、统一全党意志，新时代强化政治监督的根本任务就是“两个维护”。

政治监督的制度功能是纠偏校准，是通过对党的重大决策部署和路线方针政策的落实、党内政治纪律、党内政治生态、党内民主生活等的检查监督。各级监督主体都要加强理论学习，深刻把握政治监督理论内涵，抓实本领域内政治监督重点任务，把政治监督融入日常工作，不断增强党员干部的政治敏锐性和政治判断力，提高政治免疫力。各级纪检监察机关要明确政治属性是其本质属性，但并不能泛化政治监督，将其一切本职工作

都作为政治监督，要把政治监督作为首要职责，发挥好“监督的再监督”功能，当好政治监督的“专业队”“主力军”。

聚焦政治性问题开展监督，是政治监督区别于其他监督的根本属性。[①] 新时代强化政治监督并非广义的监督，是关于党的领导、党的建设的政治性的监督，是对党组织和党员特别是领导干部的理想信念是否坚定、宗旨意识是否牢固、政治纪律是否过硬、政治生态是否健康等，关系党的生存和发展所必须坚守的政治立场、政治方向、政治原则的问题，进行日常性与阶段性的检查、纠偏、校正，保证党员干部的政治忠诚、政治服从，确保党中央集中统一领导的核心地位。政治建设决定了党的建设方向和实践成效，而政治监督则是聚焦政治建设的“靶向诊疗”，及时发现和纠正政治偏差，保障党的理论和路线方针政策、重大决策部署的落实。如果说政治建设是保持党的建设正确方向的“航向标”，那政治监督就是及时校准、纠偏的“舵手”，为保持党的先进性、纯洁性“保驾护航”。

当然，讲政治，不是一句空话，而是要落实在党的建设、党的领导的各项实际行动中的。政治监督是具体实在的，具有现实性、阶段性特征。在不同发展时期，党的建设面临的任务也不同，政治监督具体落实的重点也不尽相同。新时代赋予了政治监督新的任务要求，习近平总书记在十九届中央纪委四次全会上强调，要从四个方面着力强化政治监督：加强对党的十九届四中全会精神贯彻落实情况的监督检查，推动党中央重大决策部署落实见效，督促落实全面从严治党责任，保证权力在正确轨道上运行。[②] 这为强化政治监督画出了路线图、圈出了重点，具有重要的指导意义。

（二）政治监督实施构架

政治监督不仅有宏观的组织形式，而且具有专业性，需要由专门的机构来承担、由具体的实施主体来进行监督。

---

① 李玉长：《强化政治监督 彰显制度优势和治理效能》，《中国纪检监察报》，2019.11.29（01）。

② 《习近平谈治国理政》第三卷，外文出版社，2020，第547—548页。

1. 监督主体

根据《中国共产党党内监督条例》，我国党内监督制度的监督框架是由自上而下的组织监督、自下而上的民主监督和同级间的权力监督等构成的网格状监督体系，由党中央统一领导、党委（党组）全面监督、纪律检查机关专责监督、党的工作部门职能监督、党的基层组织日常监督和党员民主监督所组成。政治监督作为党内监督的统领性监督，有其特殊性、专责性，目前主要的实施主体是各级党委（党组）和纪检监察机关，通过巡视巡察、专项监督及其与日常监督有机结合，加强对党中央重大决策部署和路线方针政策贯彻落实的监督。

巡视是党内监督的战略性制度安排，其实质就是政治监督。开展政治巡视巡察，就是为党的肌体做“政治体检”，以党的纪律为尺子，重点检查政治纪律执行情况，查找政治偏差，着力发现纪律、作风及选人用人等方面的突出问题，更好地发挥震慑遏制作用。省级以上设立巡视机构，市县级设立巡察机构，对所管理的党组织进行巡视监督、巡察监督。党的十九大报告指出，“深化政治巡视，坚持发现问题、形成震慑不动摇，建立巡视巡察上下联动的监督网”①。

纪律检查机关是政治监督的重要主体，且政治监督具有统领地位。作为履行监督专责的政治机关，在加强党的政治建设、维护党中央权威和集中统一领导方面，担负着重大的政治责任。党章党规党纪、中央重大决策部署、习近平总书记重要指示批示精神，都是政治要求，都是纪检监察机关和干部带头落实、监督落实的内容。纪检监察机关要突出政治监督定位，确保政治建设做实。②纪律检查机关及其派驻机构常态化地对各级党组织和地方机关进行监督，强化对党的路线方针政策和党中央重大决策部署落

① 习近平：《决胜全面建成小康社会 夺取新时代中国特色社会主义伟大胜利——在中国共产党第十九次全国代表大会上的报告（2017年10月18日）》，人民出版社，2017，第67页。

② 李仰哲：《纪检监督机关要突出政治定位》，《学习时报》，2019.4.19（03）。

实情况的监督检查，确保党的政治纲领和政治目标实现。

2. 监督客体

监督是对权力运行的有效制约和规范，是权力正确运行的根本保障。政治监督具有特殊性，是对政治权力实施主体及其在权力行使过程中的政治行为所进行的监督，以保障权力能维护执政者的领导权威和凝聚力，实现政治理想、政治目标和政治纲领。政治监督客体有很强的政治性，政治性是通过政治言论、政治态度、政治行为、政治效果等方面体现出来的政治倾向和政治品格。[①] 它与业务监督既有相同之处，更有不同之处。

"关键少数"是政治监督的重点对象。中央及各级地方党政"一把手"和领导班子受国家权力的委托，代理管理国家权力，在政治权力结构中掌握着重要权力，有更大的话语权。他们的政治言论、政治行为对一个地方、单位的政治文化、政治生态具有重要的引导作用。如一些地方、部门发生塌方式腐败，地方政治生态一定是受到严重污染的。因此，政治监督要着力聚焦监督客体中的"关键少数"，以"关键少数"的良好作风来示范带动"绝大多数"。

3. 监督内容

政治监督的内容比较广泛，不仅仅是对权力运行行为的合法性、合规性的监督，而且是更高层次的政治性监督，即注重政府、国家施政方向是否正确，政治主体对政治目标是否忠诚，使用权力的政治行为是否符合政治纲领、政治目标，能否公平配置公共资源，以及社会发展是否和谐，经济发展是否稳定健康，等等。由此看来，政治监督的内容广泛，所涉领域广泛，不仅仅包括廉洁自律的政治本色，而且包括政治方向、政治立场、政治领导、政治能力、政治根基、政治风险等方面内容，体现在选人用人、意识形态安全、社会稳定、经济金融安全、环境保护等各个方面的具体工作中。

① 蒋来用：《多重视角下政治监督概念的理论阐释》，《中州学刊》，2020（04），第42页。

4. 监督模式

我国政治监督模式是具有鲜明中国特色的，是党内监督、民主监督、行政监督、司法监督、群众监督、舆论监督等相互联动、融合的立体式监督。党内监督有自上而下的组织监督，有自下而上的群众监督、舆论监督，党委（党组）实行民主集中制，行政职权配置有决策权、执行权、监督权既相互制约又相互协调的运行机制。巡视巡察监督、纪检监督、监察监督、派驻监督各有分工又相互配合，形成合力。政治监督坚持党的全面领导，维护党中央权威和集中统一领导，自我监督与群众监督相结合，不断创新监督方式方法，形成科学的监督机制，不仅有效地预防和惩治了腐败、不正之风及政治失范行为，而且有利于整合社会资源，提高治理效能，更好地促进政治效果、纪法效果和社会效果相统一。

三、新时代强化政治监督的重大战略性意义

党的十九大以来，党中央把政治监督放在了全面从严治党的战略性地位，充分发挥政治监督在加强党的建设和推进国家治理体系和治理能力现代化中的重要作用。

（一）政治监督对民主集中制贯彻执行的重要制度补充

强化政治监督，是对加强和规范党内政治生活、营造风清气正党内政治生态的重要保障。“我们党作为马克思主义政党，讲政治是突出的特点和优势。没有强有力的政治保证，党的团结统一就是一句空话。”[①]民主集中制是民主基础上的集中、集中指导下的民主相结合的制度，是我们党的根本组织原则和领导制度。在落实民主集中制的过程中，少数服从多数的原则，往往会演变为多数人发表意见、书记或一把手决断，出现“一言堂”、一把手独断的现象，容易破坏党内民主和团结，带坏党风政风。同时，我们应当看到，有时多数人的意见也不一定正确。政治监督的重点对

① 《习近平关于党风廉政建设和反腐败斗争论述摘编》，中央文献出版社、中国方正出版社，2015，第50页。

象是党的领导机关和领导干部特别是主要领导干部，是对“一言堂”“一支笔”的纠偏校正，也是对不担当、“老好人”行为的纠治。

（二）强化政治监督是深入推进全面从严治党、一体推进“三不”机制的重要抓手

党的十八大以来，党中央以严厉惩治腐败起底推进全面从严治党，狠抓“四风”，打“虎”拍“蝇”猎“狐”，猛药去疴，重典治乱，治标为治本赢得时间；同时，将思想建党和制度治党紧密结合，大力抓政治生态建设，从源头上预防和解决腐败问题，形成了反腐败斗争的压倒性态势，全面从严治党以治标促治本取得重大历史性成果。党的建设是为保持党的先进性和纯洁性的一个长期的自我完善过程，不可能一蹴而就。习近平总书记在党的十九大上作出了“反腐败斗争压倒性态势已经形成并巩固发展”的重要判断，标志着深入推进全面从严治党战略进入新的历史阶段、有了新的目标要求，即以党的政治建设为统领，不断提高党的建设质量，加强党的全面领导。一些党员干部发生违纪违规、贪污腐败行为，内因是自身的政治信仰不坚定、政治方向发生了偏移，外因是组织对其政治“体检”不到位、不严格、不经常。政治立场、政治方向、政治原则、政治道路是政党建设的总方向，是“把准”的，走偏走歪了都会严重威胁到中国特色社会主义伟大事业的方向。全面从严治党战略从以治标促治本向一体推进“三不”标本兼治的重大转变，意味着不仅要继续减少腐败存量、遏制增量，坚持反“四风”、防止死灰复燃，而且要构建一体推进不敢腐、不能腐、不想腐体制机制，把政治建设放在首位，聚焦政治信仰、政治领导、政治能力、政治生态等强化政治监督，着力解决党员干部中存在的政治意识不强、政治立场不稳、政治能力不足、政治行为不端等问题，从政治性这一政党根本属性上加强党的建设，增强“四个意识”，坚定“四个自信”，推动全面从严治党向纵深发展。

（三）强化政治监督也是全面推进国家治理体系和治理能力现代化的重要基石

坚持和加强党的全面领导，是中国特色社会主义最本质特征和最大制度优势。提高党的执政能力和领导水平，是推进国家治理体系和治理能力现代化的关键。当今世界发展风云变幻，国际政治形势复杂多变，意识形态斗争异常激烈，我们党肩负的任务艰巨复杂，面临的挑战愈加多样化、复杂化，这些都考验着党的执政能力。尤其是这次新冠疫情的全球性暴发，考验了我们党应对突发性事件的能力和大国担当。我们在取得抗击疫情阶段性成果、彰显党的领导制度优势的同时，还要面对少数国家政客极力污名化的政治斗争。同时，我国正处于实现“两个一百年”奋斗目标、实现中华民族伟大复兴的关键时期，深化改革面临各种利益藩篱和重重矛盾，考验着党对推进国家治理体系和治理能力现代化的领导能力。不论是国际国内形势还是党的建设的风险挑战，都要求把党的政治建设放在首位，牢牢把握党的政治建设“生命线”，强化政治监督不可懈怠，既要明确政治高线，又要守住政治底线，让党员干部经常接受政治“体检”，净化灵魂、强身健体，不断提高党的政治免疫力、政治战斗力，有效应对来自国内外危害中国特色社会主义伟大事业的各种风险挑战。行百里者半九十，为更好地增强马克思主义执政党的政治认同，不断增强党的坚强领导力、凝聚力，我们必须增强推进党的政治建设的自觉性和坚定性，更加有效地提高政治监督的制度效能，清除一切影响党的领导权威的政治“杂音”，清除一切侵蚀党的健康肌体的政治“病毒”，清除一切损害党的形象、人民利益的政治“蛀虫”，以全面从严治党新成果、新成效确保党始终成为坚强领导核心，更好地发挥中国特色社会主义制度优势。

第二节　政治监督的实现路径与成效

一种制度好不好，检验和评价的标准是什么，归根结底要看治理的效果如何。加强党的政治建设，目的是坚定政治信仰，强化政治领导，提高政治能力，净化政治生态，实现全党团结统一、行动一致。[①] 政治监督作为政治建设的保障性制度，对其制度效能的考量也是应当从政治领导、政治信仰、政治能力、政治生态、政治文化等方面来进行。党的十八大以来特别是十九大之后，党中央深入推进全面从严治党、不断推动政治监督建设，在实践层面取得了重要成果。

一、深化政治巡视，提升政治监督效能

巡视是党政国家机关的政治“体检”。作为党内监督的战略性安排，巡视在党和国家监督体系中具有重要的地位和作用。习近平总书记多次对巡视工作作出重要指示，党的十九大报告指出：“深化政治巡视，坚持发现问题、形成震慑不动摇，建立巡视巡察上下联动的监督网。”巡视工作被提到前所未有的高度。

（一）深化巡视制度改革

巡视制度是党政机关发现问题、改进作风的“利器”，其制度优势不仅体现了自上而下监督的权威性、有效性，而且又通过直接深入群众发现问题而实现了上位监督与下位监督的互动结合，是党内监督的重要方式。

中国共产党成立不久，党内就开始了巡视工作的探索，党内巡视制度是党从严管党治党百年历史经验的总结。2003 年《中国共产党党内监督条例（试行）》中专门列出一节，2007 年党的十七大将巡视制度首次写入党章，2009 年中央颁布《中国共产党巡视制度工作条例（试行）》。党的十九届六中全会通过《中共中央关于党的百年奋斗重大成就和历史经验的决议》，强调“强化政治监督、深化政治巡视”“构建巡视巡察上下联动格局”，进一步彰显了巡视在党和国家监督体系、国家治理体系中的地位和作用。党的二十大报告强调，要“发挥政治巡视利剑作用”。党的十八大以来，反腐败斗争打“虎”灭“蝇”的突出成就无可辩驳地说明了

① 《中国共产党党内重要法规汇编》，党建读物出版社，2019，第65页。

巡视制度取得了重大理论实践成果。

“三个不固定”“一次一授权”突破利益藩篱。党的十八大以来，推进巡视制度改革创新，首先是对巡视工作组织制度方面做了重大调整，遵循“三个不固定”原则，即中央巡视组的组长不固定，中央巡视组的巡视对象不固定，巡视组与巡视对象的关系不固定。在十八大前，中央巡视组的组长是任期制，一般一届干五年；十八大后，则组建了组长库，巡视组长的任命采取一次一授权、一次一任命，不再是“铁帽子王”。巡视组长临时授权，巡视哪里、巡视谁、和谁一起去巡视都不是固定人选，这样就首先从组织队伍上突破了利益藩篱，隔离了利益勾结，阻断了利益交换。

四个“着力”聚焦党风廉政建设。术业有专攻，巡视制度如果贪大求全，目标任务不明确，就会造成功能发挥不理想的问题，这也是过去一直存在的问题。党的十八大以来，聚焦问题，突出重点，将巡视制度的职责定位为突出发现问题、强化震慑作用，将巡视重点定位为对党组织领导班子及其成员特别是“一把手”监督，并给监督内容圈定了四个“着力”，“巡视组要剑指党风廉政方面存在的问题，重点就是‘四个着力’，着力发现是否存在违反党的政治纪律问题，着力发现领导干部是否存在权钱交易、以权谋私、贪污贿赂、腐化堕落等违纪违法问题，着力发现是否存在形式主义、官僚主义、享乐主义和奢靡之风等问题，着力发现是否存在选人用人上的不正之风和腐败问题。[①]这样，目标指向具体，任务明确，巡视工作的定位更精准，制度的执行力变得越来越强，成为反腐败斗争的一把“利剑”。

巡察监督向基层延伸。巡视制度向市县延伸，实现了全面从严治党全覆盖、党内监督无死角。2015 年习近平总书记在听取中央巡视组汇报后作出了重要指示，要不断与时俱进，推动巡视向纵深发展，探索市县巡察工作，完善巡视工作网络格局。巡视制度是在中央和省、自治区、直辖市

① 《习近平关于全面从严治党论述摘编》，中央文献出版社，2021，第391页。

党委这一层面来建立巡视机构。党的十八大以来，随着全面从严治党向基层的延伸，党中央将巡视制度的工作模式向市县推进，在各地积极探索、勇于实践并取得了重大成果。在总结巡察工作推进经验的基础上，党的十八届六中全会将其上升为了制度，《中国共产党党内监督条例》第 19 条指出，省、自治区、直辖市党委应当推动党的市（地、州、盟）和县（市、区、旗）委员会建立巡察制度，使从严治党向基层延伸，加强对基层党组织、党员干部的监督。把巡视工作中好的经验成果上升到制度层面，扩大了监督覆盖面，实现基层监督无死角、无空白。

（二）突出发挥巡视利剑功能

作为执政党，我们党如何破解自我监督这个国家治理的“哥德巴赫猜想”，巩固长期执政地位，至关重要。2016 年 1 月，习近平总书记主持召开中央政治局常务委员会会议，听取中央巡视工作领导小组关于十八届中央第八轮巡视情况汇报后，首次明确提出政治巡视，并在多个场合强调政治巡视要“在政治高度上突出党的全面领导，在政治要求上抓住党的建设，在政治定位上聚焦全面从严治党”[①]。巡视的本质就是政治监督，要充分发挥其发现问题的利剑功能，形成震慑。

紧扣“两个维护”，坚持党的全面领导。政治性是政党的第一属性，中国共产党最本质的特征就是坚持党的领导。坚持党的全面领导是巡视监督效能发挥的首要前提。从近年来巡视发现的问题看，有违反党的政治纪律、政治规矩的，有党的领导弱化、管党治党不严的，有领导干部不忠诚、不干净、不担当的，从根源上说都是党的领导不力，党组织没有发挥核心领导作用。巡视是政治巡视，本质是政治监督，其根本任务就是督促各级党组织和领导干部做到“两个维护”。习近平总书记明确要求，巡视工作要把发现问题、形成震慑作为主要任务，当好中央的“千里眼”。中央和地方各级巡视巡察机构深刻把握党中央对巡视工作的新部署新要求，坚定不移深化政治巡视，旗帜鲜明地把“两个维护”作为根本任务，上下联动、

---

① 《习近平谈治国理政》第三卷，外文出版社，2020，第512页。

贯通融合，发现问题、督促整改，不折不扣地推动党中央重大决策部署贯彻落实，为全面实现社会主义现代化国家、中华民族伟大复兴做坚强保障。十九届中央巡视如期完成全覆盖任务，二十届中央巡视正在开展，凸显了我们党勇于自我革命的鲜明品格，体现了党内监督无禁区、无例外的坚定立场。

坚守人民至上，深入推进全面从严治党。江山就是人民，人民就是江山。没有人民群众，党的建设就没有了根基。人心是最大的政治，政治巡视本质上决定了必须坚持人民至上，将“人民”二字贯穿巡视巡察始终。要紧紧围绕为人民谋幸福、为民族谋复兴这个初心和使命，站稳人民立场，贯彻群众路线，维护人民利益，充分发挥监督保障执行、促进完善发展的作用。充分发挥巡视巡察的利剑震慑作用，聚焦“关键少数”，紧盯权力运行，传导责任压力，引导和推动领导干部树立和践行全心全意为人民服务的政绩观。同时，要着力发现并推动整治形式主义、官僚主义，以及群众身边的腐败和作风问题，让群众感受到全面从严治党就在身边。把党的自我监督与群众监督有机结合起来，拓宽群众反映问题的渠道，掌握人民群众的急难愁盼，把握人民意愿，发挥人民智慧，排忧解难、听取意见，真正让人民参与巡视巡察监督。

聚焦“国之大者”，做实政治监督。“国之大者”是事关人民幸福安康、事关中华民族伟大复兴、事关党和国家前途命运的大事要事，关乎全局、关乎长远、关乎根本。[①] 领导干部对“国之大者”心中有数，是基本的政治素质。想问题、做决策，一定得深刻领会党中央在关心什么、强调什么，深刻领会什么是党和国家最重要的利益、什么是最需要坚定维护的立场。党的十八大以来，党中央充分发挥巡视的服务保障作用，始终聚焦政治原则、政治生态、政治担当、政治责任，把监督检查习近平新时代中国特色社会主义思想、习近平总书记重要指示批示精神、党的路线方针政策和党中央决策部署的学习贯彻落实情况作为重中之重。据统计，2021 年 1 月

① 赵纪萍：《习近平总书记强调的“国之大者”》，《学习时报》，2021.8.23。

至 10 月，全国纪检监察机关发现并纠正贯彻落实习近平总书记重要指示批示和党中央重大决策部署不力问题 24.7 万个。

二、新时代强化政治监督取得重要阶段性成果

党的十八大特别是十九大以来，从中央到地方，全国各级党组织以党的政治建设为统领全面加强党的建设，以强化政治监督深入推进党中央重大决策部署的有效执行，形成了较为明显的阶段性成果。

（一）有效地维护党中央权威和集中统一领导

中国共产党始终注重维护党中央权威和集中统一领导。党的十八大以来，随着全面从严治党的深入推进，党的建设重点转向了政治建设，即以政治建设统领党的建设，增强“四个意识”，做到“两个维护”。强化政治监督是加强政治建设的制度性保障，也是加强对权力监督和制约、推进国家治理体系和治理能力现代化的有效措施。为加强政治建设、强化政治监督，党中央修订出台了一系列党内法规制度，从制度上保证了党中央权威和集中统一领导。习近平总书记在十九届中央纪委四次全会上，提出了强化政治监督要落实重大决策部署等四方面重要内容。中央各地党委纪委强化党的政治纪律和政治规矩，重点解决形式主义、官僚主义及干部不担当不作为等问题，确保重大方针政策和决策部署的落实。在脱贫攻坚战、疫情防控中，政治监督充分发挥了服务保障作用，将中国特色社会主义的制度优势转化为了治理效能。推进国家监察体制改革，监督范围从党员、干部扩展到所有行使公权力的公职人员，实现对所有使用公权力的公职人员监督全覆盖。巡视巡察监督延伸到了基层“最后一公里”，有效地破解了中央与地方信息不对称、权力不对称的难题，解决了许多关乎人民群众利益的问题，夯实了政治根基，增强了党中央的凝聚力、向心力，强化了党中央权威和集中统一领导。各地坚持以“两个维护”为牵引，做到党中央部署到哪里，监督检查就跟进到哪里，将政治监督落实到各项具体的日常监督工作中，实现政治监督常态化。

（二）党组织和党员干部政治意识和政治能力进一步提升

中国共产党在推进全面从严治党实践中，深刻地感知到腐败问题首先是在政治上出了问题，全面从严治党不能只讲腐败问题、不讲政治问题。党的十九大把解决党内各种问题转向了加强政治建设，将政治建设放在首位，以强化政治监督来加强党的肌体“政治体检”。加强政治建设，首先从严格党的政治纪律和政治规矩上切入，对违反政治纪律和政治规矩的行为进行严厉惩处。从近年来惩处的案例看，对违反政治纪律和政治规矩行为的惩处比重是在不断增大的。同时强化政治监督，进一步聚焦了党组织和党员干部可能或已经存在的问题，使监督更加具有了针对性。习近平总书记在中央纪委全会上多次就政治监督提出重要要求，为纪检监察机关加强政治监督明确了方向。基层党组织严格按照中央要求，以政治监督为基本定位，重点监督党组织和党员干部遵守政治纪律和政治规矩、遵守和执行党的重要路线方针政策以及党中央重大决策部署等情况，发现并解决党内存在的政治问题。

（三）干部责任担当的自觉进一步增强

干部敢于担当作为，这既是政治品格，也是从政本分。党的十八大以来，中国共产党以零容忍的态度、猛药去疴的决心、刮骨疗毒的勇气，发现一起查处一起，惩处了一大批腐败分子，反腐败斗争取得了压倒性胜利的阶段性成果。同时也出现了一些干部不敢担当、懒政怠政、慢作为不作为的现象，出现了空喊口号、空表态等形式主义、官僚主义现象。党中央及时发现了问题，习近平总书记在全国组织工作会议上指出好干部是选出来的，更是管出来的，要求从严从实抓好干部监督管理。各级党组织加强巡视监督，着力发现问题，增强了对干部的“政治体检”。各级纪检监察机关强化政治监督，坚持专项监督与日常监督相结合，进一步使党员干部增强“四个意识”、坚定“四个自信”、做到“两个维护”的政治自觉、行动自觉。尤其在脱贫攻坚战、疫情防控战中，全体党员干部表现出坚强的责任感和使命感，自觉涵养忠诚干净担当的政治品格，充分发挥党组织战斗堡垒作用，奋战在脱贫攻坚战、疫情防控战的最前沿，团结带领群众一道攻坚克难，为广大人民群众筑起了一道道“安全”屏障，带领人民走上了幸福小康之路。

（四）进一步涵养了良好的党内政治生态

政治生态清明，从政环境就优良，保持清正廉洁的良好政治生态是推进党的各项事业蓬勃发展的重要保证。习近平总书记强调：“什么时候全党讲政治、党内政治生活正常健康，我们党就风清气正、团结统一，充满生机活力，党的事业就蓬勃发展。”[①]加强政治监督，是推动党的政治建设、涵养良好政治生态的重要抓手。党的十八大以来，在党中央坚强领导下，严厉惩治腐败，坚持思想建党和制度治党相结合，严肃党内政治文化和党内政治生活，深入破解影响政治生态的不良因素。党的十九大以来深入开展政治监督实践，从遵守党的政治纪律和政治规矩、培育良好政治生态等方面加强监督检查，在发现问题的同时做好督促整改后半篇文章，进一步推动了基层党组织高度重视并积极采取措施净化党内政治生态，在较大程度上改善了一些地方和单位的政治生态，并积极向清正廉洁方向转化。干部干事创业的环境得到有力改善，担当作为积极性得到有力提升，干部作风转变，也赢得了老百姓的认可和肯定。

三、政治监督在实施过程中存在的一些薄弱环节

制度认同是政治监督的重要动力。当前强化政治监督作为加强党的政治建设的重要要求，已经成为党内文件、政府会议、领导讲话及各级部门要求的高频用词，但对于学界、实践部门及领导干部还存在研究不深、政治实践不实等问题。

（一）对政治监督的认知还较为模糊、偏颇

关于政治监督的概念内涵，在提出前期理论界还没有形成一个统一的权威定义，实践部门也是在履行职能中探索。实践部门对政治监督是什么、要监督哪些内容、其性质特征等含糊其词，不能高屋建瓴地把握党中央提

① 《十八大以来重要文献选编（中）》，中央文献出版社，2016，第21页。

出强化政治监督的重大意义，极容易造成高喊轻放、泛化和形式化，以业务监督代替政治监督，政治监督的制度效能难以转化为国家治理效能。普通党员干部对政治监督的概念认识还比较模糊，不会拿政治标准衡量日常行为规范、行使监督权利，甚至因理解偏颇产生抵触心理。从近年来纪检监察机关强化政治监督的实践来看，主要是以落实中央、省委重大决策部署为抓手，以违反政治纪律、政治规矩为重点，取得了比较明显的成效。但是透过业务从政治上审视问题，从违反组织纪律、廉洁纪律、群众纪律、工作纪律和生活纪律等五大纪律去剖析背后政治根源的能力还很不够。从监督治理层面来看，还主要落实在问题的表层，未能达到自觉从政治上看待问题的程度。

（二）纪检监察专职监督偏重依赖路径

政治监督是党内监督的本质要求，居于监督的统领地位。根据《中国共产党党内监督条例》，我国党内监督制度的监督框架是由自上而下的组织监督、自下而上的民主监督和同级间的权力监督等构成的网格状监督体系，由党中央统一领导，党委（党组）全面监督，纪律检查机关专责监督，党的工作部门职能监督，党的基层组织日常监督和党员民主监督所组成。但从现状看，政治监督还是依赖于纪检部门的专责监督，党组织的全面监督的主体责任还压得不实、落实得不到位，党的工作部门职能监督、基层组织日常监督和党员民主监督都还浮于表面，五根手指“弹钢琴”的局面还没有形成，基本还是专责监督在“独舞”。当前政治监督还只是在政治纪律的查处、重大决策部署落实的监督方面有所成效，所形成的社会效应在基层治理中还不是很明显。纪律检查机关作为党内监督的专责机关，承担着“加强对同级党委特别是常委会委员、党的工作部门和直接领导的党组织、党的领导干部履行职责、行使权力情况的监督”等具体任务，其职能定位就具有政治属性。突出政治监督定位，在“两个维护”、重大决策部署落实等方面取得重大成效，这些都是其毋庸置疑的职责所在。各级党委履行全面从严治党的主体责任就包含着政治监督，各级纪检监察机关的监督职责是对监督的再监督，当前问题在于在“再监督”上用力不足，在对各级党委的监督主体责任落实的监督上“推动”不够、不强，主体责任、监督责任还没有形成 1+1>2 的合力。

（三）政治监督有效覆盖不足

新时代强有力的政治监督，不仅要在思想上提高政治站位和全局高度，更为重要的是要体现在行动上、落实在具体工作中。党的十九大以来，各地各部门紧紧围绕“四个意识”“两个维护”，以全面覆盖的格局推动政治建设、强化政治监督。在纪检监察机关专责监督推动下，以落实中央重大决策部署为重点，开展了持续的监督检查，如脱贫攻坚、意识形态及国防、金融领域等专项巡视监督，严厉查处了违反党章党规、违反党的政治路线、破坏政治纪律政治规矩等问题。同时我们也看到，在推进政治监督实践中精准监督、常态化长效化监督还存在薄弱环节，一定程度上呈现出“上热中温下冷”传导层层减弱、行政机关—事业单位—企业“波纹式”效应递减等现象，强化政治监督亟待提高质量从有形覆盖向有效覆盖深度迈进。目前，政治监督制度内容还存在发散、泛化和碎片化等问题，制约了政治监督效能的发挥。政治监督的方式方法还比较单一，还是听取汇报、查看台账资料、个别谈话等三大传统的常规途径，粗放式的多头重复监督、过多过滥的检查考核都容易造成以形式主义对付形式主义，监督效果大打折扣。

（四）信息公开力度、广度和深度还有待增强

我国政治监督的支柱可分为两大类，一类是党和国家政权内的制度支柱，可简称为党和国家监督体系，它属于一种内部、同体或自我监督；另一类是由公民、社会组织、自媒体等构成的社会和民众监督体系，属于党和国家政权外部的监督和异体监督。[①] 他们发挥作用的重要基础就是信息公开。我国党务政务公开推行多年，无论是制度建设还是实践成果都取得了较为明显的成效，有力地规范了政治权力的运行，有效地发挥了民主党派、无党派人士的民主监督及群众监督、舆论监督的重要作用。但同时我们也要看到，党务政务公开实践也存在一些普遍性问题，比如一些地方党

---

① 曾勋、何增科：《监督执纪过分依赖专门监督机构，有何风险？》《廉政瞭望》（上半月），2018（11），第27页。

委政府推进党务政务公开的内生动力不足，公开的内容不及时、不够全面，公开的质量、透明度不高，公开方式比较单一，出现形式主义现象等问题。作为政治监督的专责机关，地方纪检监察机关的信息公开力度还很不够。基层部门单位信息公开的积极性、主动性不高，例行式公开导致了形式主义。一些地方单向度公开，公开的内容群众看不懂，群众关切的事看不到，未建立起党员群众与基层党组织双向互动机制；一些地方公开内容、方式单一，例行式公开代替了日常公开，公开没有新意，群众也不愿意看，成为贴在公布栏上的“摆设”；一些地方公开信息主观随意性大，存在选择性公开的问题，认为不会带来不必要麻烦的就公开，易产生分歧的就不公开。信息公开不及时、不透明，“犹抱琵琶半遮面”，严重影响了群众监督、社会监督和舆论监督，特别是重大突发性事件发生时，更容易造成人民群众的恐慌，对党和政府产生信任危机。

第三节　推进政治监督具体化、精准化、常态化

政治监督是马克思主义政党的本质要求，也是党自我革命的重要实践。政治监督不是抽象的、空泛的，而是具体的、实在的。面对新发展阶段的“两个大局”，党的二十大报告强调：“推进政治监督具体化、精准化、常态化，增强对‘一把手’和领导班子监督实效。”[①] 面对国际国内新发展形势，习近平总书记在二十届中央纪委二次全会上强调，政治监督是督促全党坚持党中央集中统一领导的有力举措，要在具体化、精准化、常态化上下更大功夫。推进政治监督具体化、精准化、常态化是马克思主义政

① 习近平：《高举中国特色社会主义伟大旗帜 为全面建设社会主义现代化国家而团结奋斗——在中国共产党第二十次全国代表大会上的报告（2022年10月16日）》，人民出版社，2022，第66页。

党发展的内在要求，是推进全面从严治党向纵深发展的自我革命要求。

一、推进政治监督具体化、精准化、常态化的基本内涵

党的十八大以来，党中央在全面从严治党实践中不断深化了对政治监督规律性的认识。政治监督不是抽象的概念、空泛的口号，是具体的、实践的，必须做细做实，在日常工作中找到做细做实的有效载体和具体抓手，有机融入日常监督中。

（一）政治监督具体化

任何事物的发展都不可能一蹴而就，马克思主义政党建设是个动态的历史发展过程。政治监督以“两个维护”为本质要求，党中央决策部署到哪里，政治监督就要跟进到哪里。而党在不同时期和发展阶段的工作重点和自身建设实践面临的环境、问题不同，党中央作出的决策部署也不同。因此，政治监督的内容、方式、载体等也必须适应党的建设和国家治理的发展变化。

政治监督有着明确的目标任务、丰富内涵和具体着力点。党中央决策部署到哪里，监督检查就要跟进到哪里。这不是一句空话、口号。政治监督具体化就是要与中央对标对表，结合部门单位实际，细化政治监督的具体内容、方式、载体、机制等，增强政治监督的操作性、科学性与实效性。要聚焦贯彻落实习近平总书记重要指示批示精神，深入学习领会，找准监督的方向，把握监督的重点，制定监督的措施，实行清单式推进、台账式管理，层层压实各方责任，明确地方的属地责任、党委（党组）主体责任和纪检监察机关的监督责任。要聚焦党的二十大精神，紧盯党的二十大报告所提出的重大战略、重大任务和重大举措，强化全程监督、跟进监督，推动把学习宣传贯彻党的二十大精神落实到具体工作实践中。要全面梳理违法违纪案件中暴露的重大风险隐患问题，进行专项监督、专项整治，及时发现和纠正政治偏差，对各种偏离、背离政治方向的现象精准用好问责利器，促进形成自觉对标对表、积极履职尽责的良好氛围。要创新监督方式方法，常态化开展政治监督谈话、廉政教育，推进清单式、联动式、专

项式、嵌入式监督方式，不断健全政治监督机制，将政治监督的制度优势转化为国家治理效能。

（二）政治监督精准化

精准即非常准确，一般是理工、管理类学科用语，要求其精确度、精密度。政治监督将“精准化”引入其要求，凸显出政治监督的高标准、严要求。全面建成社会主义现代化强国、实现中华民族伟大复兴，我们必须以高质量的政治监督作为坚强政治保障。

政治监督重在精准，也难在精准。政治监督精准化就是要求目标明确、针对性强，精准发现问题、精准分析问题、精准反映问题、精准推动解决问题，提升政治监督的质量和效果。一是政治监督对象要精准，突出重点，抓领导干部特别是高级领导干部这一“关键少数”。党的二十大报告明确要求，增强对“一把手”和领导班子的监督实效。2021 年发布的《中共中央关于加强对“一把手”和领导班子监督的意见》强调，把对“一把手”的监督作为重中之重。要将“一把手”作为开展政治监督的重点，强化对对党忠诚、践行“两个维护”、贯彻落实党的路线方针政策、贯彻新发展理念、落实全面从严治党主体责任、贯彻执行民主集中制等情况的监督。二是政治监督内容要精准，坚持从政治上看问题，抓好关键问题。要从党员干部的政治意识、政治立场、政治信仰、政治领导、政治能力和政治行为进行监督考量。要聚焦党中央重大决策部署和习近平总书记重要讲话重要指示精神的贯彻落实。要盯住重点人、重点事、重要岗位、关键环节和重要领域，加大监督检查力度。坚决纠治上有政策、下有对策，有令不行、有禁不止等问题，坚决纠治做选择、搞变通、打折扣、阳奉阴违、自行其是等问题，坚决纠治“低级红”“高级黑”等问题。三是政治监督问责追责要精准，要对失职失责行为准确定性，把该打的板子打准，起到警示警醒的作用，也要为敢于担当的干部担责，运用好“三个区分开来”，用好容错纠错机制，激励干部敢于担当、勇于作为、干事创业。

（三）政治监督常态化

政治监督不是针对一域一地，也不是强调一时一事，更不是一时之功。

强化政治监督，就要健全完善政治监督长效机制，将政治监督融入日常、抓在经常，做到监督常在、形成常态。

政治监督贵在坚持，常态长效化开展。政治监督常态化就是持之以恒对党中央重大决策部署要求对标对表，推动政治监督贯穿于党领导经济社会发展的全过程各方面，全过程覆盖、全链条管理、全方位履职，融入党员干部的日常工作，使党员干部养成在监督环境中工作生活的习惯。一是政治监督的长期性。有政治行为、政治活动的地方，必然会有政治监督的存在。我们党必须有大党的警醒和自觉，全面从严治党永远在路上，党的自我革命永远在路上，政治监督是巩固执政地位、提升执政能力的长期工程，长期贯穿于坚持党的全面领导过程中，贯穿于党领导的经济社会发展中，贯穿于关键人、关键领域、关键岗位中。二是监督全覆盖，使“人人”受监督成为常态。党内没有特殊部门、特殊党员，任何党员干部都不允许逃避党的“政治体检”。党章明确规定，所有地方、部门和企事业单位党组织都要接受巡视，党组织设立到哪里，巡视巡察就跟进到哪里。三是监督全过程，使“时时”受监督成为常态。对权力进行全周期管理，将监督覆盖权力运行全过程，覆盖权力运行各个环节，让权力监督无缝对接，实现有形覆盖和有效覆盖相统一。对重点监督事项跟进监督，及时发现问题、纠正落实过程中的偏差。四是责任全链条，充分发挥党的政治优势、组织优势、制度优势。党委（党组）要严格履行主体责任，实现对政治监督全面领导。纪检监察机关要严格履行监督责任，通过处理问题线索、执纪审查等活动开展政治监督，找准开展监督的切入点和服务保障的着力点。党的工作部门应当严格执行各项监督制度，加强职责范围内的政治监督工作，形成全覆盖大监督格局。

二、推进政治监督具体化、精准化、常态化要注意处理好几个方面

推进政治监督具体化、精准化、常态化是马克思主义政党建设规律使然，是全面推进党的自我净化、自我完善、自我革新、自我提高的具体要

求，也是政治监督在运行中遇到问题寻求解决的路径选择。由此，进一步推进政治监督具体化、精准化、常态化要注意处理好以下几个方面：

（一）注重实事求是，防止政治监督虚化泛化

政治问题是人的政治信念、政治方向、政治立场在社会实践活动中的行为反映，但由于其具有很强的隐蔽性，“一些政治上的两面人，装得很正，藏得很深，有很强的隐蔽性和迷惑性”[①]。在很多人看来，讲政治是务虚的，政治监督就是监督一些看不见、摸不着的东西。马克思主义唯物史观告诉我们，存在决定意识，意识又反作用于存在。人们在社会实践活动中形成的思想观念、世界观、价值观都能用来指导人们的行动，有目的、有方向、有预见地改造客观世界。党员干部的政治信念、政治立场必定要落实在具体的行为实践活动中，这样即使隐藏很深的“两面人”，最终也会露出“狐狸的尾巴”。由此，我们既不能把政治监督抽象化、虚化、程序化地走形式、走过场，抓不到问题的实质，只把政治性问题当作一般性问题处理，影响政治监督的严肃性，也不能将政治监督简而化之、泛政治化，把党内存在的一切问题都冠之以政治性问题之名，把一般性问题都当作政治性问题来处理，打击党员干部的积极性。加强政治监督，一定要掌握政治监督的职能定位，以问题为导向，具体问题具体分析，善于透过现象看本质；要与业务工作紧密结合，找准着力点，透过业务查找政治偏差，精准发现问题；要紧扣政治纪律和政治规矩，坚决打击“七个有之”，反对形式主义、官僚主义，严肃查处和纠治那些只会唱高调、空表态、装样子、搞变通等不担当、假作为的行为。

（二）聚焦基础性制度和配套具有实操性的措施办法

我们知道，党的建设以政治建设为统领，政治标准和政治要求贯穿于党的建设各个方面之中。对于党员干部的政治标准要求，在《中国共产党党内监督条例》《中国共产党纪律处分条例》《中国共产党问责条例》《中国共产党重大事项请示报告条例》《党政干部选拔任用条例》《党政

① 习近平：《努力造就一支忠诚干净担当的高素质干部队伍》，《求是》，2012（02）。

领导干部考核工作条例》等党内法规中，都有具体要求。简而言之，政治监督要监督哪些内容，聚焦于五个“是否”：是否增强“四个意识”、坚定“四个自信”，是否做到“两个维护”，是否积极贯彻落实党中央重大决策部署，是否有健康的政治生态，是否能够忠诚干净担当。这可以说是提升政治监督能力的总要求、总依据，但这五个“是否”又具有高度概括性，对于普通党员干部尤其是普通群众来说还比较抽象，那如何落实到具体实践中呢？那就需要在认真研究党章党规的基础上，结合本单位本部门的实际工作需要，制定本单位本部门政治建设实施办法，将政治建设要求、领导干部政治标准以正面清单的形式或以问责惩罚性条款的方式一一列举出来。这样，党员干部在工作实践中提高政治觉悟、提升政治能力就有了明确的目标、方向，能够对标对表、精准纠偏，不断提高辨别政治是非能力，加强党性锤炼和政治历练。

（三）抓好“关键少数”与带动“绝大多数”

作为马克思主义政党内生性发展要求，加强政治监督必须坚持马克思主义两点论、重点论的统一。抓“关键少数”是党章的明确规定和党的一贯要求，监督的重点对象是党的领导机关和领导干部，特别是主要领导干部。“关键少数”的言行举止、行为活动已经超出了个体行为范畴，其代表着党的形象，对社会发展、对社会行为人特别是广大党员干部具有重要的导向、示范效应。《中共中央关于加强党的政治建设的意见》指出，加强党的政治建设，要坚持抓“关键少数”和管“绝大多数”相结合，重点是抓领导机关和领导干部，发挥其示范引领作用。因此，强化政治监督必须抓住这一“关键少数”，尤其是“一把手”这一关键中的关键。要深化政治巡视巡察，自上而下督促各级党委党组织和主要领导干部坚定政治信仰，提升政治能力，严守党的政治纪律和政治规矩；要严把选人用人的政治关，做好任前、任中、任后全过程的考察考核，坚决清除政治上的“两面人”；要健全完善督查问责机制，防止和纠正一切偏离“两个维护”的错误言行；要督促领导干部增强自我监督和自觉接受监督的主动性，自律廉洁、忠诚担当，身体力行、率先垂范。“关键少数”在“两个维护”上做表率，在工作作风、担当作为、廉洁自律上做表率，就会形成强大的“头雁效应”，更好地示范引领“绝大多数”。引领广大党员干部加强政治理论学习和政治能力训练，培养其从政治上看问题、想问题、做工作的能力，既要“低头拉车”也要“抬头看路”，切实把握好正确的方向，把党的政治规范刻在心中、落实在行动上。

（四）专责监督与党内党外监督方式联动贯通

纪检监察机关是党内监督和国家监察的专责机关，政治监督是其最根本的职责。纪检监察机关必须紧紧围绕“两个维护”，以党章党规为根本遵循，将政治纪律和政治规矩挺在前面，督促各级党员领导干部增强党性修养和政治自觉，及时发现查处违反党章党规、违背党的路线方针政策和重大决策部署的行为，坚决纠正和查处那些上有政策、下有对策，有令不行、有禁不止，阳奉阴违的“两面人”，严厉打击那些搞“山头”、组“圈子”、拉“派系”等欺骗组织、对抗组织的行为。纪检监察机关既要提升巡视巡察自上而下的政治监督效能，发挥派驻机关政治监督“前哨”“探头”作用，也要发挥党内监督体系的联动协同作用，牵住党委（党组）全面从严治党主体责任这个“牛鼻子”强化政治建设，发挥党的基层组织日常监督及党员民主监督的作用。政治监督是党委（党组）履行全面监督的首要职责，各级党委（党组）要切实担起政治监督的主体责任，加强对领导干部的日常监督，掌握其思想、作风、生活状况，对苗头性、倾向性问题早发现早提醒，防患于未然。基层党组织和领导干部要提升责任意识、担当意识，充分发挥党内政治生活制度优势，加强政治理论学习，用好民主集中制、批评和自我批评等重要法宝。党员干部要增强监督意识，敢于与无视党的政治纪律和政治规矩的行为做斗争，贯通自下而上的监督。强化政治监督，不仅要通过党内自上而下、自下而上和平行监督的结合，筑牢党内监督的政治“防风墙”，而且需要党内党外监督联动融合发展，有效发挥政治监督功能，特别是舆论监督、群众监督等社会监督作用。要深入推进党务、政务公开，畅通民主监督通道，完善党外沟通机制，善于接受不同声音，善于从群众意见中发现问题，落实好党的重大决策部署。要充分利用现代互联互通信息技术，发挥大数据作用，检视问题，内观初心，保持党的建设始终紧扣民心这个最大的政治，夯实党执政的政治基础。

三、深入推进政治监督具体化、精准化、常态化的实现路径

强化政治监督，是政党建设的必然要求，是中国共产党执政兴国的必然之道，是推进国家治理体系和治理能力现代化的必然之义。新时代加强政治监督，我们必须坚守马克思主义主阵地，以习近平新时代中国特色社会主义思想为指导，以“两个维护”为纲，把准政治方向，紧扣政治纪律和政治规矩，抓住“关键少数”，不断健全完善监督体制机制，提高政治监督制度效能。

（一）牢牢把握新时代强化政治监督的根本任务就是“两个维护”

强化政治监督要以“两个维护”为纲和魂，是根本任务和本质要求。事在四方，要在中央。在国家治理体系中，党中央是坐镇中军帐统率各方的“帅”。军中不能无主帅，否则就会散沙一片。一个国家、一个政党没有领导核心、没有领导权威，是不会有长久发展的，最终只能四分五裂、昙花一现。习近平总书记在党的十九届中央纪委四次全会上强调，要强化政治监督保障制度执行，增强“两个维护”的政治自觉，以全面从严治党新成效推进国家治理体系和治理能力现代化。

确立和维护无产阶级政党的领导核心，统一全党意志，是马克思主义建党学说的一个基本观点，其雏形在《共产主义者同盟章程》中早有体现。马克思、恩格斯在总结巴黎公社失败的教训时说：“要是巴黎公社面对资产者没有运用武装人民这个权威，它能支持哪怕一天吗？”他们痛心地指出：“难道我们没有理由责备公社把这个权威用得太少了吗？”[①] 列宁也明确地指出，工人要在全世界进行艰难而顽强的斗争以取得彻底解放，就必须有权威。正是在布尔什维克党的集中统一领导下，才建立了世界上第一个社会主义国家，为世界社会主义开辟了美好的未来。维护党中央权威

① 《马克思恩格斯选集》第三卷，人民出版社，2012，第277页。

和集中统一领导，是一个成熟的马克思主义执政党的重大建党原则。党的十一届三中全会开启了改革开放新征程，改革成为中国的第二次革命，总设计师邓小平同志指出："任何一个领导集体要有一个核心，没有核心的领导是靠不住的。"①

坚持党的领导权威，是中国特色社会主义事业的坚强支柱和最大制度优势。"两个维护"是我们党十八大以来全面从严治党的重大政治成果和宝贵经验，是党的十九大以来以政治建设统领党的建设必须坚守的政治原则，是最重要的政治纪律和政治规矩。新时代是充满机遇和挑战的时代，全党只有坚定理想信念、统一意志，才能在危机中育新机、于变局中开新局，有力推进中国特色社会主义事业和党的建设伟大工程。"两个维护"是党的最高政治原则和根本政治规矩。强化政治监督，就是要促进各级党政机关、企事业单位领导干部切实增强政治自觉，充分认识"两个维护"在党的建设及各项工作中的引领作用，以强烈的政治责任感担负起"两个维护"的根本政治任务。

（二）健全完善联动协同的政治监督组织体系

政治监督是全党的政治责任。强化政治监督，首先要建立起系统性、整体性、协同性思维，发挥各监督主体的积极性、能动性和联动性。方向决定道路，政治方向、政治信仰是一个政党生存发展所必须确立的首要问题。马克思、恩格斯在创立世界上第一个无产阶级政党时制定了《共产主义者同盟章程》，后又写出《共产党宣言》，成为激励一代代共产党人不懈奋斗的"灯塔"。政治方向、政治信仰是政治建设的根本性建设，也是加强政治建设的逻辑起点。政治监督通过发现问题、纠偏校准，保障中国共产党这艘大船行稳致远，即使经历些许的风浪考验也能够无所畏惧、乘风破浪。因此，加强政治建设、强化政治监督不是哪一个单位、部门的单兵独战，而是全党上下的共同责任担当、共同政治使命。要统一思想认识，整合党内监督力量，各司其职、各负其责、协调配合，形成监

① 《邓小平文选》第三卷，人民出版社，1994，第310页。

督合力。

其次要以主体责任带动齐抓共管。处理好政治监督主体责任与专责监督的关系，坚持落实主体责任监督在前，纪检监察机关推动各级党组织落实好管理职责，通过纪检监察机关的责任落实，形成发现问题、纠正偏差的有效机制，确保主体责任、监督责任形成合力。各级党委要担负起全面从严治党的主体责任，发挥政治监督的全面领导责任，尤其是“一把手”要担负起政治监督第一责任人的职责，重视政治监督的理论学习和全面领导，并坚守政治纪律和政治规矩，不做“假忠诚”“两面人”。各级纪检监察机关要严格履行专责监督职责，既不越权也不缺位，以专责监督协同配合党委全面监督，监督执纪问责，做好监督的后半篇文章，注重对问题整改的督导与检查。

再次要完善各监督主体的协同配合机制。加强组织监督，自上而下压实政治监督责任。从实践来看，自上而下的组织监督是最有权威且监督效果最好的政治监督，特别是上级“一把手”对下级“一把手”的监督。上级“一把手”要善于运用谈心谈话检视问题，通过实地调研多听群众意见，多一些精力关心下级“一把手”的思想、工作、生活状况，透过现象看本质，及时发现问题并加以纠偏。完善协调有效的内部沟通机制，着力推进巡视巡察的上下监督联动，健全完善巡视监督、纪律监督、监察监督、派驻监督及组织监督的统筹衔接机制。健全完善纪检监察监督、巡视监督与审计、财会、信访、统计等职能监督的协作联动机制，利用现代大数据管理消除信息孤岛，实现无缝对接，提升监督合力效能。

（三）有效提高政治监督制度执行力

在党内监督体系框架下，政治监督的谋篇布局已全面铺开，如何能够精准发力成为提高政治监督质量和效能的关键所在。政治监督从有形覆盖向有效覆盖提升，也就是要解决具体化、精准化、常态化问题。

强化政治监督要聚焦权力，以规范权力运行和制约监督为切入点和重要内容。政治是因权力而生，又围绕国家权力展开，“两个维护”的政治使命也是通过党和国家赋予的权力来保障和实现的。强化政治监督的目的就是保障受人民委托的公权力能够正确行使和规范运行，是加强和规范党内生活、创造良好政治生态的重要举措。要通过对权力运行的监督，推动权力相关部门单位及领导干部提高政治站位，行使权力要恪守党的政治规矩，把讲政治寓于业务工作中，切实把党的路线方针政策和中央重大决策部署不折不扣地落实到位。要通过对权力运行的规范和制约，推动各级党组织、党政机关领导干部切实担当起全面从严治党的政治责任，在政治监督中“唱主角”、担主责。要通过对权力的制约和监督，营造风清气正的政治生态，选好用好干部，激发党员干部积极进取、担当作为，培养具备高素质政治能力的干部队伍。

强化政治监督要以重点突破来推进全面提升，破解监督难题，提升监督质效。政治监督是党内监督的统领性监督，抓实抓具体政治监督，就要突出这四个“关键”，即关键人、关键处、关键事、关键时。强化政治监督，要紧盯“关键少数”尤其是党政“一把手”，及时发现其在工作中的政治偏差、校准纠偏。同时发挥其执行党的政治纪律、严守政治规矩的表率作用；推进政治监督向基层延伸，要向下压实政治监督主体责任，增强基层党员干部的政治意识和政治能力，把党的路线方针政策落实到“最后一公里”；要围绕党中央决策部署、党的路线方针政策的落实及地方部门重要工作部署，政治建设寓于业务工作中，善于分析工作背后的政治问题；把政治监督聚焦在换届选人用人关键时期，聚焦在国家重大事件、自然灾难等急难险重任务的关键节点上，聚焦在节假日等关键时间节点上，督促广大党员干部严明政治纪律、担当作为、廉洁自律。同时要从实际出发“量体裁衣”，确定本省市、部门、单位的政治监督的重点任务、重点对象，不能搞“上下一般粗”、各地“一刀切”。

强化政治监督，要将政治监督融入日常，抓在经常，要常态化、长效化监督。监督就是对党员干部尤其是“关键少数”的保护，要教育引导其习惯于在监督下工作生活。政治监督也并不意味着某一党员干部在政治方向、政治立场上有问题，而是要使其思想行动保持在“两个维护”上不偏离、不“抛锚”，紧紧与党中央保持一致。强化政治监督，既要重视巡视巡察自上而下监督发现问题的功能，也要发挥基层组织近距离监督、及时纠正偏差的作用。纪检监察机关要切实发挥派驻监督“派”的权威和“驻”的优势，加强对驻在单位的政治监督，确保党的路线方针政策和重大决策部署落地。党组织要多关心党员干部，掌握其思想、工作、作风、生活动态等，认真开展提醒谈话、诫勉谈话及批评与自我批评，及时纠正党员干部苗头性、倾向性问题。要定期在本单位、本部门开展政治生态的分析研判，对研判中发现的问题要分类处置、精准施策，进而严肃政治纪律和政治规矩，营造担当作为、风清气正的政治生态环境。

（四）以党务公开引领信息公开质量提升

公开是对权力最好的监督。习近平总书记在十九大报告中指出，要加强对权力运行的制约和监督，让人民监督权力，让权力在阳光下运行。信息公开按领域范围来看，有党务公开、政务公开、司法公开、企务公开、校务公开等，在基层治理中有村务公开、居务公开、财务公开等，涉及党和国家治理的方方面面。强化政治监督，把权力“晒”在阳光下，首先要推进党务公开，增强党组织工作、党的建设、党内生活的透明度，畅通渠道接受监督，同时通过党务公开，向党员干部和社会群众宣传党的路线方针政策。加强党务公开的引领功能，以党务公开带动政务、村务、企务等公开，以党内民主带动人民民主，不断提升信息公开的水平和质量，创造畅通的渠道，推动群众监督、社会监督和舆论监督。要充分利用互联网技术和信息化手段，进一步整合信息公开的平台资源和载体，消除部门间的信息孤岛壁垒，形成通畅的互联共享机制，提高监督质效。坚决落实“公开为常态、不公开为例外”，增强基层信息公开的反馈机制，及时回应党员群众的诉求，对群众的社会关切问题和热点问题，除涉及国家秘密外，最大限度地及时回应、公开，由“公开什么知道什么”转变为“想知道什么公开什么”，逐渐建立起基层组织与党员群众信息诉求的双向沟通互动机制。要加强对基层党务政务公开的考核评估，健全完善基层党务政务公开的工作考核督查机制、社会评价机制和问责机制，引进第三方机构评价，对信息公开质量和效果进行独立公正的评估。增强信息公开的日常监督、长效监督，对应公开而未及时公开、公开质量不好、效果不佳的必须予以严厉的政治问责，倒逼基层有效落实《中国共产党党务公开条例（试行）》《中华人民共和国政府信息公开条例》。

（五）严肃党内政治生活，发展积极健康的党内政治文化

“党内政治生活、政治生态、政治文化是相辅相成的，政治文化是政治生活的灵魂。”[①] 严肃的党内政治生活、积极健康的党内政治文化都是加强党的政治建设的重要内容，是我们党的优良传统和政治优势，更能为推进政治监督具体化、精准化、常态化创造良好的政治生态。

加强党的政治建设，必须把营造风清气正的政治生态作为基础性、经常性的工作。严肃党内政治生活，要着力提高党内政治生活质量。党内政治生活的质量直接关系到全体党员的政治素质培养，关系到整个部门单位的凝聚力、向心力的形成。党的二十大报告指出：“增强党内政治生活政治性、时代性、原则性、战斗性，用好批评和自我批评武器，持续净化党内政治生态。”[②] 新形势下提高党内政治生活质量提出了四个着力点——政治性、时代性、原则性、战斗性。政治性是灵魂，决定着党内政治生活的方向；时代性是生命，是党内政治生活的生机和活力；原则性是保障，是党内政治生活的准绳；战斗性是品格，是对党内政治生活的作风的重要检验。“四性”是密切相关、相辅相成的整体，是提高党内政治生活质量的标准。增强党内政治生活的政治性，要强化政治教育和政治引领，持续抓好理论武装，认真学习领会习近平新时代中国特色社会主义思想，教育引导党员干部强化政治信仰，坚定政治立场。增强党内政治生活的时代性，要坚持问题导向，紧跟时代步伐，运用互联网、大数据等现代新兴技术，创新党组织活动内容方式，增强组织生活活力。增强党内政治生活的原则性，要教育引导党员干部坚持党的思想原则、政治原则、组织原则、工作

---

① 《习近平谈治国理政》第二卷，外文出版社，2017，第181页。

② 习近平：《高举中国特色社会主义伟大旗帜 为全面建设社会主义现代化国家而团结奋斗——在中国共产党第二十次全国代表大会上的报告（2022年10月16日）》，人民出版社，2022，第65页。

原则，严格执行党的组织生活制度，提高“三会一课”质量，认真召开民主生活会和组织生活会，使党内生活严肃、庄重。增强党内政治生活的战斗性，要发扬斗争精神，坚决反对和抵制各种错误观点，敢于同党内不正之风做斗争，运用好批评和自我批评，敢于给自己揭疤亮丑，严于解剖自己，同时也能给同志提出批评意见，红脸出汗，共同进步。抓住四个着力点锲而不舍、久久为功，营造风清气正的政治生态。

全面从严治党首先从党内政治生活严起，以积极健康的党内政治文化浸润滋养。在积极健康的党内政治文化引领下，我们才能有力地增强党内政治生活的政治性、时代性、原则性、战斗性，提高党组织的创造力凝聚力战斗力，提升党员的思想觉悟和党性修养。在领导革命、建设和改革开放的百年发展历史进程中，我们党将马克思主义监督思想与中华民族优秀传统监督文化、人本思想、廉政文化、德治文化等相结合，创造了先进的党内政治文化。习近平总书记给出了党内政治文化的内涵定义，即党内政治文化是以马克思主义为指导、以中华优秀传统文化为基础、以革命文化为源头、以社会主义先进文化为主体、充分体现中国共产党党性的文化。新时代发展积极健康的党内政治文化，推动政治监督具体化、精准化、常态化，要注重广大党员干部价值观的培养，引导党员干部带头做社会主义核心价值观的坚定信仰者、积极传播者、模范践行者，坚决抵制庸俗腐朽的政治文化，大力弘扬忠诚老实、公道正派、实事求是、清正廉洁等价值观；要加强理论武装，用群众喜闻乐见的方式讲好中国故事，宣传党的创新理论，弘扬伟大建党精神、优良传统、优秀文化；意识形态是党内政治生活的重要内容和载体，要坚持马克思主义在意识形态的指导地位，牢牢掌握党对意识形态工作的领导权、主动权、管理权，增强各级党委（党组）做好意识形态工作的责任意识和敢抓敢管、敢于亮剑的斗争精神，引领党员干部坚定信念、锤炼党性，切实提高政治判断力、政治领悟力、政治执行力。

第六章

国家监察：推进监察全覆盖、监督无死角

中国特色社会主义进入新时代，随着全面从严治党的深入推进，健全党统一领导、全面覆盖、权威高效的党和国家监督体系的任务越来越迫切。2016年始，党中央从党和国家机构改革的高度，强化政党引领国家治理体系和治理能力现代化建设，推进纪检监察体制改革，作出了从试点到深化国家监察体制改革的重大决策部署。国家监察体制改革是我国政治体制的重大改革、国家监督制度的顶层设计，它着力解决行政监察覆盖范围过窄、反腐败力量分散、纪律与法律衔接不畅等问题，实现了国家监察理念、体制机制及方式方法的与时俱进，是对权力制约机制的新探索、新实践，是中国特色社会主义监督体系建设的创新发展。

第一节　国家监察体制改革发展历程

国家监察体制改革是事关全局的重大政治体制改革，是强化党和国家自我监督的重大决策部署。[①]2016 年 11 月，浙江、北京、山西三省市从体制机制、制度建设上先行先试、探索实践；一年后，在全国各地推开国家监察体制改革试点工作，各省市成立监察委员会，与同级纪律检查委员会合署办公，整合了反腐败资源力量，增强了对公权力和公职人员监督的全覆盖、有效性，实现了党内监督和国家监察的一体化运行。

一、我国国家监察体制改革历史回顾

问题是时代的声音。中华人民共和国成立以来，国家监察体制经过了一个改革发展的过程，国家监察部历经了从成立、撤销、恢复到与纪检机关合署办公，由于部分职能重合、反腐败资源分散等问题，又促使了新时代进行新一轮的改革。

如前所述，中国共产党在诞生后，就开始对党内监察体制进行探索，中共五大选举产生了历史上首个党内监察机构——中央监察委员会。中央苏区时期，我们党积极探索对苏维埃政府的监督办法，在中央执行委员会下设立的中央工农检察机构，就是我国国家监察制度的雏形。抗日战争时期，陕甘宁边区政府建立起“三三制”政权监督机制，大力推广行政督察专员制度。解放战争时期，人民监察制度在华北地区得到很大发展。1948 年华北临时人民代表大会通过《华北人民政府组织大纲》，在华北人民政

① 《习近平谈治国理政》第三卷，外文出版社，2020，第512页。

府内设人民监察机关——华北人民监察院，设人民监察委员会，为新中国行政监察制度奠定了重要基础。

中华人民共和国成立前夕，1949 年 9 月 27 日通过的《中华人民共和国中央人民政府组织法》规定，“政务院”下设“人民监察委员会”，承担行政监察职能。1954 年 9 月，政务院改为国务院，《中华人民共和国宪法》将“人民监察委员会”调整为“监察部”。1959 年在“左”的思潮冲击下，监察部被撤销。改革开放之后，纪检监察体制在逐渐恢复，1986 年 12 月 2 日全国人大常委会决定恢复并确立国家行政监察体制，设立中华人民共和国监察部。1987 年 6 月监察部正式成立，县以上各级行政监察机关也相继建立。为解决中央纪委和国务院监察部两个机构职能重复严重的问题，1993 年 1 月中央纪委和国务院监察部宣布中央纪律检查委员会与监察部合署办公，实行一套工作机构、两个机关名称，履行党的纪律检查和政府行政监察两项职能的体制。

党的十八大以来，随着全面从严治党的深入推进，“一套班子、两项职能”的纪检监察体制，越来越显示出不足与不适应的特点。2016 年 1 月，习近平总书记在十八届中央纪委六次全会上提出要进行国家监察体制改革，强调要坚持党对党风廉政建设和反腐败工作的统一领导，扩大监察范围，整合监察力量，健全国家监察组织架构，形成全面覆盖国家机关及其公务员的国家监察体系。2016 年 11 月，中共中央办公厅印发《关于在北京市、山西省、浙江省开展国家监察体制改革试点方案》，北京市、山西省、浙江省三省市先行探路。2017 年 10 月，党的十九大报告提出“深化国家监察体制改革，将试点工作在全国推开”。同年 11 月，全国各地推开监察体制改革试点。2018 年 3 月，十三届全国人大一次会议审议通过《中华人民共和国宪法修正案》《中华人民共和国监察法》《关于批准国务院机构改革方案的决定》，确立了监察委员会作为国家机构的宪法地位，设立了国家监察委员会，标志着国家监察体制改革取得重大成果，在党和国家反腐败斗争进程中具有里程碑意义，监察体制改革由试点探索迈入依法履职、持续深化的发展新阶段。

二、以鲜明的问题导向推进新时代国家监察体制改革

做好监督体系的顶层设计，既要加强党的自我监督，还必须加强对国家权力机器的监督制约。“监察对象要涵盖所有公务员。要坚持党对党风廉政建设和反腐败工作的统一领导，扩大监察范围，整合监察力量，健全国家监察组织架构，形成全面覆盖国家机关及其公务员的国家监察体系。”① 国家监察体制改革，既是面对反腐败高压态势、深入推进全面从严治党的客观需要，也是推进国家治理体系和治理能力现代化的重大举措，更是推进全面依法治国，建设廉洁政治，构建权威高效国家监督体系的必然要求。

（一）反腐败体制机制不健全，反腐败力量未形成合力

党的十八大以来，反腐败斗争形势日益严峻复杂，纪检监察体制越来越凸显出反腐败力量分散、行政监察效能不高、责任追究不够等问题。这集中体现出反腐败体制和工作机制运行不畅通，多个部门、机构反腐败职能重叠，形不成合力，造成反腐败资源严重浪费。

改革开放以来，党中央根据党风廉政建设和反腐败斗争形势的需要，不断调整着反腐败机构，承担反腐败职能的机构也越来越多，这些反腐败机构在治理和预防腐败方面发挥了重要作用。同时，随着从严管党治党的深入推进，监督监察多部门负责、过于分散，难以形成高效的反腐败力量，党和国家的监督体系越来越不适应反腐败斗争形势。承担监督监察权的机构和部门，有党内专责监督机关——各级纪委；有负责人民政府内部监督的部门，如行政监察机关、审计机关和预防腐败部门；有的部门负责人民政府外部监督，如民主监督、人大监督、司法监督；还有人民检察院内部负责监督的工作部门，如反贪污贿赂局、反渎职侵权局、预防职务犯罪局等。这样，纪委、行政监察和检察三家监督监察机关反腐败职能既分别行使，又交叉重叠，形不成合力。习近平总书记在《关于〈中共中央关于全面深化改革若干重大问题的决定〉的说明》中指出：“反腐败问题一直是

① 习近平：《论坚持全面深化改革》，中央文献出版社，2018，第232—233页。

党内外议论较多的问题。目前的问题主要是，反腐败机构职能分散、形不成合力，有些案件难以坚决查办，腐败案件频发却责任追究不够。”[①]为整合监督力量，提高监督效能，党的十八届三中全会提出全面深化改革，其中包括了“加强反腐败体制机制创新和制度保障”。国家监察体制改革就是要整合反腐败力量，理顺纪检监察体制机制，建立党统一领导下集中统一、权威高效的反腐败专门机构。

（二）权力制约和监督体制还不完善，权力还未全部关进制度的笼子里

只要有权力存在的地方，就可能有腐败的滋生。要制约和监督权力，制度建设是最为根本的、科学的。习近平总书记一直强调要把权力关进制度的笼子里，并提出一系列的重要论述，如在十八届中央纪委二次全会上指出：“要加强对权力运行的制约和监督，把权力关进制度的笼子里，形成不敢腐的惩戒机制、不能腐的防范机制、不易腐的保障机制。”[②]党的十九大报告指出，“加强对权力运行的制约和监督，让人民监督权力，让权力在阳光下运行，把权力关进制度的笼子”[③]。要求提高制度执行力，不能让制度成为摆设，形成“破窗效应”；要加强对领导干部特别是“一把手”的监督，健全党和国家监督体系；要以深化改革推进党风廉政建设和反腐败斗争，改革党的纪律检查体制，完善反腐败体制机制，增强权力制约和监督效果，保证各级纪检监察机关监督权的相对独立性和权威性。

随着反腐败斗争的深入推进，我国监察体制明显表现出行政监察覆盖范围过窄的问题，现有党和国家监督体制不能全部覆盖所有公权力，有些权力还在监督之外。从党内监督体系来看，已实现了对全体党组织和党员的监督覆盖；但从政府行政监察来看，监察对象还主要是行政机关及其工

① 《习近平著作选读》第一卷，人民出版社，2023，第171页。

② 《十八大以来重要文献选编》（上），中央文献出版社，2014，第136页。

③ 习近平：《决胜全面建成小康社会 夺取新时代中国特色社会主义伟大胜利——在中国共产党第十九次全国代表大会上的报告（2017年10月18日）》，人民出版社，2017，第67页。

作人员，而企业、城乡基层自治组织、社会组织以及有些非体制编制的非党公职人员等，这些拥有使用公权力的公职人员却在监督监察之外。特别是随着国家惠农政策力度不断加大，一些村干部滥用权力、贪污腐败等现象也随之滋生，农村小微腐败高发多发，一些非党员村干部的违纪违法问题很难得到有效处理。监督没有全覆盖，就总会有人心存侥幸、缺乏戒惧。由此，健全权力制约和监督体制机制，尤其是把党内监督和行政监察有效统一起来，把权力关进制度的笼子里，才是制约和监督权力最为有效的办法。习近平总书记强调："要通过改革和制度创新切断利益输送链条，铲除领导干部被'围猎'这个腐败'污染源'，加强对权力运行的制约和监督，形成有效管用的体制机制。"①

在权力运行体系中，一般要经过决策、执行、监督三个环节，决策是核心，执行是关键，监督是保障。只有决策权、执行权、监督权相互制约又相互协调，才能保障国家机关按照法定权限和程序行使权力。但在长期实践中，三者运行并不理想，决策、执行往往得不到有效的监督制约，尤其是对"一把手"的监督一直是重要课题。分析其原因，监督权没有实现相对独立是其重要原因。深化国家监察体制改革就是要对国家监察权力重新配置，建立自上而下的国家监察组织机构，使其成为独立于行政权力之外的相对独立的权力，提升监察独立性、权威性和覆盖度，使所有使用公权力的公职人员都纳入统一的监督范围，解决党内监督和国家监察不同步、部分使用公权力的公职人员还在监督之外等问题。

（三）依规治党与依法治国贯通机制不健全，纪法衔接不通畅

党纪国法都是管党治党、治国理政的基本依据。党纪是一个政党所规定的党员应该遵守的纪律，包括以党章为核心的党内法规和规矩。国法是指由国家立法机关制定或认可的、具有普遍约束力并由国家强制力保障实施的社会行为规范。在国家监察体制改革前，纪、法之间存在监督的空白地带，纪和法不能有效地衔接起来，造成了查办职务犯罪案件存在犯罪有

① 《习近平谈治国理政》第三卷，外文出版社，2020，第511页。

人管、违纪无人问的情况，出现带着党籍蹲监狱的现象，追究问责机制运行不畅。实现纪法贯通、推进法法衔接，统筹用好党纪国法“两把尺子”，是深化国家监察体制改革的一个重要原因。

改革前，我国反腐败斗争机构从类别上来说主要有四方面力量，人民检察院是其中之一。人民检察院下设的反贪污贿赂局、反渎职侵权局、预防职务犯罪局，具有查处职务犯罪的职能。这些反腐机构不仅与纪检机关、行政监察机关职能交叉，而且存在纪法脱节的问题。这严重影响了反腐败斗争的政治、法治和社会效果。

国家监察体制改革以纪法贯通、法法衔接为抓手，推动了纪检监察监督和司法监督有机贯通、相互衔接，凸显了全面从严治党和全面依法治国的辩证统一。法律是公民行为的底线，党规党纪对党员的要求比法律更为严格。自觉遵守党的纪律，模范遵守国家的法律法规是党员的义务。作为党员的公职人员不应仅满足于遵守国家法律，更要以遵守党章党规党纪来严格要求自己。纪在法前，纪严于法。只有积极推进党内法规同国家法律的衔接和协调，才能有效提高党内法规的执行力。国家监察体制改革就是要消除党员干部违纪违法的灰色地带、监督死角和空白，给权力涂上“防腐剂”、戴上“紧箍咒”，推进纪法贯通、法法衔接，让党员干部不敢腐、不能腐、不想腐。

三、深化国家监察体制改革的重大意义

深化国家监察体制改革是以习近平同志为核心的党中央应对新时代中国特色社会主义发展要求作出的重大决策部署，是事关全局的重大政治体制改革。十三届全国人大一次会议表决通过《中华人民共和国宪法修正案》和《中华人民共和国监察法》，成立国家监察委员会，标志着国家监察体制改革取得重大成果，在党和国家的反腐败斗争进程中具有重要里程碑意义。

（一）深化国家监察体制改革是加强党对反腐败工作集中统一领导的必然要求

东西南北中，党是领导一切的。坚持党的全面领导，是中国特色社会

主义的本质特征和最大优势。党的十八大以来，面对反腐败斗争的严峻复杂形势，党中央坚持标本兼治，以治标为主、为治本赢得时间，加大对腐败的惩治力度，以"刮骨疗毒、壮士断腕"的决心、勇气和零容忍态度，打"虎"拍"蝇"猎"狐"，全面从严治党不断取得重大新成果，使腐败的蔓延势头得到有力遏制。党的十九大对反腐败斗争形势作出重要研判，"当前，反腐败斗争形势依然严峻复杂，巩固压倒性态势、夺取压倒性胜利的决心必须坚如磐石"，提出要"深化国家监察体制改革，将试点工作在全国推开，组建国家、省、市、县监察委员会，同党的纪律检查机关合署办公，实现对所有行使公权力的公职人员监察全覆盖"①。在反腐败斗争中，由于反腐败工作多头负责、力量分散，难以覆盖全体使用公权力的公职人员等，使反腐败斗争难以有力打击腐败分子、清除腐败滋生土壤。加强党对反腐败工作的统一领导，成为深入推进全面从严治党的首要选择。

实践证明，只有党才能站在政治和战略的高度，从党和国家事业全局出发，领导人民与腐败斗争到底，最终夺取压倒性胜利。深化国家监察体制改革的根本目的就是加强党对反腐败工作的统一领导。按照党中央深化国家监察体制改革的组织路线图，首先在北京、浙江、山西三个较为典型的省市先行先试，为改革蹚路，形成可复制可推广经验。党的十九大后，在全国推开，省、市、县三级监察委员会全部组建完成。十三届全国人大一次会议通过《中华人民共和国监察法》，设立国家监察委员会，实现国家机构、党和国家监督体系重大创制，形成中国特色国家监察体制。国家监察委员会同党的纪律检查机关合署办公，实行一套工作机制、两个机关名称，履行纪检、监察两项职能，健全了党领导反腐败工作的组织体系，增强了反腐败力量，丰富了反腐败工作的措施手段，提升了腐败治理的效能。

（二）深化国家监察体制改革是健全党和国家监督体系的创制之举

深化国家监察体制改革是党中央健全党和国家监督体系的重大决策

① 习近平：《决胜全面建成小康社会 夺取新时代中国特色社会主义伟大胜利——在中国共产党第十九次全国代表大会上的报告（2017年10月18日）》，人民出版社，2017，第67—68页。

部署。党的十九届六中全会通过的《中共中央关于党的百年奋斗重大成就和历史经验的决议》，其中对党的十八大以来党中央领导深化纪检监察体制改革、完善党和国家监督体系工作作出全面总结，“党领导完善党和国家监督体系，推动设立国家监察委员会和地方各级监察委员会，构建巡视巡察上下联动格局，构建以党内监督为主导、各类监督贯通协调的机制，加强对权力运行的制约和监督”[①]。国家监察体制改革通过整合行政监察、预防腐败和检察机关等反腐败机构的工作力量，成立监察委员会，并同纪检机关合署办公，实现执纪执法贯通、有效衔接司法，推动党和国家监督体系进入系统集成、协同高效的新阶段。

党和国家监督体系是“党统一领导、全面覆盖、权威高效”的横向到边、纵向到底的监督体系，包括了纪检机关的纪律监督，监察委员会的监察监督，人大监督，政协监督及群众监督，舆论监督等。监察委员会依照《中华人民共和国监察法》和相关法律规定的履行监督、调查、处置的职责和必要的调查手段，纪委与监委合署办公，纪检监察机关履行党内监督和国家监察双重职责，既审查违纪问题，又调查职务违法、职务犯罪问题，执纪执法工作一体决策、一体运行，有效地疏通了纪法贯通的堵点，提高了监督监察的政治效应和社会影响。党和国家监督体系已经从制度探索、搭屋架梁发展到了系统集成的重要阶段，必须继续深化国家监察体制改革，加强权力制约监督，推进公权力运行法治化，消除权力监督的真空地带，压缩权力行使的任性空间。

（三）深化国家监察体制改革是推进国家治理体系和治理能力现代化的重大举措

党的十八届三中全会提出全面深化改革的总目标，即完善和发展中国特色社会主义制度，推进国家治理体系和治理能力现代化。监督是国家治理体系和治理能力现代化的重要内容。习近平总书记在十八届中央纪委六次全会上强调，“要完善监督制度，做好监督体系顶层设计，既加强党的

① 《中共中央关于党的百年奋斗重大成就和历史经验的决议》，《人民日报》，2021.11.17（06）。

自我监督，又加强对国家机器的监督”。[①] 深化国家监察体制改革是党中央面对新时代新要求，为加强党长期执政能力建设，健全完善党的统一领导的制度安排，是深化党和国家机构改革的一项重要举措。国家监察体制改革将党内监督和国家监察相统一，构建了集中统一、权威高效的监督体系，实现了党对公权力的全方位监督，实现了全面从严治党和全面依法治国的有机统一。

国家监察本质上是党和国家的自我监督，党内监督和国家监察是一体两面，不仅具有高度一致性，而且具有高度的互补性。这从我国公务员队伍结构就可以看出，我国公务员队伍中党员比例超过 80%，其中县处级以上领导干部中党员比例超过 95%。改革前，党内监督已经全部覆盖，而一部分公职人员还在行政监察之外；改革后，通过行政监察权、检察侦查权等监督权的资源整合，克服了行政监察范围太窄的缺陷，贯通了纪法衔接，有力地提高了监督效能和治理效能。纪委监委合署办公后，各级纪检监察机关履行党的纪律检查和国家监察两项职能，履行监督执纪问责、监督调查处置双重职责，党内监督和国家监察无缝衔接、同向发力，为巩固党的执政地位，保证国家机器依法履职、秉公用权，确保人民赋予的权力为人民谋幸福，释放出了 1+1>2 的治理效能。

第二节　新时代国家监察体制改革的目标和任务

国家监察体制改革适应新时代发展要求，从全面从严治党、强化党和国家自我监督出发，到健全党统一领导、全面覆盖、权威高效的监督体系的要求，不断深化改革、创新体制，走出全面深化改革、全面从严治党、全面依法治国相统一的路子，让权力在阳光下健康、有效地运行。

① 习近平：《论坚持全面深化改革》，中央文献出版社，2018，第232页。

一、加强党对反腐败工作的集中统一领导

坚持党的集中统一领导，是巩固党的执政地位、提高党的执政能力、实现中华民族伟大复兴的根本保证。国家监察体制改革是适应新时代发展形势，全面深化改革、全面依法治国和全面从严治党一体推进的重大改革成果，其根本目的就是要加强党对反腐败工作的集中统一领导。

（一）反腐败斗争必须坚持党的集中统一领导

《中共中央关于党的百年奋斗重大成就和历史经验的决议》强调，腐败是党长期执政的最大威胁，反腐败是一场输不起也决不能输的重大政治斗争。党的领导是中国特色社会主义事业的“定海神针”。坚持和加强党的集中统一领导，是深入推进反腐败斗争的根本保证。国家监察体制改革的目的就是要加强党的集中统一领导，健全党统一领导、全面覆盖、权威高效的监督体系，实现党和国家的自我监督、自我净化。党的十八大以来，全面从严治党深入推进，反腐败斗争形势一步步地从取得压倒性态势到取得压倒性胜利、到取得压倒性胜利并全面巩固，无不是在党中央集中统一领导下进行的。

进入新时代，世界大变局加速演变，国情党情也发生了深刻变化，我们党面临许多前所未有的新情况、新问题、新挑战。改革开放和社会主义现代化建设在取得巨大成就的同时，也积累了一系列的矛盾和问题，比如在党内存在不少对坚持党的领导认识模糊、行动乏力问题，存在不少落实党的领导弱化、虚化、淡化问题，有些党员干部政治信仰发生动摇，一些地方和部门形式主义、官僚主义、享乐主义和奢靡之风屡禁不止，特权思想和特权现象较为严重，一些地方、行业领域暴露出的贪腐问题触目惊心。面对党风廉政建设和反腐败斗争的严峻复杂形势，在腐败存量较大的情况下，在以习近平同志为核心的党中央的坚强领导下，坚持无禁区、全覆盖、零容忍，坚持重遏制、强高压、长震慑，坚决做到有腐必反、有贪必肃，持续保持惩治腐败的高压态势。在党的十八大后的近五年，有中管干部 280 人、厅局级干部 8600 多人、县处级干部 6.6 万人被立案审查，反腐败斗争

取得压倒性态势，腐败蔓延势头得到有效控制。同时，制度的笼子越扎越牢，在十八大后近五年内出台了《中国共产党廉洁自律准则》《中国共产党党内监督条例》《关于新形势下党内政治生活的若干准则》等80多部党内法规制度。2016年11月，中共中央决定在北京、浙江、山西三省市开展国家监察体制改革试点工作。这些反腐败斗争所取得的成就，没有党的坚强领导，将会一事无成；没有党的集中统一领导，任由腐败发展下去将会亡党亡国。

实践告诉我们，党中央必须有定于一尊、一锤定音的权威，才能把全党9900多万名党员、500多万个基层党组织牢牢地团结起来、凝聚在一起。只有党中央加强对反腐败工作的集中统一领导，深入推进全面从严治党、反腐败斗争才有了根本保障，党的领导才能够“如身使臂，如臂使指，叱咤变化，无有留难”，确保党牢牢把握反腐败斗争的主动权。

（二）国家监察体制改革是党集中统一领导的重要制度成果

国家监察体制改革是党中央集体决策作出的一项事关重大的政治体制改革。面对新时期反腐败斗争中遇到的体制机制困境，以习近平同志为核心的党中央作出了进行国家监察体制改革的决策部署，不断完善中国特色国家监察体制，实现依规治党和依法治国的有机统一，推进国家治理体系和治理能力现代化。

深化国家监察体制改革始终由党中央领导、谋划、部署和推动。中央纪委研究起草改革方案后，习近平总书记多次召开中央政治局会议、中央政治局常务委员会会议和中央全面深化改革领导小组会议专题研究，为深化国家监察体制改革提供了根本遵循。改革从试点开始，党中央成立了深化国家监察体制改革试点工作领导小组，加强对改革试点工作的指导、协调和服务。在先行先试取得重要经验的基础上，党的十九大报告作出重要研判，“国家监察体制改革试点取得实效”，要求“深化国家监察体制改革，将试点工作在全国推开，组建国家、省、市、县监察委员会，同党的纪律检查机关合署办公，实现对所有行使公权力的公职人员监察全覆盖”。党中央谋划部署的改革蓝图转化为具体的生动实践。

随后，党的十九届二中、三中全会先后对全面推开改革试点工作，修改宪法、制定监察法，设立监察机关，作出全面统筹部署。十三届全国人大一次会议，审议通过了《中华人民共和国宪法修正案》和《中华人民共和国监察法》，成立国家监察委员会，国家监察体制改革取得重要制度性成果。监察委员会的组织形式、职能定位、决策程序具体体现了党对反腐败工作实现了全覆盖、全方位、全过程领导，各级党委全面从严治党政治责任进一步强化，党领导的反腐败工作体系更加科学完备。党的十九届四中、五中全会进一步强调加强党的领导、深化纪检监察体制改革，完善监察权运行和监督机制，完善党和国家监督制度。经党中央批准，2021 年 9 月 20 日，国家监察委员会第 1 号公告公布的《中华人民共和国监察法实施条例》，是纪检监察机关推进监察法规制度建设系统集成、协同高效的重大制度成果。

在党中央领导下持续深化国家监察体制改革。党的二十大报告提出明确要求，“健全党统一领导、全面覆盖、权威高效的监督体系，完善权力监督制约机制，以党内监督为主导，促进各类监督贯通协调，让权力在阳光下运行”[①]。习近平总书记在二十届中央纪委二次全会上要求纪检监察机关持续深化纪检监察体制改革，做实专责监督，搭建监督平台，织密监督网络，协助党委推动监督体系高效运转。[②]全面从严治党永远在路上，纪检监察体制改革在党的领导下持续纵深推进，保障纪检监察工作高质量发展。

（三）建立党统一领导下的反腐败机构

十三届全国人大一次会议审议通过的《中华人民共和国监察法》，确立国家监察委员会是最高监察机关，标志着我国朝着建立集中统一、权威高效的中国特色国家监察体制迈出了重要一步，将真正实现监察全覆盖、监督无死角。

---

① 习近平：《高举中国特色社会主义伟大旗帜 为全面建设社会主义现代化国家而团结奋斗——在中国共产党第二十次全国代表大会上的报告（2022年10月16日）》，人民出版社，2022，第66页。

② 《习近平在二十届中央纪委二次全会上发表重要讲话强调 一刻不停推进全面从严治党 保障党的二十大决策部署贯彻落实》，人民日报，2023.1.10。

监察委员会不是行政机关、司法机关，是实现党和国家自我监督的政治机关。《中华人民共和国监察法》规定，各级监察委员会是行使国家监察职能的专责机关。国家监察委员会由全国人民代表大会产生，省、市、县、区设立监察委员会，依法行使监察权。监察委员会依法履行三项职责：一是监督，对公职人员开展廉政教育，对其依法履职、秉公用权、廉洁从政从业以及道德操守情况进行监督检查。二是调查，对涉嫌贪污贿赂、滥用职权、玩忽职守、权力寻租、利益输送、徇私舞弊以及浪费国家资财等职务违法和职务犯罪行为进行调查。三是处置，对违法的公职人员依法作出政务处分决定，对履行职责不力、失职失责的领导人员进行问责，对涉嫌职务犯罪的，将调查结果移送人民检察院依法审查、提起公诉，向监察对象所在单位提出监察建议。监察委员会被赋予12项调查措施，包括谈话、讯问、询问、查询、冻结、搜查、调取、查封、扣押、留置等。监察委员会在注重监督的基础上，既要调查职务违法犯罪行为，也要作出相应处置，提出监察建议等。

反腐败是一项系统工程，不能“九龙治水”。监察委员会与党的纪律检查机关合署办公，构建起党统一领导下的反腐败工作体制机制，实现了在党的直接领导下对所有行使公权力的党员干部、公职人员监督全覆盖，实现了党内监督和国家机关监督、党的纪律检查和国家监察的有机统一。《中华人民共和国监察法》对监察委员会监督调查处置职责的规定，与党章规定纪委监督执纪问责职责相一致，确保与纪委合署办公的监委在职责上与纪委的高度匹配性。纪委监委合署办公，不仅有效地破解了反腐败体制机制不畅、资源力量分散的困境，避免了在实际工作中的混乱和职责发散等问题，而且把执纪和执法有效地贯通起来，形成了反腐败斗争的强大合力。

二、实现对公权力监督全覆盖

监督是对权力正确运行的根本保证，哪里有权力，哪里就要有监督。构建集中统一、权威高效的中国特色国家监察体制，是党中央对管党治党经验的深刻总结，是党中央准确研判新时期反腐败斗争形势后所作出的重大决策。国家监察体制改革的任务就是要对所有行使公权力的公职人员监察全覆盖。

（一）所有使用公权力的公职人员监察全覆盖

1993年，党中央依据当时发展形势作出决策，中央纪委和国家监察部合署办公，一套工作机构，履行党的纪律检查和政府行政监察两项职能的体制，把分散的反腐败力量集合起来。第八届全国人大常务委员会第二十五次会议通过《中华人民共和国行政监察法》并于2010年对该法进行修改审议。《中华人民共和国行政监察法》规定，对国家行政机关及其公务员和国家行政机关任命的其他人员实施监察。随着经济社会的发展，纪检监察机关在党风廉政建设和反腐败工作发挥重要作用的同时，也越来越显现出了存在监督漏洞、监督空白地带等问题。纪检监察对象并没有将使用公权力的公职人员全部覆盖，还有相当一部分公权力行使者在党内监督和行政监察之外，如人大、政协、检察院、法院中的非党员公职人员，民主党派机关中的非党员公职人员，村（社区）非党员村干部。他们在行使公权力时情节较轻的违规行为、廉洁问题，用法律处理还够不上，用党纪处理也不适合，责任难以追究，日常更缺乏相应的专门机关监督。

为整合反腐败斗争力量，将所有使用公权力的公职人员纳入监察范围，党中央组建各级监察委员会，与纪委合署办公，扫除公权力监督盲区、死角，实现党内监督和国家监察的有机统一。《中华人民共和国监察法》规定，监察机关对六种公职人员和有关人员进行监察：一是中国共产党机关、人民代表大会及其常务委员会机关、人民政府、监察委员会、人民法院、人民检察院、中国人民政治协商会议各级委员会机关、民主党派机关和工商业联合会机关的公务员，以及参照《中华人民共和国公务员法》管理的人员；二是法律法规授权或者受国家机关依法委托管理公共事务的组织中从事公务的人员；三是国有企业管理人员；四是公办的教育、科研、文化、医疗卫生、体育等单位中从事管理的人员；五是基层群众性自治组织中从事管理的人员；六是其他依法履行公职的人员。

《中华人民共和国监察法》将依法监督“狭义政府”转变为依法监督

“广义政府”行使公权力的公职人员，填补了监督对象上的空白。其中，专设“监察程序”一章，从审批权限、操作规范、调查时限等方面，对监督、调查、处置工作程序作出规定，特别是对留置措施规定了严格的程序和界限条件，切实保护了被调查人的合法权益。

（二）强化了党对权力的全方位监督

没有监督的权力，必然滋生腐败。新时代加强党的全面领导，必须强化对权力运行的全过程、全方位的制约和监督。国家监察体制改革，依法建立党统一领导的反腐败工作机构，构建集中统一、权威高效的国家监察体系，强化了党对权力的制约和监督。

党内监督和国家监察的一体化，实现了对政府机关的全面监督。党的十八大以来，党中央站在国家治理体系和治理能力现代化的高度，健全党和国家监督体系，从党内监督全覆盖破题，通过深化国家监察体制改革，整合机构、完善职能、创新制度，把监督对象从党员、干部拓展到所有行使公权力的公职人员。纪律检查机关和监察机关合署办公后，依据党章党规党纪和宪法法律法规“两把尺子”，执纪执法贯通，既强化党内监督，用纪律管住党员干部，又深化国家监察，确保公权力为人民服务，达到政治效果、法律效果和社会效果的统一。纪检机关作为党内监督的专责机关，坚持纪在法前、纪严于法，充分运用监督执纪“四种形态”，既抓早抓小，惩前毖后、治病救人；又严厉惩治极少数，刮骨疗毒、去腐生肌。监察机关坚持实事求是，依法履行监督、调查、处置职责，监察国家机关和公务人员在遵守和执行法律法规中的问题；结合查办案件，帮助发案单位堵塞漏洞、建章建制，发挥“亡羊补牢”的执法预防功能，实现对国家机关及公权力部门工作人员勤政廉政监督的全覆盖。

党内监督和国家监察一体化，提升了对党组织和党员干部的监督层次，加大了监督力度。加强党的建设、深入推进全面从严治党，最根本的是打铁必须自身硬、加强党内监督。深化国家监察体制改革的目的正是完善党和国家的自我监督，不断增强自我净化、自我完善、自我革新、自我提高的能力。我们党是拥有9900多万党员的世界第一大党，80%的公务员、

95% 以上的领导干部都是共产党员。党要管党，从严治党，管和治都包含了监督。虽然在国家监察体制改革前党内监督已经实现了全覆盖，但在处理职务犯罪、追究处分时纪法衔接不畅，出现了“以纪代刑”“带着党籍蹲监狱”等现象，削弱了反腐败斗争的政治效果和社会效果。深化国家监察体制改革，建立起党统一领导下的国家反腐败机构，不仅加强了党的集中统一领导，而且有利于提升党自身建设的质量，完善党内监督体系。党的执政地位，决定了党内监督在党和国家各种监督形式中是最基本的、第一位的，党内监督全覆盖必然要求实现对所有行使公权力的公职人员的监察全覆盖，强化党和国家的自我监督。监督国家公务员正确用权、廉洁用权是党内监督的必然要求。以党内监督为主导，推动党的自我监督引领和其他监督贯通，健全党和国家监督体系，不断增强党自我净化、自我完善、自我革新、自我提高能力。

三、实现全面深化改革、全面依法治国和全面从严治党有机统一

全面深化改革、全面依法治国和全面从严治党是在党的十八大提出全面建成小康社会战略目标的基础上，提出的三大战略举措。国家监察体制改革促进了全面深化改革、依规治党和依法治国的深度融合。

全面深化改革、全面依法治国和全面从严治党从提出的时间顺序来看，是在十八大后不同场合陆续提出的。2013 年 11 月，党的十八届三中全会审议通过了《中共中央关于全面深化改革若干重大问题的决定》，党中央作出全面深化改革的决定，并对全面深化改革作了整体规划，制定了时间表、任务图。2014 年 10 月，党的十八届四中全会审议通过了《中共中央关于全面推进依法治国若干重大问题的决定》，作出了全面推进依法治国的决定，并提出全面推进依法治国的总目标和重大任务。2014 年 10 月 8 日，习近平总书记在党的群众路线教育实践活动总结大会讲话中首次提出全面推进从严治党。从党要管党、从严管党治党到全面从严治党，贯穿于党的十八大以来党中央治国理政、党的建设伟大工程的全过程。在此

基础上，2014 年 12 月，习近平总书记在江苏调研考察时提出了“四个全面”，即协调推进全面建成小康社会、全面深化改革、全面推进依法治国、全面从严治党，推动改革开放和社会主义现代化建设迈上新台阶。2015 年 2 月 2 日，习近平总书记在省部级主要领导干部学习贯彻党的十八届四中全会精神全面推进依法治国专题研讨班开班式上，把“四个全面”定位为党中央治国理政的战略布局。2017 年 10 月，党的十九大将“四个全面”战略布局纳入习近平新时代中国特色社会主义思想。2020 年 10 月底，随着全面建成小康社会取得决定性进展，党的十九届五中全会对“四个全面”战略布局作出新的表述，将“全面建成小康社会”调整为“全面建设社会主义现代化国家”。战略有了新目标，战略举措始终坚定不移。

全面深化改革、全面依法治国和全面从严治党相辅相成，国家监察体制改革是全面深化改革、全面依法治国和全面从严治党的有机统一。改革前，随着反腐败斗争的深入推进，反腐败力量分散、纪法衔接不畅等体制机制问题越来越突出。在中央全面深化改革领导小组会议上，党中央作出了将监察体制改革纳入全面深化改革总体部署的决定。2016 年 1 月，习近平总书记在十八届中央纪委六次全会上指出，要坚持党对党风廉政建设和反腐败工作的统一领导，扩大监察范围，整合监察力量，健全国家监察组织架构，形成全面覆盖国家机关及其公务员的国家监察体系。这项推进政治体制改革的重大举措，加强了党对反腐败工作的统一领导，为夺取反腐败斗争压倒性胜利奠定了坚实基础。国家监察体制改革不仅解决了处理腐败案件过程中纪律和法治衔接不畅的问题，而且总结了改革成果，制定了《中华人民共和国监察法》，国家监察法赋予监察委员相关职责权限和调查手段，用留置取代“两规”，解决了反腐败工作长期困扰的法治难题，中国特色社会主义法治建设取得了重大进步。我们党全面领导、长期执政，最大的危险和挑战是权力腐败、脱离群众。深化国家监察体制改革将监察对象扩大到所有行使公权力的公职人员，纪委监委合署办公，构建起集中统一、权威高效的监察体系，使依规治党和依法治国、党内监督和国家监察有机统一，进一步完善了党和国家监督体系，推动全面从严治党向纵深发展。

第三节　中国特色监督的创制之举

《中华人民共和国监察法》由十三届全国人大一次会议审议通过，标志着国家监察体制改革取得的制度成果以国家立法的形式固定下来，党中央的政治主张上升为国家意志，中国特色社会主义国家监察体制正式形成。深化国家监察体制改革是中国特色监督的创制之举，是加强党和国家自我监督的制度探索，是对中国传统监察文化的传承，是对中国监察制度的发展，是对权力制约监督体制的探索。

一、理念创新：纪法贯通推进党和国家自我监督

理念是行动的先导，问题是理念变革的基础。国家监察体制改革是党中央基于反腐败斗争中遇到的反腐败力量分散、行政监察范围太窄和纪法衔接不畅等问题，从国家机构改革的高度作出的重大政治决策。

（一）国家监察是党和国家的自我监督

自我监督是一种自我管理的方式，是依靠自觉、自律遵守自己设定的规则制度，来达到自我管理、自我提升的目标。国家监察是对行使公权力的公职人员最直接、最有效的监督，本质上属于党和国家的自我监督。宪法修正案明确规定，“中华人民共和国各级监察委员会是国家的监察机关”。监察委员会是实现党和国家自我监督的政治机关，其性质和地位都不同于行政机关、司法机关。

国家监察全面填补国家监督的空白。国家监察由行政监察发展而来，但监察范围又宽于行政监察。改革前，行政监察是行政机关内部专设的监察机关，监察对象主要是行政机关的工作人员。改革后，国家监察是属于

国家系统内部专设的监察机关，监察对象包括了行政机关、立法机关、司法机关等所有行使公权力的公职人员，以法律为尺子，保证国家机器依法履职、秉公用权。监察委员会作为国家政治机关，与立法机关、行政机关、司法机关分属于不同的系统，政治属性是第一属性、根本属性，必须始终把讲政治放在第一位。

构建集中统一、权威高效的监察体系。国家监察体制改革通过整合行政监察部门、预防腐败机构和人民检察机关查处贪污贿赂、失职渎职以及预防职务犯罪等部门的工作力量，建立起国家、省、市、县四级监察委员会。国家监察委员会由全国人民代表大会产生，负责全国监察工作，对全国人大及其常委会负责并接受其监督。地方各级监察委员会由各级人大产生，并对人大负责、接受其监督。建立集中统一、权威高效的国家监察体系，有利于充分发挥党的领导核心作用。

监察委员会与纪律检查委员会合署办公，从组织形式、职能定位、决策程序上将党对反腐败工作的集中统一领导具体化。作为党内监督的专责机关，党的纪律检查机关承担着对所辖范围内党组织和党员，特别是领导干部遵守党章党规党纪、贯彻执行党的路线方针政策情况进行监督检查的重大任务。党的执政地位决定了党内监督在党和国家监督体系中是第一位的，以党内监督带动其他监督形成合力。纪检监察机关合署办公后，不仅进一步健全了党领导反腐败工作的组织体系，而且以党内监督带动国家监察和其他监督，增强了党的权威性、向心力、凝聚力，从而更好地巩固党的执政根基。

（二）以法治思维和法治方式惩治腐败

反对腐败，建设廉洁政治，是我们党一贯坚持的鲜明政治立场。在全面依法治国条件下，深入推进反腐败斗争必须坚持法治思维和法治方式。国家监察体制改革的一个重要目标任务就是推进反腐败斗争法治化、规范化，为新时代完善和发展中国特色社会主义制度、推进全面从严治党提供制度保障。

坚持用法治思维、法治方式反腐败始终贯穿于党深入推进国家监察体制改革中。习近平总书记在十八届中央纪委二次全会上强调，要善于运用法治思维和法治方式反对腐败，加强反腐败国家立法，加强反腐倡廉党内法规制度建设，让法律制度刚性运行；在党的十八届四中全会提出，加快推进反腐败国家立法，完善惩治和预防腐败体系，形成不敢腐、不能腐、不想腐的有效机制，坚决遏制和预防腐败现象；党的十九大报告明确提出深化国家监察体制改革，将试点工作在全国推开，组建国家、省、市、县监察委员会，同党的纪律检查机关合署办公，实现对所有行使公权力的公职人员监察全覆盖。制定国家监察法，依法赋予监察委员会职责权限和调查手段，用留置取代“两规”措施。随着反腐败斗争和国家监察体制改革的深入推进，党中央通过顶层设计制定了《中华人民共和国监察法》以及与之相配套的《中华人民共和国公职人员政务处分法》《中华人民共和国监察官法》《中华人民共和国监察法实施条例》等，修改了刑法、刑事诉讼法，扎紧扎牢预防和治理腐败的法制“笼子”。

以国家立法的形式将党对反腐败工作集中统一领导的体制机制固定下来。2018 年 3 月，十三届全国人大一次会议表决通过《中华人民共和国宪法修正案》和《中华人民共和国监察法》。《中华人民共和国宪法修正案》将“中国共产党领导是中国特色社会主义最本质的特征”增写入宪法“总纲”，以国家根本法的形式确保党总揽全局、协调各方的领导核心地位。《中华人民共和国宪法》的“国家机关”一章中增加了“监察委员会”一节，以根本法的高度为监察权、监察机构和监察制度提供了依据，确立了监察委员会国家机关的法律地位。《中华人民共和国监察法》是反腐败国家立法的基础性法律，为新时代坚定不移推进全面从严治党和全面依法治国提供了重要保障。国家监察立法实现了对所有行使公权力的公职人员的监察全覆盖，有效地整合了反腐败资源力量，并通过法律把党对反腐败工作集中统一领导的体制机制固定下来，为反腐败工作开创新局面提供了有力的法治保障。国家监察体制改革作为一项党领导的重大政治改革，将党的主张上升为国家意志，转变为法律制度，实现了组织创新、制度创新，确立了中国特色国家监察体制，推进了中国特色社会主义法律体系的健全完善。

健全权威高效的国家监察体系，深入推进反腐败工作法治化、规范化。监察委员会作为国家监察的专责机关，将改革前的行政监察部门、预防腐败机构和检察机关查处贪污贿赂、失职渎职以及预防职务犯罪等部门的反腐败工作力量整合起来，拥有宪法和法律赋予的监督权、调查权和处置权，把执纪和执法贯通起来，形成了监督处置合力。国家监察是一种刚性的监督，是宪法这一根本大法赋予的监察职责，其依法行使职权的行为具有国家强制力，所有行使公权力的公职人员作为监督客体必须依法接受纪检监察机关的监督，否则就要为其行为承担相应的法律责任。深入推进国家监察体制改革，《中华人民共和国公职人员政务处分法》《中华人民共和国监察官法》《中华人民共和国监察法实施条例》等相关配套法律法规的陆续出台，更是进一步规范了监察机关职责和权限，完善了监察权运行的法律程序，为改革持续深化提供了法治保障。同时，修改了《中华人民共和国刑法》，使贪污受贿犯罪的定罪量刑标准进一步完善，加大对行贿犯罪的处罚力度；修改了《中华人民共和国刑事诉讼法》，完善与《中华人民共和国监察法》的衔接机制，保障了国家监察体制改革的顺利进行。从深化国家监察体制改革的整个过程来看，从《中华人民共和国宪法修正案》确立监察委员会的法律地位、制定《中华人民共和国监察法》，到依法赋予监察委员会职责权限，并用留置取代“两规”措施，再到赋予监察机关十二种调查权限和手段，并强调运用这些手段必须经过严格审批，都体现着党和国家以法治思维和法治方式惩治腐败的水平不断提升。

（三）依法治国与依规治党有机统一

依规治党是中国共产党管党治党的基本原则，是中国共产党安身立命的基本遵循。依法治国必须把党的领导贯穿落实到全过程、各方面，依法治国必须坚持依规治党。党的十九大报告在推进依法治国的方略中要求必须坚持“依法治国和依规治党有机统一”[①]，依法治国和依规治党是辩证统一的。

---

① 习近平：《决胜全面建成小康社会 夺取新时代中国特色社会主义伟大胜利——在中国共产党第十九次全国代表大会上的报告（2017年10月18日）》，2017，第22页。

国家监察体制改革是依法治国和依规治党有机统一的充分体现。作为执政党，中国共产党必须加强党内监督，实现党内监督全覆盖，保持党的先进性、纯洁性，提升党的执政能力和水平，以共产主义信仰引领中华民族伟大复兴。同时，中国共产党必须通过法定程序和方式，实现对所有行使公权力的公职人员的监督，以实现对权力的制约和监督，扎牢党的执政根基。党的十八大以来，党中央在总结全面从严治党、加强党内监督系列改革成果的基础上，通过深化国家监察体制改革，把党内监督覆盖不到的行使公权力的公职人员纳入监察范围，构建起集中统一、权威高效的监察体系，实现纪与法的有效衔接，进一步完善了党和国家监督体系，实现了依规治党和依法治国、党内监督和国家监察的有机统一。国家监察体制改革是党深入推进全面从严治党，对权力运行和监督制约体制的新探索，是实现党自我净化、自我完善、自我革新、自我提高的重大制度创新。

二、组织创新：组建党统一领导下国家反腐败工作机构

组织建设是党的建设的重要基础。国家监察体制改革从试点省市开始组建监察委员会，到组建国家监察委员会，并与纪检部门合署办公，形成了党统一领导下的国家反腐败工作机构，构建起了党统一领导、全面覆盖、权威高效的国家监察体系。

（一）组建国家监察委员会，中国特色社会主义监察体系确立

十三届全国人大一次会议审议通过《中华人民共和国宪法修正案》和《中华人民共和国监察法》，组建国家监察委员会，产生国家监察委员会领导人员。这意味着从中央到地方的四级监察体系已经形成，中国特色社会主义监察体系正式确立。

监察委员会是国家权力机关设立的监督机关，是党和国家自我监督的国家监察机关，被赋予国家监察职责，并依法运行。《中华人民共和国宪法修正案》在国家机关中增加了监察委员会，对国家监察委员会和地方各级监察委员会的性质、地位、名称、人员组成、任期任届、领导体制、工作机制等作出规定。国家监察体制改革作为重大政治体制改革，改变了我国国家政

治权力的结构，由“一府两院”变为“一府一委两院”。监察委员会不是行政监察机关、司法机关，而是实现党和国家自我监督的国家政治机关。

监察委员会是行使国家监察职能的专责机关，其监督是具有强制力的刚性监督。《中华人民共和国监察法》中规定，各级监察委员会是行使国家监察职能的专责机关，依照本法对所有行使公权力的公职人员进行监察，调查职务违法和职务犯罪，开展廉政建设和反腐败工作，维护宪法和法律的尊严。这一规定明确了监察委员会的性质、地位和作用。监察委员会在党的领导下，对所有行使公权力的公职人员进行监督，调查的是职务违法行为和职务犯罪行为，而不是刑事犯罪。监察委员会整合了原来行政监察、预防腐败局及检察院反贪污贿赂局等的反腐败力量，构建起新的国家监察体系。监委与纪委合署办公，攥指成拳，形成合力，提高和强化了党和国家的监督效能，推动全面从严治党、反腐败斗争向纵深发展。

深化国家监察体制改革，国家、省、市、县四级监察委员会组建，标志着党统一领导下的国家反腐败工作机构形成。监察委员会由人民代表大会产生，对其负责、受其监督，增强了监督的独立性、权威性。国家监察委员会主管全国的监察工作，领导地方各级监察委员会的工作，在全国监察体系中处于最高地位。地方各级监察委员会对本级人民代表大会及其常务委员会和上一级监察委员会负责，并接受其监督，依法履行监督、调查、处置职责。各级监察委员会不设党组，与纪委合署办公，由各级纪律检查委员会对党中央或地方党委全面负责并报告工作。

（二）纪委和监委合署办公，实现党内监督与监察监督的融合协同

我们党长期执政最大的危险和挑战就是权力的制约和监督，党内监督和监察监督是中国特色治理体系的重要组成部分，在党和国家监督体系中处于主干位置。党内监督和国家监察一体两面，高度契合。国家监察体制改革之后，各级监察委员会同党的纪律检查机关合署办公，实行一套工作机构、两个机关名称，履行纪检、监察两项职能，实现纪委监委领导体制和工作机制的统一。这一合署办公模式，是实现党内监督与国家监察监督融合、党的纪律检查与国家监察有机统一而进行的一种制度创新，整合优化了反腐败监督体系，实现了“1+1>2”的监督效能。

党的十八大以来，党中央面对新形势新任务，深入推进党的纪律检查体制改革，创新监督执纪方式，激发体制机制活力，为深入推进党风廉政建设和反腐败斗争提供了有力的制度支撑。从2014年6月开始，按照中央《党的纪律检查体制改革实施方案》部署安排，各级纪检机关不断深化转职能、转方式、转作风，全面推进体制机制改革创新。各级纪检机关聚焦中心任务，进行内设机构改革，让纪检职责回归监督执纪问责主业；明确“两个责任”，党委负主体责任，纪委负监督责任，形成党委纪委落实党风廉政建设责任制齐抓共管合力；推动党的纪律检查工作双重领导体制具体化、程序化、制度化，保证各级纪委监督权的相对独立性和权威性，增强权力制约和监督效果。在党的纪律检查体制改革的基础上，党中央开启了国家监察体制改革试点，制定《中华人民共和国监察法》，组建四级监察委员会并与党的纪律检查委员会合署办公，构建起党和国家监督体系的“四梁八柱”。

纪检监察机关合署办公，不是单纯的“物理整合”，而是党内监督和国家监察功能互补的“化学融合”。纪律检查监督是全面从严管党治党的利器，国家监察是对公权力最直接、最有效的监督。作为执政党，实现党内监督全覆盖，必然要求对所有行使公权力的公职人员监督全覆盖，这样才能保证权为民所用、权为民所谋，实现党的初心和使命。纪检监察合署办公，成立反腐败统一领导机构，重塑了党的纪检机关和国家监察机关的关系格局。改革前，党内监督和监察监督的融合是指党的纪检机关和政府行政监察机关的合署办公；改革后，作为国家政治机关，国家监察机关由人民代表大会产生，对它负责，受它监督。党的纪检机关和具有独立法律地位的国家监察机关的合署办公，在职能上实现功能互补与融合。党的中央纪律检查委员会、国家监察委员会在党中央领导下进行工作，履行党的最高纪律检查机关、国家最高监察机关的职责。各级监察委员会和党的纪检机关代表党和国家行使监督权和监察权，合署办公后，纪检监察机关既对党组织和党员进行监督，也对行使公权力的公职人员进行监察，整合了监督力量，提高监督实效。纪检机关履行监督执纪问责职责，监察机关履行监督调查处置职责，两项职责功能互补，形成一个发现问题、纠正偏差、惩治腐败的监督闭环。纪检监察机关在履行监督职责的过程中，既严肃了党纪党规，又按照法律程序办案，走出了一条符合党情、国情的中国特色监督之路。

三、制度创新：反腐败工作走向法治化、规范化

国家监察体制改革从全面从严治党和全面依法治国相统一的战略高度，将改革成果上升为反腐败国家立法，留置取代“双规”，反腐败工作走向法治化、规范化的新境界。

（一）在国家立法层面：《中华人民共和国监察法》为反腐败立法

坚持和加强党的全面领导，关系党和国家的前途和命运。国家监察体制改革的根本目的就是坚持和加强党对反腐败工作的集中统一领导，以法治思维和法治方式惩治腐败。《中华人民共和国监察法》这一国家监察体制改革的重要制度性成果的出台，是通过国家立法的形式创新和完善国家监察制度，强化不敢腐、不能腐、不想腐制度机制，为夺取反腐败斗争不断取得胜利提供法律依据和法治保证。

《中华人民共和国监察法》作为反腐败国家立法，是一部对国家监察工作起统领性和基础性作用的法律。十三届全国人大一次会议通过的《中华人民共和国宪法修正案》，在国家机关中加入了国家监察委员会，并对监察委员会作出规定，明确了中华人民共和国各级监察委员会是国家监察机关，确立了国家监察委员会在国家机构中的宪法地位，使监察委员会于宪有据，为制定《中华人民共和国监察法》提供了宪法依据。《中华人民共和国监察法》总共有 9 章 69 条，规定了监察机关的性质、工作原则、组织、职责、监察范围和管辖、监察权限、监察程序、反腐败国际合作以及对监察机关、监察人员的监督、法律责任等，是一部对国家监察工作起统领性和基础性作用的法律。作为基本法，主要体现了几方面内容：一是加强党对反腐败工作的集中统一领导，构建了集中统一、权威高效的中国

特色国家监察体制。把分散的反腐败工作力量整合起来，建立起党统一领导下的国家反腐败机构，把反腐败斗争的领导权牢牢掌握在党的手中，强化党中央集中统一领导。二是加强了对所有行使公权力的公职人员的监督，实现国家监察全覆盖。《中华人民共和国监察法》的制定，整合了反腐败资源力量，以法律的形式全面填补国家监督空白，将公务员及参照《中华人民共和国公务员法》管理的人员，法律法规授权或者受国家机关依法委托管理公共事务的组织中从事公务的人员，国有企业管理人员，公办的教育、科研、文化、医疗卫生、体育等单位中从事管理的人员，基层群众性自治组织中从事管理的人员以及其他依法履行公职的人员等六类人员，统一纳入监察范围。三是赋予监察机关必要职权，保证监察工作的顺利进行。规定各级监察委员会是行使国家监察职能的专责机关，履行监督、调查、处置职责，并规定了监察的权限与十二项措施等。《中华人民共和国监察法》规定监察机关既调查公职人员的职务违法行为，又调查职务犯罪行为。这些都为各级监察委员会履行职责提供了基本的法律依据和保证。

制定《中华人民共和国监察法》，是深入推进国家监察体制改革，将党中央决策部署通过法律程序上升为国家大法的制度创新典范。国家监察体制改革以加强党对反腐败工作的集中统一领导为根本目的，通过制度设计充分填补了反腐败力量分散、行政监察范围过窄等监督短板，实现反腐败权力、机构、力量的统一，实现对所有行使公权力的公职人员监督全覆盖，真正把所有公权力都关进制度的笼子；通过立法的方式保证依规治党与依法治国、党内监督与国家监察有机统一，将党内监督同国家机关监督、民主监督、司法监督、群众监督、舆论监督贯通起来，不断提高党和国家的监督效能。

（二）从制度改革层面：留置取代“双规”（“双指”）

留置措施的使用是国家监察体制改革创新的标志性制度。《中华人民共和国监察法》通过了留置这一重要调查措施，解决了长期想解决而未解决的法治难题。党的十九大报告指出，“制定国家监察法，依法赋予监察委员会职责权限和调查手段，用留置取代‘双规’措施”[①]。国家监察体制改革以留置取代“双规”，是反腐败斗争党纪和国法的对接，标志着反腐败工作走向法治化、规范化的新境界，彰显了党运用法治思维和法治方式反腐败的自信。

“双规”即规定的时间、规定的地点对案件涉及问题进行说明，是中共纪律检查机关和政府行政监察机关的一种特殊调查手段。为了防止被调查人拖延时间、逃避调查，甚至串供、外逃，纪检机关在其接受检察机关调查前采取的一种党内调查和限制人身自由的措施。“双规”最早见于1990年12月9日国务院颁发的《中华人民共和国行政监察条例》。《条例》规定，监察机关在案件调查中有权“责令有关人员在规定的时间、地点就监察事项涉及的问题作出解释和说明”。1993年，中央纪委、监察部合署办公后，“双规”的适用范围进一步扩大。1994年出台的《中国共产党纪律检查机关案件检查工作条例》第二十八条第一款第三项，“要求有关人员在规定的时间、地点就案件所涉及的问题作出说明”。1997年八届全国人大常务委员会通过的《中华人民共和国行政监察法》规定，“监察机关有权责令有违反行政纪律嫌疑的人员在指定的时间、地点对调查事项涉及的问题作出解释和说明”，也就是“双指”。2010年《中华人民共和国行政监察法》新修订，第二十条规定：“责令有违反行政纪律嫌疑的人员在指定的时间、地点就调查事项涉及的问题作出解释和说明，但不得对其实行拘禁或者变相拘禁。”二十多年来，各级纪检机关坚持“少用”“慎用”原则，健全规章制度，严肃纪律要求，加强监督检查。“双规”“双指”为纪检监察机关在较短时间内有效突破案件、震慑腐败发挥了重要作用，但同时由于其并不是司法程序，且具有限制人身自由的“强制性”，难以保障被审查对象的人权，缺乏有效必要的监督，也饱受争议。2016年12月25日，全国人大常委会通过了《关于在北京市、山西省、浙江省开

① 习近平：《决胜全面建成小康社会 夺取新时代中国特色社会主义伟大胜利——在中国共产党第十九次全国代表大会上的报告（2017年10月18日）》，人民出版社，2017，第68页。

展国家监察体制改革试点工作的决定》，明确试点地区监察委可履行监督、调查、处置职责，可以采取谈话、讯问、询问、查询、冻结、调取、查封、扣押、搜查、勘验检查、鉴定、留置等12项调查措施。2017年3月，山西煤炭进出口集团有限公司原董事长郭海案件，是国家监察体制试点改革以来首例采取留置措施的案件。

留置，是监察机关调查严重职务违法和职务犯罪的重要手段。最早是在《中华人民共和国人民警察法》中，强制违法犯罪嫌疑人到案接受调查，兼具行政性和司法性的双重性质，是公安机关打击违法犯罪活动、维护社会治安的有效措施。国家监察委员会作为国家监察机关，既不能按照刑事诉讼法来行使侦查职能，也不能只按照过去的《中华人民共和国行政监察法》行使一般意义上的调查职能，要行使比较全面的调查权。留置是《中华人民共和国监察法》赋予它有效履行职能一个非常重要的调查措施。党的十九大要求“用留置取代‘双规’措施”，是反腐败工作法治化、规范化的重要标志。《中华人民共和国监察法》第二十二条规定，被调查人涉嫌贪污贿赂、失职渎职等严重职务违法或者职务犯罪，监察机关已经掌握其部分违法犯罪事实及证据，仍有重要问题需要进一步调查的，经监察机关依法审批，可以将其留置在特定场所。

留置取代“双规”，将反腐败斗争从党内治理扩展向国家治理，是从严管党治党、自我净化的监督重器。国家监察体制改革将反腐败措施纳入法治轨道，通过程序的正当化来保障结果的公正性，既有利于反腐败斗争的效能提升，又能够更好地衔接司法体制，推进反腐败调查措施法治化、规范化。纪检监察机关在处理案件时运用留置措施，推进了法治反腐的治理进程，做到了预防和惩治腐败“于法有据”。

三、实践创新：将党的政治决策上升为国家意志

国家监察体制改革作为一项重大政治体制改革，党中央遵循改革发展规律，从试点向全国推开，从探索到立法，将党的主张上升为国家意志，将改革成果载入法律，构建起了中国特色社会主义监察体系，不断推进全

面从严治党、反腐败斗争向法治化、规范化道路前进。

（一）以习近平总书记关于深化国家监察体制改革系列重要讲话精神为思想引领

在国家监察体制改革整个过程中，始终由党中央领导、谋划、部署和推动，注入了习近平总书记大量的心血和精力，充分体现了党中央深入推进全面从严治党的坚强意志和政治勇气。

关于深入推进国家监察体制改革，习近平总书记发表了一系列的重要讲话和重要论述，为深化改革指明了方向，成为深化国家监察体制改革的科学思想引领。习近平总书记在十八届中央纪委六次全会上强调，要完善监督制度，做好监督体系顶层设计，既加强党的自我监督，又加强对国家机器的监督；在十八届中央纪委七次全会上强调，要积极稳妥推进国家监察体制改革，加强统筹协调，做好政策把握和工作衔接；在党的十九大报告中指出，深化国家监察体制改革，将试点工作在全国推开，组建国家、省、市、县监察委员会，同党的纪律检查机关合署办公，实现对所有行使公权力的公职人员监察全覆盖。制定《中华人民共和国监察法》，依法赋予监察委员会职责权限和调查手段，用留置取代“双规”措施；在十九届中共中央政治局第十一次集体学习时强调，深化国家监察体制改革的初心，就是要把增强对公权力和公职人员的监督全覆盖、有效性作为着力点，推进公权力运行法治化，消除权力监督的真空地带，压缩权力行使的任性空间，建立完善的监督管理机制、有效的权力制约机制、严肃的责任追究机制；在二十届中央纪委二次全会上强调，深入推进纪检监察体制改革；等等。在这一系列论述中，习近平总书记深刻阐释了深化国家监察体制改革的重大意义、根本目的、总体目标和主要任务，不仅明确了改革的目标方向，而且揭示了改革的本质属性，为深化国家监察体制改革提供了强大思想理论武器和科学行动指南。

在党中央全面领导下，国家监察体制改革经过一年多的试点推进取得重大成果。《中华人民共和国宪法修正案》和《中华人民共和国监察法》的审议通过，国家监察委员会的组建，标志着国家监察体制改革取得了重要阶段性成果，标志着我国朝着建立集中统一、权威高效的中国特色国家监察体制迈出了重要一步，将真正实现监察全覆盖，监督无死角。这是使党的主张成为国家意志，以法治思维和法治方式反对腐败的重要实践，不仅把党对反腐败工作的集中统一领导制度化、法治化，也把反腐败工作进一步纳入了规范化、法治化轨道，实现了依规治党和依法治国、党内监督和国家监察有机统一，必将大大促进国家治理体系和治理能力现代化。

（二）以党内监督全覆盖带动国家监察全覆盖

党内监督、国家监察是党和国家的自我监督。自我监督这一世界性难题被称为国家治理的“哥德巴赫猜想”，中国共产党在百年奋斗历程中找到了破解答案，即人民监督和党的自我革命。人民监督和自我革命辩证统一，人民监督是来自外部的监督，是党外向党内施压的监督；自我革命则主要发生在党组织内部，是党组织主动强化内部治理来保障党的纯洁性、先进性的监督。新时代必须以健全党内监督体系来保障党的自我革命，以党内监督带动国家监察，提升国家治理能力和治理效能。

巩固党的执政地位，提升党的执政能力，必须以党内监督带动和促进其他监督，健全完善科学管用的权力监督制约体系。党的十八大以来，面对反腐败斗争严峻复杂的局面，党中央采取了从自我革命、自我监督出发，以党内监督严肃党规党纪、推进全面从严管党治党。特别是党的十八届六中全会通过《中国共产党党内监督条例》，进一步完善了党内监督体系。构建起了党委（党组）全面监督、纪检机关专责监督、党的工作部门职能监督、基层组织日常监督以及党员民主监督的体系，通过巡视、派驻、巡察三大监督方式实现了党内监督全覆盖。但是党内监督的全覆盖并不意味着整个国家权力制约和监督达到全覆盖，还有一些公权力的使用成为“漏网之鱼”①。党中央在总结党的纪律检查体制改革经验的基础上扩大改革成果，开启了国家监察体制改革，推动权力监督全覆盖，把权力关进制度的笼子里。

---

① 《习近平关于全面从严治党论述摘编》，中央文献出版社，2021，第400—401页。

以党内监督全覆盖带动国家监察全覆盖是深入推进全面从严治党向纵深发展的必然，也是全面依法治国、推进国家治理体系和治理能力现代化的必然路径。只有将党纪与国法全面贯通，全面从严治党和全面依法治国实现有机统一，才能消除影响党长期执政的腐败大患，铲除腐败滋生的土壤，解决腐败问题这个最大危险，确保党和人民赋予的权力能够真正为民谋利益、为民谋福祉，巩固和发展党的执政基础。

（三）从局部试点到全面推进、到宪法法律确认的改革路径

作为一项事关全局的重要政治体制改革，党中央推进国家监察体制改革，始终遵循总体设计、试点先行、总结经验、全面推开的行动逻辑，确保改革取得重大突破和重要成果。

试点关乎改革的成效。习近平总书记多次在中央深改组会议上强调，试点是改革的重要任务，更是改革的重要方法。党中央按照改革的时间表和路线图，选择具有典型代表的省市北京、浙江、山西作为试点，探索国家监察体制改革路径。2016 年 11 月，中共中央办公厅印发《关于在北京市、山西省、浙江省开展国家监察体制改革试点方案》。十二届全国人大常委会第二十五次会议表决通过《全国人民代表大会常务委员会关于在北京市、山西省、浙江省开展国家监察体制改革试点工作的决定》，决定自 2016 年 12 月 26 日起施行。试点省市扛起开展监察体制改革的政治责任，各级党委（党组）担负起主体责任，书记是第一责任人，纪委是专责机关，积极稳妥地推进试点工作。按照先转隶、再成立、再挂牌原则，把行政监察部门、预防腐败局及人民检察院查处贪污贿赂、失职渎职及预防职务犯罪等部门的相关职能整合到监察委员会。监察委员会抓住人员转隶这一重点环节，通过优化配置、培训教育和思想政治工作，加快推进转隶人员的融合，推进在办案过程中处理好纪法贯通、法法衔接等问题。实践中试点地区遇到具体问题先行先试、大胆尝试。比如，北京市研究提出中央在京单位公职人员职务犯罪案件管辖原则，探索向城市副中心建设等重大项目派驻监察专员；山西省针对铁路运输单位跨省域管理的实际，积极探索合理衔接、全面覆盖、有效监察的机制和办法等。试点地区为在全国推进国家监察体制改革探索积累了丰富经验。

党的十九大对深化国家监察体制改革作出安排，由试点向全国推进。全国各地根据试点经验，成立各级监察委员会。提出《中华人民共和国宪法修正案》、出台《中华人民共和国监察法》，修改完善相关法律，组建国家监察委员会，与纪律检查委员会合署办公，构建起党统一领导、全面覆盖、权威高效的监察体系，实现对所有行使公权力的公职人员的监督全覆盖。

国家监察体制改革是以习近平同志为核心的党中央作出的重大战略决策，是党中央经过精心组织安排的重大政治体制改革，“具有鲜明的中国特色，展现了我们党自我革命勇气和担当”①，从试点到全面推开彰显了我们党坚定推动改革的信心和决心，推进国家治理体系和治理能力现代化进入新征程。

---

① 《习近平关于坚持和完善党和国家监督体系论述摘编》，中央文献出版社、中国方正出版社，2022，第56页。

第七章

监督合力：以党内监督贯通其他各类监督

党内监督在党和国家监督体系中是最基本的、第一位的，国家机关监督、民主监督、司法监督、审计监督、统计监督、群众监督及舆论监督都是党和国家监督体系不可缺少的重要组成部分。随着全面深化改革、全面从严治党深入推进，健全党和国家监督体系已由前期的夯基垒台、立柱架梁，中期的全面推进、厚积成势，进入系统集成、协同高效的新阶段。坚持党内监督的主导作用，充分发挥各类监督的专长和优势，使各类监督更加有效协同，是推进国家治理体系和治理能力现代化的重要路径。

第一节　党内监督体系的构架与建设

党内监督是各类监督发挥作用的方向引领和根本支撑。[①]党的十八届六中全会通过的《中国共产党党内监督条例》，明确提出了“党内监督体系”这一重要概念。构建严密、权威的党内监督体系是新时代深入推进全面从严治党的基础工程。

一、党内监督体系概念生成及特征

党内监督体系概念的生成不是一蹴而就的，是一个经过建党百年党内监督制度建构、锤炼、完善健全的动态发展过程。党的十八届六中全会通过《中国共产党党内监督条例》，标志着党内监督体系走向成熟，党内监督合力得到有效凝聚。

（一）党内监督体系概念生成

党内监督是指党内监督主体依据党章党规党纪，对党组织、党的领导干部和党员行使公权力过程进行评断、监视、督促、矫正、处置等，是多主体、多客体的双向监督、混合监督。党内监督体系则是指政党内部实施监督行动的监督主体、监督对象、监督机构、监督形式等诸要素的有机统一。随着全面从严治党的深入推进，党内监督制度逐步健全完善。

党内监督体系的形成是中国共产党发展历史演进的重要制度成果。党的发展历史，也是我们党对党的建设认识不断深化的过程。在领导革命、

① 吕曼：《以党内监督为主导推动健全党和国家监督体系》，《人民论坛》，2022（24），第66页。

建设和改革事业的历史进程中，党的建设每前进重要一步，我们党对党的建设的认识就更深化一步，具体体现于党纲党章、党的文件、党代会报告及党的重要会议报告中用语和内容的变化。党内监督体系概念的形成，经历了萌芽、形成、发展、成熟四个阶段，党的组织监督、党的监督、党内监督、党内监督体系等概念是党内监督体系在不同历史阶段的产物。[①]在建党初期，中国共产党关于党内监督是以党的组织监督为主的，主要表现为上级组织对下级组织和党员的监督。如在一大通过的党纲、二大通过的党章中体现了“党的中央执行委员会监督”和“地方执行委员会监督”的概念，有诸如“地方委员会的财务、活动和政策，应受中央执行委员会的监督”“工人、农民、士兵和学生的地方组织中党员人数多时，可派他们到其他地区去工作，但是一定要受地方执行委员会的严格监督”的表达。党的五大成立了监察委员会，作为党的纪律的专门监督机关。中华人民共和国成立后，中国共产党实现了执政角色的重大转变，在党的政治报告、党章及党的文件中关于党内监督的表述为“党的监督”。与“党的监督”相比，“党内监督”的概念更丰富，不仅仅是党组织自上而下的监督，而且还有纪检机关的专门监督、党员自下而上的监督，同时也有接受党外民主人士监督的思想。党的八大党章规定，“任何党员和党的组织都必须受到党的自上而下的和自下而上的监督”。党的十一届三中全会后，改革开放和社会主义经济建设对党的建设提出新挑战、新要求，“党内监督”开始代替“党的监督”在党的报告、文件中出现，也明确了党内监督的对象，“党内监督，首先是对党员领导干部的监督”[②]。党的十五大报告、十六大党章正式使用“党内监督”，从权力制约和监督来推进党内监督制度建设。2003年，中国共产党历史上第一部专门党内监督法规《中国共产党党内监督条例（试行）》出台，对党内监督的指导思想、原则及监督主体、事项、方式、责

① 朱福惠：《党内监督体系的概念生成、制度特征与实践创新》，《党内法规研究》，2022（10），第111页。

② 《中国共产党第十三次全国代表大会文件汇编》，人民出版社，1987，第119页。

任等作出系统规定，党内监督的内涵更加丰富，监督主体向基层组织延伸，监督形式更加多样化，更加注重与党外监督的结合，党内监督体系化发展雏形基本形成。

党内监督作为党的建设的关键性制度、基础性工程，体系化建设是适应新时代发展要求、提高党内监督质量、提升监督效能的必然路径。中国共产党与腐败水火不容，坚决反对腐败、建设廉洁政治是我们党一贯坚持的鲜明政治立场，我们党也从来没有停止过与各种不正之风和腐败现象做坚决斗争。但从党风廉政建设和反腐败斗争依然严峻复杂的形势来看，从严管党治党、反腐败斗争的力度和能力没有适应经济社会发展新要求和党的建设新要求。究其原因，一方面是党全面领导的权威性没有根本树立，党内存在党的领导弱化、党的观念淡化、组织松散、纪律松弛等问题，另一方面是腐败存在的顽固性、客观性，如果权力得不到有力的制约和监督，就有滋生腐败的可能。由此，党的十八大报告提出要“健全权力运行制约和监督体系”的要求。作为执政党，健全权力运行制约和监督体系必须从党内开刀，在严厉惩治腐败的同时加强制度建设，以健全党内监督体系来强身健体，解决党的领导弱化、党的建设缺失、全面从严治党不力，党的观念淡漠、组织涣散、纪律松弛，管党治党宽松软等问题。党的十八届六中全会在总结全面从严治党经验的基础上，修订了《中国共产党党内监督条例》，首次提出建立健全党内监督体系，即“建立健全党统一领导，党委（党组）全面监督，纪检监察机关专责监督，党的工作部门职能监督，党的基层组织日常监督，党员民主监督的党内监督体系”①。党的十九大对健全党和国家监督体系作出重大战略部署，要求“构建党统一指挥、全面覆盖、权威高效的监督体系”；要求深入推进国家监察体制改革，将党内监督体系和国家监察体系有效融合贯通，构建起中国特色社会主义监督体系。党的十九届四中全会通过的《中共中央关于坚持和完善中国特色社会主义制度、推进国

① 《中国共产党党内重要法规汇编》，党建读物出版社，2019，第221页。

家治理体系和治理能力现代化若干重大问题的决定》，将“坚持和完善党和国家监督体系”列为重要内容作出专门部署，要求完善党内监督体系，落实各级党组织监督责任，保障党员监督权利。党的二十大报告强调，“完善权力监督制约机制，以党内监督为主导，促进各类监督贯通协调”，并对政治监督、政治巡视作出具体要求。党的重大会议一次次地对党内监督体系建设作出重要要求，推动党内监督体系走向成熟，与国家监督体系有机结合，构建中国特色社会主义监督体系，让权力在阳光下运行，实现权为民所谋、权为民所用的共产党人初心、使命和价值追求。

（二）党内监督体系的基本特征

党内监督体系是中国共产党在加强党的自身建设百年历程中，以马克思主义权力制约与监督理论为指导，创造性地与中国革命、建设与改革开放的发展要求相适应，与党的建设任务、党内监督实践相结合，与时俱进、守正创新，不断健全完善所形成的中国特色的监督制度。

始终坚持党的统一领导。坚持党中央统一领导，既是党内监督机制正确运行的前提保障，也是党内监督施行的首要目的。从党的百年历史经验来看，什么时候党的领导坚强，党内监督就有力，什么时候党的纪律执行严明，党内政治生态就风清气正；相反，党的领导弱化，党的纪律就会松弛，党的组织涣散没有力量，腐败现象和不正之风就会严重。在建党之初，为什么在一大党纲中就要强调地方委员会要受中央委员会的监督，其根本目的就是保障党的集中统一领导。党的七大把“四个服从”写入党章，并作为民主集中制的一项基本原则，标志着从党内根本大法上规定了党的集中统一领导。党的集中统一领导、党中央领导权威是新民主主义革命、社会主义革命和社会主义建设、中国特色社会主义建设和改革开放新时期取得伟大胜利和伟大成就的政治保障，是中国人民从站起来到富起来到强起来的关键所在，更是凝聚全党、全国力量全面建设社会主义现代化强国、实现中华民族伟大复兴的坚强保障。党内监督体系的发展深化，破除了西方分权制衡的神话，更是对党集中统一领导的权力监督制约体系的健全完善。《中国共产党党内监督条例》专门增加了“党的中央组织的监督”，明确规定党的中央委员会、中央政治局、中央政治局常务委员会全面领导党内监督工作。这也意味着我们党通过对监督条例的修订，将党对监督工作的统一领导确定为党内监督体系运行的基本原则。

监督主客体权责统一。有权必有责，用权必受监督，权力监督的目的就是要保证权力正确行使。党的组织和党员既是监督主体，也是监督客体；既有监督的权利，也有接受监督的义务。党的组织之间、党员之间、党的组织和党员之间都是一种相互监督的关系，各有其监督权利与监督义务。党委（党组）对党内监督负全面监督的责任，党委（党组）对本地区本部门的监督工作履行主体责任，党委（党组）书记是第一责任人。给党委（党组）压担子、压责任，目的是要改变过去党内监督只是纪委工作责任的刻板认识，加强党委（党组）对监督工作的全面领导。纪律检查机关是专责监督机关，履行监督执纪问责的职责，由过去的专门监督机关转变为专责监督机关，虽然只有一字之差，但更加凸显了在党内监督中的政治责任和使命担当。通过纪检监察体制改革，纪检监察机关合署办公，有力地提升了党内监督的履职能力、增强了监督效能。党的工作部门是党委（党组）管党治党主体责任在不同领域的重要承担者和具体体现者，其监督职能是党委主体责任的延伸，要发挥职能优势，切实履行监督职责，如发现有党员干部和公职人员的违纪违法问题，要将问题线索移送至纪检监察机关。党的基层组织日常监督是党内监督的基础，通过严格组织生活，开展批评和自我批评，严肃党内政治生活，保障党员权利，履行党员义务。党员民主监督既是党员的权利更是党员的义务，通过批评建议、检举揭发等方式对党组织和领导干部进行自下而上的监督，形成良好的民主监督氛围。监督主体各司其职、各尽其责，相互协调、相互配合，形成党统一领导、权威高效的党内监督体系。

二、党内监督体系的“四梁八柱”

实现对权力的有效制约和监督，制度建设是最为根本的。党内监督制度是党内监督体系的重要组成部分。党的十八大以来，党中央从全面从严治党的政治高度，深入推进纪检监察体制改革，加强党内监督制度建设，使监督制度的优势充分释放出来，凝聚了党内监督合力。

（一）党内监督体系组织架构

党的十八大以来，随着全面从严治党的深入推进，党内监督制度健全完善，逐步形成了党中央统一领导、党委（党组）全面监督、纪律检查机关专责监督、党的工作部门职能监督、党的基层组织日常监督、党员民主监督的党内监督体系。党内监督体系组织架构是系统集成的综合体，包含了组织监督、同级监督和民主监督。

组织监督是党内监督的主体，既包括自上而下的上级组织对下级组织和领导干部的纵向监督，也包括同级组织之间的横向监督。党内监督工作、各级各类党的地方组织各自履行其监督职责、党的基层组织履行日常监督职责的党内纵向监督机制逐渐形成。① 自上而下的组织监督，是以党章赋予的权威为保证的监督路径，是最管用、最有效的监督方式。② 上级党组织对下级党组织负有领导责任和监督责任，要把监督管理寓于实施领导的全过程，党委（党组）履行全面从严治党的主体责任、党内监督的领导责任和全面监督责任。纪委作为党内监督的专责机关，履行监督执纪问责职责。党的纪律检查工作实行双重领导体制，即地方各级纪律检查委员会和基层纪律检查委员会在同级党的委员会和上级纪律检查委员会双重领导下进行工作。强化上级纪委对下级纪委的领导责任，查办腐败案件以上级纪委领导为主，线索处置和案件查办在向同级党委报告的同时必须向上级纪委报告。各级纪委书记、副书记的提名和考察要以上级纪委会同组织部门为主。在党的历史上，上级对下级的纵向监督是最有权威的。这是由无产阶级政党的性质和使命决定的，实现共产主义伟大事业必须坚持党的集中统一领导。新时代以中国式现代化全面推进中华民族伟大复兴，也同样

① 朱福惠：《党内监督体系的概念生成、制度特征与实践创新》，《党内法规研究》，2022（10），第119页。

② 窦克林：《为什么要强化自上而下的组织监督？》，《中国纪检监察》，2016（22），第29页。

必须坚持党的权威和集中统一领导。组织监督也包含同级组织之间的监督，如党章的第八章节“党的纪律检查机关”规定了，党的中央和地方纪律检查委员会向同级党和国家机关全面派驻党的纪律检查组，纪检组组长要参加驻地单位党的领导组织的有关会议。各级纪委要把处理特别重要或复杂的案件中的问题和处理结果，向同级党的委员会报告。

同级监督是指一个组织或部门内相同级别的领导或成员之间的互相监督。组织内部领导班子成员之间的相互监督，能够发挥及时发现问题、及时“扯袖”提醒的常态化监督优势，提高发现和解决自身问题的能力，加强权力决策、执行的制约监督。党的十八大以来，以习近平同志为核心的党中央坚定不移推进全面从严治党，推动落实党委（党组）主体责任、书记第一责任人职责、领导班子其他成员“一岗双责”、纪检机关专责监督，以党内监督深入推进全面从严治党，形成了许多有效做法和经验。同时，我们必须清醒地看到，组织内部同级监督执行起来还比较困难，尤其是对“一把手”的监督仍是弱项。由此，为解决“一把手”监督和同级监督难题，中共中央专门出台了《中共中央关于加强对“一把手”和领导班子监督的意见》。《意见》从适应新时代坚持和加强党的全面领导，提高党的建设质量的高度出发，着眼于发挥领导班子近距离常态化的同级监督优势，要求把对“一把手”的监督作为重中之重，强化同级领导班子监督，将权力关进制度的笼子，推进全面从严治党向纵深发展。

党员的民主监督是强化党内监督的基础。党员是党的肌体细胞，党员的民主监督既是党员的权利，也是党员的义务。关于党员的民主监督权利和义务、领导干部自觉接受监督的义务在《中国共产党章程》《中国共产党党内监督条例》等都有具体规定。党章第四条对党员的监督权利作出了明确规定，“在党的会议上有根据地批评党的任何组织和任何党员，向党负责地揭发、检举党的任何组织和任何党员违法乱纪的事实，要求处分违法乱纪的党员”。同时，党章又规定了各级领导干部接受监督的义务，第八条规定每个党员不论职务高低，都要接受党内外群众的监督，党内“不允许有任何不参加党的组织生活、不接受党内外群众监督的特殊党员”；

第三十六条规定，党的各级领导干部要“自觉地接受党和群众的批评和监督”。《中国共产党党内监督条例》在“党的基层组织和党员的监督”中，对党员开展党内监督的内容、方式和途径等作出明确规定，是对党章规定的细化和具体化，有利于广大党员更好地履行监督义务，更好地维护其监督权利。长期以来，党员对自己的监督权利认识不到位，很多时候只是在涉及自身利益问题时，为维护自身权益时才会使用监督权。2020 年 11 月，中共中央政治局审议通过《中国共产党党员权利保障条例》，第十一条规定“党员有党内监督权”，党员可以在提出批评建议、反映意见等方面行使监督权，并规定了监督权行使的程序、方式。党风廉政建设和反腐败斗争关乎人心向背、关乎党的生死存亡，中国共产党性质决定了要永远与腐败行为和不正之风势不两立、斗争到底。每个党员都要充分行使自己的民主监督权利、履行民主监督义务，坚决同一切不正之风和消极腐败现象做斗争，永葆共产党人政治本色，矢志不移为党和人民的伟大事业奋斗终生。

（二）党内监督制度体系建设

长期以来，党内监督不断实践探索形成了以《中国共产党章程》为根本，《中国共产党党内监督条例》为统领，《中国共产党巡视工作条例》《中国共产党纪律处分条例》《中国共产党问责条例》《中国共产党重大事项请示报告条例》《中共中央关于加强对“一把手”和领导班子监督的意见》等条例、准则、意见、规定为支撑，科学合理、务实管用的制度体系。

《中国共产党章程》是党内监督的根本依据，是我们党内最根本的党规党法，是全党的最高行为规范准则，是全体党员在思想上、政治上、组织上、作风上必须遵循的准则，是开展党内监督的根本依据。其中有近二十处提到“监督”，对坚持民主集中制，党内监督总体目标、监督重点，加强党的中央组织等方面的监督，实行巡视制度等作出了原则性要求。党的十八届六中全会通过的《中国共产党党内监督条例》就是以党的十八大修订党章为根本遵循，将其中关于党内监督的要求细化具体化，着力解决管党治党宽松软等问题。

《中国共产党党内监督条例》的出台为新形势下加强党内监督提供了

根本遵循。2003年中共中央颁布《中国共产党党内监督条例（试行）》，为新形势下加强党的领导、推进从严管党治党发挥了重要作用。党的十八届六中全会在总结党的十八大以来全面从严治党经验的基础上，为解决管党治党失之于宽松软问题，审议通过了《中国共产党党内监督条例》。《条例》以党章为依据，在试行版的基础上，围绕理论、思想、制度构建体系，围绕权力、责任、担当设计制度，以监督责任为主轴，针对不同主体，明确监督职责，规定具体制度，以实现监督主体、监督职责、监督措施的有机统一。《条例》坚持民主集中制原则，维护党的集中统一领导，强化党内监督要坚持民主基础上的集中、集中指导下的民主有机结合，充分发挥组织监督、同级监督、民主监督的监督优势。《条例》坚持问题导向，明确规定了党内监督任务、监督重点对象，要重点解决党的领导弱化、党的建设缺失、全面从严治党不力，党的观念淡漠、组织涣散、纪律松弛，管党治党宽松软问题，强化对关键少数、关键少数中的“关键少数”的监督。在监督的方式方法上，《条例》强调加强党组织的日常管理监督，把纪律挺在前面，运用监督执纪“四种形态”，以实现惩前毖后、治病救人，抓早抓小、防微杜渐。《条例》体现了时代性、创新性，为新时代开展党内监督工作提供了操作指南。

党内法规制度的出台，对监督内容、方式都有了明确规定，为实施党内监督提供了具体的制度支撑。党的十八大以来，党中央高度重视制度治党、依规治党，把加强党内法规制度建设作为全面从严治党的长远之策、根本之策，大力加强法规制度建设，取得重大进展和显著成效。坚持和加强党的全面领导，把坚持和完善党的领导制度体系摆在突出位置，制定出台《中国共产党中央委员会工作条例》《中共中央政治局关于加强和维护党中央集中统一领导的若干规定》等，强化了“两个维护”制度保障；加强党内追责问责处罚类制度建设，以处罚式清单的方式反向为加强党内监督提供了严格的制度依据，颁布了《中国共产党纪律处分条例》《中国共产党问责条例》等；为从严管理干部，针对干部选拔任用，出台了《党政领导干部选拔任用工作条例》《干部选拔任用工作监督检查和责任追究办法》《推进领导干部能上能下若干规定（试行）》等；为严肃党内政治生活，严明党的政治纪律、组织纪律和工作纪律，出台了《中国共产党重大事项请示报告条例》《领导干部报告个人有关事项规定》等；为解决“一把手”监督难问题，出台了《中共中央关于加强对“一把手”和领导班子监督的意见》等。党内法规制度体系的健全完善，为全方位、全周期监督管理党员干部，激励干部担当作为、干事创业，提供了具体的行动指南。

三、健全完善党内监督的系统性、协同性及有效性

党内监督体系是一个庞大复杂的系统，每个监督主体都是党内监督的有机组成部分，不是各自为战，而是相互作用、相互协同的有机“团队”。以党内监督为主导促进各类监督贯通协调，首先必须在党内监督上提质增效，不断提升党内监督体系的协同性、有效性和权威性，才能充分发挥党内监督在各类监督中的主导作用。

（一）推进党内监督体系上下贯通

任何系统都不是若干个部分的简单相加、机械整合，而是由相互作用、相互依赖的若干个组成部分（要素）结合且具有特定功能的有机整体。党内监督体系由党中央统一领导、多元监督主体构成，要充分发挥各监督主体的监督优势和能动性，凝聚监督合力，提升监督效能。

自上而下组织监督贯通。权力监督是一个动态的过程，权力全过程监督包括了权力授予、行使和运行结果。上级党组织决定下级组织干部的任命、使用，亦即上级组织赋权于下级组织，也就意味着上级组织不仅对下级组织负有领导责任，而且也有管理和监督义务。在党内监督体系中，从中央到地方各级组织自上而下贯彻到底的组织监督，是最主要的监督，也是最为有效的监督。加强党内监督，就是要健全党中央统一领导、党的地方组织各担其责、党的基层组织具体落实的监督组织体系。各级组织根据党内监督职责，分级授权，一级抓一级，上级“一把手”要抓好下级“一把手”，层层压实监督责任，必须注重调整优化纵向监督关系，坚持贯通上级组织对下级组织的管理和监督，抓好对党员干部特别是主要领导干部

的管理和监督，将监督贯穿于权力运行的全过程、全周期，防止权力失控和滥用。《中国共产党党内监督条例》将党的中央组织纳入监督范围，一方面有效贯通了中央到地方、基层的组织监督关系，实现党内监督无禁区，更加健全完善了党内监督体系自上而下的系统化建设，另一方面要有力发挥党中央以身作则、以上率下的示范和带动作用，发挥政治责任担当、认真履行党内监督责任。

让同级监督更严更实起来。同级之间离得最近，也最了解、最知情，同级之间监督是最为直接、经济的监督方式。监督是党组织对党员干部的一种爱护、保护。对于党组织而言，主要通过批评和自我批评，经常互相扯扯袖子、红红脸，避免小错铸成大错，达到惩前毖后、治病救人的目的；对领导干部而言，要充分认识监督没有例外，乐于接受同级监督意见、提醒，以他律促进自律，提高严格执纪、严守规矩的自觉。长期以来，同级监督一直是党内监督实践中的“老大难”。有的认为大家低头不见抬头见，抹不开面子监督，实行好人主义、“鸵鸟政策”；有的害怕影响整个部门的利益，对班子成员存在的一些问题遮遮掩掩，包庇违纪违规行为；有的则不愿意得罪人，揣着明白装糊涂。党的十八大以来，党中央提出了“两个责任”“一岗双责”，党委班子成员、部门负责人既要承担业务上的责任，还要承担全面从严治党的责任，有效地增强了领导干部互相监督的自觉。

加强自下而上的民主监督。自下而上的民主监督，是下级组织及其广大党员干部对上级组织及其领导干部的民主监督，主要以民主的方式方法以及自下而上的运行渠道进行监督。下级组织及其党员干部是民主监督的主体，上级组织及其领导干部是民主监督的客体。自下而上的民主监督与自上而下的组织监督相依而存，没有自下而上的监督，自上而下的监督自然会效能不足。但我们也要看到，两者相较而言，自上而下的组织监督是有责任主体的，即上级党委，并有一系列制度规定规范的，而自下而上的民主监督是缺少责任主体、缺少制度规约的，是监督主体的一个自觉自主的而非必然要求的行为，不行使监督权也没有相关的硬性处罚规定。党章赋予党员的揭发、检举权，“向党负责地揭发、检举党的任何组织和任何党员违法乱纪的事实”，党员如何来行使这一权利和义务是党员的自主行为。由此，党组织要通过畅通监督渠道，推进党务、政务、企务、村务的公开，定期、不定期收集下级组织及党员的意见建议，建立健全意见反馈制度等，提高下级组织、党员的监督积极性和主动性。

（二）加强各监督主体的统筹协调

党内监督体系是由党内不同主体实施监督所组成的复杂系统。监督权的有限性与监督主体角色存在交叉紧密相关。[①]党内监督不仅有自上而下和自下而上的纵向监督、部门内部组织间和组织对领导干部的横向监督，而且存在交叉监督关系。因此，监督主体之间的互动、统筹协调成为提升党内监督效能的重要路径。

加强党内监督横向系统化建设，就是要健全党委（党组）全面监督、纪委专责监督、部门职能监督、基层日常监督、党员民主监督的监督职能。深入推进全面从严治党，党内监督主体责任与监督责任是十分重要的两大责任。一是要强化党委（党组）的主体责任和全面监督责任。各级党委（党组）是党内监督工作的主要领导者，在党内监督中负主体责任，党委书记是第一责任人。强化党委（党组）特别是党委书记的政治担当，切实担负起党内监督的领导责任和全面监督责任。党中央要加强对高级干部的监督，各级党委（党组）要加强对所管理的领导干部特别是主要领导干部的监督。二是强化纪检机关专责监督职能，严格履行监督执纪问责职责。监督执纪问责，是党中央在全面从严治党条件下对纪委职责的高度凝练和准确定位。要精准有力地履行好这个“专责”，纪委也要受到监督。经过纪检体制改革，纪委成立了干部监督室，建立了纪检监察干部内控机制，解决了监督者受监督问题。三是要注重基层组织日常监督和党员的民主监督，将监督延伸到基层的每个角落，落实到每个基层组织、党员和领导干部，监督没有例外、没有特殊。

处理好党委、纪委“两个责任”的关系。党委（党组）的主体责任是前提，

---

① 蒋来用：《健全党内监督体系要理清四个关系》，《中国党政干部论坛》，2020（02），第39页。

纪委的监督责任是保障；党委履行好主体责任是核心，纪委履行好监督责任是关键。长期以来甚至在十八大后，仍有部分人认为监督只是纪委的责任。党的十八大以来，党中央确立了“两个主责”，明确了党委负主体责任，纪委负监督责任，同时进行了纪检体制改革，纪检双重领导体制由以同级党委领导为主转变为以上级纪委领导为主，强调“三为主”，从办案、调查、人事权上强化了上级纪委对下级纪委的领导，增强了各级纪委监督权的相对独立性和权威性。党委主体责任与纪委监督责任是同一责任范畴的两个侧面，不能互相替代，必须相互协调。充分发挥巡视监督、派驻监督和监察监督的优势互补，推进监督全覆盖、无死角。当前，一些部门在“两个责任”落实上还不是很给力，主要在于总有一些地方、部门党委（党组）对党风廉政建设形式重视、实质不重视；党内监督其他主体的监督主动性和积极性不高，责任担当意识不强。因此，健全完善党内监督体系，党委必须担负起主体责任，并主动统筹推动党内监督工作，纪委要发挥专责监督机关的作用，担当监督的再监督责任，各部门及其领导干部要扛起“一岗双责”，把监督主动融入权力运行中、融入日常管理活动中，切实抓好重要部门、重点岗位、关键少数的监督。

党的工作部门是党委（党组）的办事机构和职能部门，其职能监督与发挥党委（党组）监督作用有着一致性，也与基层组织日常监督密切相连。《中国共产党党内监督条例》第十六条规定，党的工作部门应当严格执行各项监督制度，加强职责范围内党内监督工作，既加强对本部门本单位的内部监督，又强化对本系统的日常监督。从一些查处的案例中我们可以看到，一些部门和单位对党员干部特别是领导干部疏于教育、管理和监督，一些党员干部党性不强，组织涣散、纪律松弛，贯彻党的路线方针政策不坚决、不全面、不到位。这些都要引起本部门党委（党组）高度重视，要发挥对基层党组织日常的教育引导和监督功能，切实增强工作部门的职能监督，增强党内监督效能。

党的基层组织是党的全部工作和战斗力的基础，是党的建设向基层组织的延伸，也是落实党的路线方针政策的“最后一公里”。哪里有党员，哪里就有党的基层组织，基层党组织遍布于农村、城市、国企、机关、高校、非公有制经济组织和社会组织。对党员进行教育、管理、监督和服务是基层党组织的重要任务之一。基层党组织对党员的日常监督抓严抓实了，党员干部身边就多了一把“戒尺”。由此，党委（党组）、党的工作部门、纪检监察机关必须重视基层党组织建设，加强基础设施和党员队伍建设，加强对基层党组织的领导和监督。

党员作为党的细胞，遍布于各个领域和不同的职能部门。党员参与监督的主动性、积极性怎样，民主监督效能如何，与各领域、部门的党委（党组）、纪委、党的工作部门的监督与基层党组织的日常监督氛围都有密切关联。健全完善党内监督体系脱离不了党员的有效参与，我们要加大党务公开力度、畅通监督渠道，弘扬党内优良传统，发扬党内民主，创造更多机会、更好氛围，让广大党员广泛参与党内事务的管理。

第二节　国家监督体系的构架与建设

国家监督是对国家机器依法履职、秉公用权的监督检查。我国的国家监督体系按照监督主体来划分，可以分为以国家机关为主体的监督、以民主党派为主体的监督和以人民为主体的监督三种监督形式。①

一、国家机关监督

国家机关是指从事国家管理和行使国家权力的机关。国家机关监督是国家机关为保障法律的切实实施所进行的监督，具体包括国家权力机关监督、行政机关监督、监察机关监督和司法机关监督。

① 赵绪生、王士龙：《健全党和国家监督体系 新时代党内监督九讲》，中国方正出版社，2018，第197页。

（一）国家权力机关监督

人民代表大会制度是我国的根本政治制度，也是我国权力制约和监督机制的基础。监督权是宪法和法律赋予全国人大及其常务委员会的重要权力。国家权力机关监督是指各级人民代表大会及其常务委员会为全面保证国家法律的实施和维护人民的根本利益，通过法定的方式和程序对由它产生并向它负责的各级国家行政机关及其组成人员实施的检查、调查、督促、纠正和处理等强制行为。作为国家权力机关，各级人民代表大会及其常务委员会的监督是最基本、涵盖面最广、层次最高的监督，体现了社会主义民主原则，是最广大人民群众行使的监督，也是人民当家作主、参加国家事务管理的重要途径。

国家行政机关、监察机关和司法机关由人民代表大会选举产生，对人民代表大会负责并受其监督。党的十八大以来，经过国家监察体制改革，组建了国家监察委员会和地方各级监察委员会，第十三届全国人民代表大会第一次会议通过了《中华人民共和国宪法修正案》和《中华人民共和国监察法》。宪法规定，国家行政机关、监察机关、审判机关、检察机关都由人民代表大会产生，对它负责，受它监督。国家监察委员会成立和《中华人民共和国监察法》出台，国家机构由原来的“一府两院”转变为“一府一委两院”。人大监督对象也由国家行政机关、审判机关、检察机关转变为国家行政机关、监察机关、审判机关、检察机关。人大及其常务委员会对“一府一委两院”的监督，既是一种制约权力、遏制腐败的重要途径，又是促进依法行政、公正执法的保障。

习近平总书记强调：“人民代表大会制度的重要原则和制度设计的基本要求，就是任何国家机关及其工作人员的权力都要受到制约和监督。”[①]人大及其常委会的监督内容包括法律监督和工作监督。法律监督是指对国家行政机关、监察机关、审判机关、检察机关执行宪法、法律的情况进行监督，以保证宪法、法律、行政法规、监察法规的实施与遵守。法律监督

① 习近平：《在中央人大工作会议上的讲话》，《求是》，2021（05）。

又包括立法监督和法律实施情况的监督，立法监督是指各级人民代表大会、县级以上地方人大常委会有权撤销本级人民政府不适当的决定和命令，县级以上各级人民代表大会有权撤销本级人大常委会不适当的决议，上级人大常委会有权撤销本级人大及其常委会不适当的决议；法律执行情况的监督，是指各级人大及其常委会通过执法检查、视察等方式，检查执法机关和执法部门执行法律法规的情况，起到督促严格执法、改进执法工作、完善立法执法措施等作用。工作监督是人大及其常务委员会对“一府一委两院”工作情况的监督，主要是通过听取审议报告、视察、执法检查等方式看其工作是否符合法律规定，是否符合人民群众的根本利益，“一府一委两院”公职人员是否尽职尽责。

（二）国家行政机关监督

行政机关的权力来自人民的授予，为促使行政机关依法行政、公正行政，推动政府治理向法治化方向发展，必须加强对行政机关、行政人员的行政行为的监督。行政机关监督是指在行政机关内部建立的对行政机关、行政行为、行政权力行使及行政人员的职务行为的监督机制，包括自上而下、自下而上和同级之间的一般监督以及专门监督。

国家行政机关在日常工作中将自上而下、自下而上和同级相互之间的层级监督贯穿其中。行政机关内部自上而下的监督，是最普遍、最权威、最有效的监督。上级机关和下级机关之间存在两种关系，一种是领导关系，上下级行政机关之间的命令与服从关系，即上级机关对下级机关有指示、命令、决定、批复等行为，有权对下级机关违法或不当决定等行为予以改变或撤销；一种是指导关系，上下级行政机关之间的一种行业或业务上的指导与监督关系。无论是上下级的领导关系还是业务指导关系，上级行政机关对下级行政机关都有监督和管理的责任义务。行政机关内部自下而上的监督，实质上是国家行政机关内部的民主监督，即由下级国家行政机关和工作人员对上级国家行政机关、领导及工作人员的监督。

为保证国家权力依法运行，国家行政系统内部设立专门监督机关对行政机关及其工作人员实行专门性监督。党的十八大以来，国家监察体制改革通过体制机制创新，整合了国家行政机关的行政监察、预防腐败机构和检察机关的相关职责，行政监察被纳入国家监察。行政机关的专门监督的主要构成是审计监督、统计监督。《中华人民共和国宪法》规定，国务院设立审计机关，对国务院各部门和地方各级政府的财政收支，对国家财政金融机构和企业事业组织的财务收支，进行审计监督。《中华人民共和国审计条例》规定，审计机关依照法律规定独立行使审计监督权，对国家行政机关的审计中发现问题、查处弊端及提出建设性意见，促使国家各项政策有效实施、依法运行。党的十八大以来，党中央高度重视审计监督，在党的十九届三中全会通过的《深化党和国家机构改革方案》，要求组建中央审计委员会，作为党中央决策议事协调机构，“加强党中央对审计工作的领导，构建集中统一、全面覆盖、权威高效的审计监督体系”，更好地发挥审计在党和国家监督体系中的重要作用。2021 年 10 月，第十三届全国人民代表大会常务委员会第三十一次会议通过新修订的《中华人民共和国审计法》。审计机关依法独立开展审计监督，不受其他行政机关、社会团体和个人的干涉，具有独立性、专业性、权威性和综合性。审计监督是对于权力制约监督、反腐败斗争的重要制度设计，通过审计相关财政资金的使用情况，可以揭露贪污舞弊、弄虚作假等违纪违法行为、严重损失浪费行为，促使政府部门依法履行职责；通过审计结果公开化，推进政府行政公开化，使权力公开透明运行；通过审计监督还可以促使政府部门提高效能。各级纪检监察机关加强与审计机关的协作，与审计机关建立健全问题线索移送等协作配合机制，拓宽问题线索来源渠道，增强监督合力。

统计部门是国家行政系统内部专设的监督机关。统计监督的主要任务是推进统计领域依规治党和依法治国的有机统一，重在规范统计领域权力运行，确保党的路线方针和各项决策部署全面贯彻落实。《中华人民共和国统计法》规定，统计部门作为国家重要的直属机构，依法担负着“对经济社会发展情况进行统计调查、统计分析，提供统计资料和统计咨询意见，实行统计监督”的责任。统计部门独立行使统计监督职能，其独立性表现为业务工作的独立，履行独立调查、独立报告、独立监督职责，而非组织机构的独立。统计部门代表国家行使监督权，监督机构和监督人员依法监督，由国家强制力保证其实施，体现国家意志。党的十八大以来，党中央高度重视统计监督，把统计监督提高到与纪律监督、组织监督、巡视监督、审计监督等同等层面来统一部署、统筹谋划、同步推进。2021 年 12 月，中共中央办公厅、国务院办公厅印发《关于更加有效发挥统计监督职能作用的意见》，要求“加快构建系统完整、协同高效、约束有力的统计监督体系”，提升统计监督有效性。

（三）国家监察机关监督

深化国家监察体制改革是以习近平同志为核心的党中央深入推进全面从严治党、健全党和国家监督体系的重大战略部署，是推进国家治理体系和治理能力现代化的一项重大政治改革。国家监察委员会依法组建，与中央纪委合署办公，标志着国家监察体制改革取得了重大制度性成果。

国家监察委员会是实现党和国家自我监督的政治机关。国家监察体制改革是一项事关全党全局的重大政治体制改革。党中央深入推进国家监察体制改革，组建国家监察委员会，使国家机构体制发生了重大变化，由原来人大领导下的“一府两院”变为“一府一委两院”，国家监察委员会成为与“一府两院”平行的政治机关。监察委员会由人民代表大会选举产生，对人民代表大会负责并受其监督。监察委员会具有独立的监察权，与行政机关、司法机关为平级机关。监察委员会是实现党和国家自我监督的政治机关，政治属性是第一属性、根本属性。同时，在党的统一领导下，纪委监委合署办公，监委不设党组、不决定人事事项，本质上就是党的工作机构，要接受党的领导和监督。由此可见，各级监察委员会是维护党的领导、保证党始终是中国特色社会主义事业领导核心的国家政治机关。

国家监察委员会是行使国家监察职能的专责机关。根据《中华人民共和国监察法》规定，各级监察委员会是行使国家监察职能的专责机关，依照本法对所有行使公权力的公职人员进行监察。只要有权力存在的地方，就有滋生腐败的可能。国家监察体制改革前，党内监督已全部覆盖，但仍存在监察范围过窄的问题，一些使用公权力的公职人员处于监督的空白地带。深化国家监察体制改革，实现了对所有使用公权力的公职人员监督的全覆盖。《中华人民共和国监察法》规定了监察委员会六类监督对象：一是公务员和参照公务员管理的人员；二是法律法规授权或者受国家机关依法委托管理公共事务的组织中从事公务的人员；三是国有企业管理人员；四是公办的教育、科研、文化、医疗卫生、体育等单位中从事管理的人员；五是基层群众性自治组织中从事管理的人员；六是其他依法履行公职的人员。

监察委员会依法履行监督、调查、处置职责。聚焦反腐败职能，《中华人民共和国监察法》将监察委员会的职能与纪委作为党内监督专责机关，履行监督、执纪、问责的职责相匹配，以法律的形式明确其作为行使国家监察职能的专责机关，履行监督、调查、处置的职责。在合署办公体制下，纪检监察机关履行职责过程中，能够使纪法贯通，凝聚监督合力，提升了整体监督效能。监督是监察委员会的首要职责，监察委员会依照《中华人民共和国宪法》《中华人民共和国监察法》和其他有关法律法规，对所有行使公权力的公职人员进行监督，监督其行使公权力的行为是否正确，确保权力不被滥用，确保权力在阳光下运行，把权力关进制度的笼子。监察机关履行监督职责的方式包括教育和检查。廉政教育是防止公职人员发生腐败的基础性工作，加强公职人员的理想信念教育、廉洁教育，增强其不想腐的思想自觉；监督检查公职人员依法履职、秉公用权、廉洁从政从业以及道德操守情况。调查是《中华人民共和国监察法》赋予监察委员会针对涉嫌职务违法和职务犯罪行为依法开展监察工作的重要手段。对涉嫌职务违法和职务犯罪的公职人员进行调查，是监察委员会的一项经常性工作，也是监察委员会作为反腐败机构定位的重要体现。调查的主要内容包括涉嫌贪污贿赂、滥用职权、玩忽职守、权力寻租、利益输送、徇私舞弊以及浪费国家资财等七类职务违法和职务犯罪行为，基本涵盖了公职人员的所有腐败行为类型。监察委员会履行处置职责，主要包括：对违法的公职人员依法作出政务处分决定；对履行职责不力、失职失责的领导人员进行问责；对涉嫌职务犯罪的，将调查结果移送人民检察院依法审查、提起公诉；向监察对象所在单位提出监察建议。

（四）国家司法机关监督

司法监督是指审判机关和检察机关依照法定职权和程序对人民授权的国家公权力进行监督。司法独立是现代法治国家的主要标志，是我国现行宪法的一项基本原则和制度。审判机关和检察机关由宪法赋予其依法独立行使司法权，实现司法的中立性、客观性、公正性。

司法监督是党和国家监督体系中强制性程度最高的一种监督机制，是党和国家利用监督手段、维护公权力正确行使的“最后一道防线”，在推进全面依法治国、建设社会主义法治国家中发挥着重要作用。我国具有司法权的国家机关是人民法院和人民检察院，司法监督的主体是人民法院和人民检察院，主要通过刑事诉讼与刑事审判进行监督。

人民检察院是国家的法律监督机关。人民检察院运用检察权对国家机关及其工作人员是否依法行使职权进行监督。宪法规定，人民检察院依照法律规定独立行使检察权，不受行政机关、社会团体和个人的干涉。党的十八大以来，党中央高度重视法律监督工作，专门就加强检察机关法律监督工作印发《中共中央关于加强新时代检察机关法律监督工作的意见》，为新时代进一步加强党对检察工作的绝对领导，确保检察机关依法履行宪法法律赋予的法律监督职责，提供了根本遵循和科学指南。检察监督的方式主要通过对犯罪行为提起公诉。经过国家监察体制改革的深入推进，原属于检察院行使的公职人员职务违法、职务犯罪调查和处置权，整合至监察委员会，这样不仅增强了监察委员会的监察职能，而且使检察机关更加专注于司法监督职能。检察机关履行诉讼监督职能，对人民法院、监察机关、公安等侦查机关有立案监督权、侦查监督权、审判监督权、刑事执行监督权及检察建议权等。

人民法院依照法律规定独立行使审判权，行使审判监督功能。审判监督是指人民法院通过行使审判权，在个案中对其他国家机关是否依法行使职权进行的监督。[①] 人民法院通过审理刑事案件，发现或追查国家机关及

① 吴丕、袁刚、孙广厦：《政治监督学》，北京大学出版社，2017，第235页。

工作人员的违法行为；通过审理民事案件，追究国家机关及其工作人员在民事活动中的违法、失职、犯罪、侵权责任；通过审理行政纠纷案件，审查行政活动的合法性和合理性。

二、人民政协民主监督

人民政协民主监督，是社会主义协商民主的重要实现形式，在党和国家监督体系中占有重要的地位、具有独特的优势。党的十八大以来，党中央高度重视人民政协民主监督工作，并将其定位为协商式监督。这也就意味着，我们不仅是从统一战线组织凝聚共识的角度，而且要从国家治理体系视角，充分认识人民政协作为协商民主重要渠道和专门协商机构的民主监督作用，努力探索协商式监督的有效做法，将协商式监督的制度优势转化为国家治理效能。

（一）人民政协民主监督在党和国家监督体系中的重要地位和作用

党的十九大报告指出："构建党统一指挥、全面覆盖、权威高效的监督体系，把党内监督同国家机关监督、民主监督、司法监督、群众监督、舆论监督贯通起来，增强监督合力。""加强人民政协民主监督，重点监督党和国家重大方针政策和重要决策部署的贯彻落实。"① 人民政协民主监督是我们党加强外部监督支持的重要制度安排，是党和国家监督体系不可替代的重要组成部分。

我国新型政党制度决定了人民政协民主监督的履职责任。中国共产党领导的多党合作和政治协商制度是我国的一项基本政治制度，是中国共产党、中国人民和各民主党派、无党派人士团结合作、携手奋进的伟大政治创造，是马克思主义政党理论与中国具体实践相结合而形成的新型政党制度。众人的事情由众人商量，协商民主是实现中国共产党领导的重要方式。人民政协作为统一战线组织、多党合作和政治协商机构、人民民主的重要

---

① 习近平：《决胜全面建成小康社会 夺取新时代中国特色社会主义伟大胜利——在中国共产党第十九次全国代表大会上的报告（2017年10月18日）》，人民出版社，2017，第38、68页。

实现形式，是各民主党派、工商联和无党派人士发扬民主、参与国是、团结合作、凝聚共识的重要平台。人民政协把各民主党派和无党派人士紧密团结起来，以提出意见、批评、建议的方式进行协商式监督，促进党和政府科学、民主、依法决策，有效避免和防止一党执政得不到有效监督而造成失误。中国共产党长期执政最大的挑战和风险就是对权力的监督。邓小平曾指出："对于我们党来说，更加需要听取来自各个方面包括民主监督党派的不同意见，需要接受各个方面的批评和监督，以利于集思广益，取长补短，克服缺点，减少错误。"①习近平总书记强调："参政党一个重要的职责是让执政党听到各方面的声音，特别是批评的意见。"②"中国共产党作为执政党，必须虚心接受各民主党派监督。"③人民政协民主监督与中国共产党党内监督、人大监督、行政监督、司法监督、审计监督、社会监督、舆论监督等共同构建起了中国特色社会主义国家监督体系。人民政协协商式监督作为政党间政治监督，是以建设性、合作性的方式进行，与中国共产党党内监督相辅相成，是支持中国特色社会主义建设事业的重要力量。健全完善党和国家监督体系，不仅要提升党内监督效能，而且要推进党内监督与党外民主监督有机结合，凝聚力量、提升监督合力，永葆党的先进性、纯洁性。

中国共产党历来重视参政党的民主监督作用。早在抗日战争时期，中共就在陕甘宁边区建立以"三三制"为原则的参议会制度，探索中国共产党和党外人士民主合作之路，已初见民主党派监督的思想。毛泽东同志曾指出，延安和陕甘宁边区是"民主中国的模型"。1945年在著名的"窑洞对"中，毛泽东用"民主"回答了民主人士黄炎培的历史周期率之问："我们已经找到新路，我们能跳出这周期率。这条新路，就是民主。只有让人民来监督政府，政府才不敢松懈。只有人人起来负责，才不会人亡政息。"④

① 《邓小平文选》第二卷，人民出版社，1989，第205页。

② 《习近平同党外人士共迎新春》，《人民日报》，2017.1.23。

③ 《中共中央召开党外人士座谈》，《人民日报》，2016.12.10（01）。

④ 尚丁：《黄炎培》，人民出版社，1990，第107页。

中华人民共和国成立后，毛泽东在《论十大关系》中专门就中国共产党与民主党派的关系提出“长期共存、互相监督”的基本方针，之后写入了党的八大决议。党的十一届三中全会后，党的十二大进一步明确“长期共存，互相监督，肝胆相照，荣辱与共”的基本方针，当时“互相监督”首先强调对共产党的监督。2005 年中共中央印发《中共中央关于进一步加强中国共产党领导的多党合作和政治协商制度建设的意见》，明确地将民主监督纳入中国特色社会主义监督体系。党的十八大以来，习近平总书记多次讲话强调，重视各民主党派的民主监督工作：“要支持人民政协依照章程进行民主监督，重视民主党派和无党派人士提出的意见、批评、建议，鼓励党外人士讲真话、进诤言。”①2016 年党中央赋予了各民主党派脱贫攻坚民主监督的重要使命，对国家重大战略决策部署的专项监督拓宽了人民政协民主监督渠道。党的十八届六中全会通过的《中国共产党党内监督条例》明确规定了各级党组织支持保障各民主党派履职，“人民政协依章进行监督”，在中国共产党历史上首次将人民政协民主监督写进党内法规。人民政协民主监督不断得到法律法规和党规党纪的重要制度保障。

（二）人民政协民主监督的显著优势和独特价值

人民政协民主监督是在坚持和拥护中国共产党的领导基础上，依照其章程，通过提出意见、批评、建议的方式所进行的协商式监督。协商式监督，意即非强制性的、非权力性的制约和监督。人民政协民主监督在我国国家监督体系中不是具有强制约束力的权力监督，而是各党派团体和各族各界人士对党和国家权力运行、重大决策部署落实情况等的意见建议、批评质询，靠的是政治影响力来发挥作用。

协商式监督首先是一种政治性而非权力性的监督，能够充分表达各个行业、各个界别的意见建议、利益诉求，吸纳更广泛的批评建议。政治性监督是从我国政党运行机制来说，人民政协各民主党派、民主团体和无党派人士是参政党，与执政的中国共产党是共同致力于中华民族伟大复兴事

① 习近平：《在党的十八届六中全会第二次全体会议上的讲话（节选）（2016年10月27日）》，《求是》，2017（01）。

业的亲密诤友。各民主党派自成立起就具有了政治联盟的性质，代表一定阶级、一定阶层的利益，对执政党施政方略、权力运行及决策部署执行情况等进行监督，是参政党履行的权利和义务。我国民主党派包括中国国民党革命委员会、中国民主同盟、中国民主建国会、中国民主促进会、中国农工民主党、中国致公党、九三学社和台湾民主自治同盟等，成员数量超过百万，他们能够有效反映各自成员所联系界别群众的愿望和要求，特别是他们吸纳了许多高级知识分子。人民政协活动为社会利益多元化发展带来的政治参与要求提供了重要渠道，通过协商式监督，能够从不同角度听取各个社会阶层的不同声音，能够提供更多的社情民意，反映更多人的利益诉求。参政党作为社会各界群众与党和政府沟通的桥梁，将各方利益诉求和意见及时传达给决策者，尽可能纠正决策偏差，避免决策失误。作为执政系统的外部监督，能够使执政党时刻保持警醒，更加自觉地抵制和克服各种消极腐败现象，不断完善执政党自身建设。协商式监督虽然没有权力的强制约束力，但是民主党派的政治影响力这一软实力决定了监督的刚性需求和重要性。

协商式监督是协助性而非竞争性监督，其目标要求是协助党和政府解决问题、改进工作、增进团结、凝心聚力。坚持和拥护中国共产党的领导，是各民主党派、各社会团体和各界人士的共同选择，是成立人民政协的初心所在，是人民政协事业发展的根本保证。各民主党派和无党派人士是中国共产党的参谋助手。毛泽东同志曾在《论十大关系》中提出："为什么要民主党派监督共产党呢？这是因为一个党同一个人一样，身边很需要听到不同的声音。"[①] 中国共产党作为执政党，长期处于领导和执政地位，非常需要发扬民主、集思广益，听取各方批评建议，及时纠正决策偏差、失误，避免位高权重、权力集中、一意孤行，保障一切权力为中国人民谋幸福、为中华民族谋复兴的初心和使命。人民政协正好为中国共产党提供了接受来自党外人士的批评、意见的平台。在我国社会主义多党合作制下

① 《毛泽东文集》第七卷，人民出版社，1984，第351页。

的各民主党派自觉接受中国共产党的领导，相互之间是荣辱与共、肝胆相照的亲密友党，是中国共产党的好帮手、好参谋，而非西方政权体制下存在利益争斗、互相拆墙的在野党、反对党。他们通过提出意见建议的监督方式来改进党政部门工作，支持和协助共产党掌好权、用好权，维护好最广大人民群众的利益福祉。

协商式监督是建设性而非对抗性监督，是以提出意见、批评、建议的方式来督促中国共产党改进和推进工作，主要是以事前、事中监督的形式帮助执政党尽量避免因决策失误而产生问题。协商意即共同商量以达到意见统一，协商式监督本质上是一种合作，是“建设性”监督、“成事性”监督。[①]经过长期发展的中国共产党领导的多党合作基本方针，“长期共存，互相监督，肝胆相照，荣辱与共”这十六个字，可以充分表现中国共产党和各民主党派、各界人士之间唇齿相依、俱荣俱损的友好合作关系。中国共产党执政和各民主党派参政，既要尊重相互差异、努力求同存异，又必须坚守共同利益、实现共同目标，是一个长期共存、荣辱与共的有机整体。批评和自我批评是我们党加强自身建设的优良作风，是保持肌体健康的锐利武器。来自党外的批评、诤言也是促进我们党民主科学决策的重要方法。这种批评不是如西方政治体制党派争斗式的敌意指责，而是如好朋友式的善意批评，“这些党外的民主人士，能够对我们党提供一种单靠党员所不容易提供的监督”[②]。所以，协商式监督是在各民主党派坚持中国共产党的领导，肯定中国共产党施政方针政策的基础上，对相关机关部门落实执行和推进工作中存在问题提出批评、建议，以达到共同成事、为民谋利、防范风险的目的。

三、以人民为主体的社会监督

以人民群众为主体的社会监督，是一种来自社会的、不具有强制约束

① 李斌：《人民政协协商式监督的特色与优势》，《人民政协报》，2019.5.7。

② 《邓小平文选》第一卷，人民出版社，1994，第225页。

力的自下而上的民主监督，是公众积极参与国家社会事务管理、人民行使民主权利的重要体现。我们党历来重视来自社会的监督，人民群众监督是我们党的优良传统和作风，中华人民共和国成立以来尤其是改革开放新时期，舆情监督越来越受到重视。新时代适应世情、国情、党情发展新变化，群众监督、舆论监督成为国家监督体系不可或缺的重要组成部分。

（一）群众监督

群众监督是广大人民群众通过批评、建议、听证、检举、控诉等手段，对行使国家公权力的机关、组织及其公职人员行使公权力活动实施的监督。中国共产党历来重视人民群众的批评和监督，也乐于接受人民群众的批评和监督。主动接受群众监督，既是我们党的优良传统和作风，也是从严管党治党的有效手段。

人民群众是党的执政之基，群众监督是最广泛、最基础、最直接的监督。我国是人民民主专政的社会主义国家，国家权力是人民权利的让渡，是国家机关和公职人员代表人民来行使某些管理国家事务的职能，权力具有人民性，一切权力属于人民。同时，我们也应当看到权力具有交换、扩张等特性，容易被私用、滥用，使人民群众的切身利益被侵害。特别基层不正之风和腐败现象，与人民群众离得最近，直接损害人民群众切身利益，损害党和政府形象，动摇党的执政之基。中国共产党是代表最广大人民群众根本利益的马克思主义政党，为人民谋幸福、为民族谋复兴是中国共产党人始终不变的初心和使命。密切联系群众，自觉接受群众的监督是每一个共产党员的基本义务，保证人民授予的权力始终为人民服务。毛泽东同志早在20世纪40年代就指出：“只有让人民来监督政府，政府才不敢松懈，只有人人起来负责，才不会人亡政息。”①

以权利制约权力，实现人民群众有力监督。《中华人民共和国宪法》明确规定：“中华人民共和国的一切权力属于人民。”如果是由全体人民共同来行使国家权力管理国家，在操作上是不现实的。于是就产生了一种

---

① 尚丁：《黄炎培》，人民出版社，1990，第107页。

办法，由人民通过选举产生来代替人民行使管理职能的国家机构和公职人员。国家公职人员所行使的权力是人民让渡出自己的权利，委托国家机关和公职人员来代替他们行使管理国家的职能。由人民委托产生的公共权力就是为了维护人民的权利。因此，国家机关和公职人员必须接受人民群众的监督，人民群众也有责任、有义务监督公共权力的行使状况，捍卫自己的权利不受侵犯。以人民权利制约权力，发挥人民群众监督的反腐败功能，是深入推进全面从严治党、反腐败斗争的重要途径。如，信访举报一直是发现案件的重要渠道，在揭露腐败、提供案件线索乃至查清问题方面发挥了重要作用，有的还涉及一些大案要案，为国家挽回了巨大的经济损失。

多方式、多渠道保障人民群众的监督权利。要充分发挥人民群众在反腐败中的积极作用，就必须采取有效措施，切实维护和保障群众行使监督的权利。第一，要大力推行政务公开、民主评议制度，扩大人民群众的知情权、参与权，畅通人民群众表达意愿的渠道；第二，加强和改进举报、上访制度，畅通人民群众反腐败的主渠道，并保证举报人的安全，使积极参与反腐败群众的权益不受损害；第三，及时纠正损害人民群众利益的不正之风。群众利益无小事，只有人民群众的利益得到有效保护，才能提高他们对反腐倡廉工作进行监督的主动性和积极性；第四，切实解决人民群众急需解决的热点难点问题。求真务实，破解难题，使群众真正体会到反腐败斗争的成果，人民群众才能积极参与到反腐败斗争中来；第五，增强政府机关及监督机构的公信力，使人民群众敢于举报、揭发贪污受贿的丑恶现象。

（二）舆论监督

所谓舆论监督，是指社会公众依据宪法和法律赋予的权利和自由，通过报纸、杂志、广播、电视、网络等各种传播媒介，对社会运行过程中出现的现象表达信念、意见和态度的活动。人民群众有权通过各种传播媒介对党和国家机关及其工作人员的履职行为进行监督。舆论监督是我国国家监督体系中社会监督的一种，虽然不具有国家强制力，但具有道德等方面的强制约束力和社会影响力。按照传播媒介来划分，舆论监督可以分为传统媒体和新媒体的舆论监督。近年来，随着网络信息技术的迅速发展，舆论监督尤其是新媒体监督展现出越来越强大的监督效能，是国家监督体系中不可忽视的重要力量。

舆论监督实质上是人民群众直接行使监督权的一种方式。国家的权力来自人民的授权，人民有权监督国家权力运行是否得当。《中华人民共和国宪法》规定："中华人民共和国公民有言论、出版、集会、结社、游行、示威的自由。""中华人民共和国公民对于任何国家机关和国家工作人员，有提出批评和建议的权利。"舆论监督是人民群众的基本权利，公民享有依法运用新闻传媒充分发表意见、建议和呼声，表达自己意志的权利和自由，享有对国家和社会事务实行舆论监督的权利和自由。公民在了解情况的基础上，通过一定的组织形式和传播媒介，行使法律赋予的监督权，表达舆论、影响公共决策。舆论监督是人民群众的监督，是通过一定的新闻媒体、平台进行传播的。新闻媒体作为人民群众的代言人，要坚持党性和人民性相统一，始终从人民群众的根本利益出发，依靠人民群众，吸收人民群众广泛参与，体现人民群众的意愿、意见。

舆论监督有其他监督没有的监督优势。一是无论是舆论监督的主体还是客体，都具有非常强的广泛性。监督对象涵盖了社会所有阶级、阶层、组织、利益集团及全体公民，不仅对国家行政机关及其工作人员的各种违法违纪行为进行监督，而且对其他社会组织和个人的违法违纪、违反社会公德的行为进行监督。二是舆论监督既包括揭露和批评，又包括评价和建议。我国舆论监督历来重视评价、建议等建设性的监督，不仅要发现问题、揭示问题、分析问题，而且要帮助解决问题，如，我们的党报党媒更为注重建设性舆论监督。三是舆论传播具有速度快、范围广、影响力大等特点。监督内容大都是"热点""焦点"问题，能够直接、快速、及时地反映各种重要的监督信息。尤其是信息技术的发展，网络打破了时间和空间的界限，重大新闻事件在网络上成为关注焦点的同时，也迅速成为舆论热点。但同时，在信息化时代，丰富的信息传播渠道使得网络舆情传播具有点多、线杂、面广的特点，使群众难以分辨信息真假。这也是舆情监督所遇到的现实问题。

舆论监督是全面从严治党、反腐败斗争的锐利武器。新时代现代信息传播技术的发展，特别是互联网技术的迅速发展和公民参与意识的增强，更是凸显了舆论监督在深入推进全面从严治党、党风廉政建设和反腐败斗争中的重要威力。一方面我们要发挥舆论监督的正向激励、建设性作用。通过对一些典型腐败案件报道、案例剖析，发挥震慑警示作用，形成反腐败舆论压力，引导广大党员干部树立正确的价值观、权力观、政绩观，把好理想信念“总开关”，为全面从严治党创造良好的舆论氛围；另一方面还要发挥舆论监督的批评监督作用。发挥舆论监督触角大、反应快、覆盖面大的优势，运用其对社会上消极腐败现象和不正之风及时曝光、批评，为党组织和领导干部及时提醒警示，把问题解决在萌芽之中，或有问题及时止损，解决群众身边的腐败问题和不正之风。总之，新时代深入推进全面从严治党、反腐败斗争，要积极发挥舆论监督在宣传引导、教育防范、监督促进、警示威慑和揭露与检举揭发等方面的重要作用。

第三节　推进党内监督与各类监督贯通协调

在党和国家监督体系中，党内监督和外部监督是一个相互独立而又相互补充、相互融合的监督体系。外部监督是相对于党内监督而言的，包括国家机关监督、民主监督、群众监督、舆论监督等。作为一党执政体制下的中国共产党，不仅以加强党内监督保证党的纯洁性和先进性，而且要以党内监督带动外部监督保证党组织和党员干部自觉接受党外监督，来提升党的执政能力，维护党执政的权威性。面对世界百年未有之大变局，实现中华民族伟大复兴的战略全局，必须有强大的中国特色社会主义制度体系作支撑，以党内监督贯通各类监督，健全完善党和国家监督体系，为全面建成社会主义现代化强国凝聚强大合力。

一、推进党内监督与各类监督贯通协调的新时代要求

作为长期执政的马克思主义政党，中国共产党在注重健全党内监督体系、强化党内监督的同时，也非常注重保障外部监督的体系构建和健康运行，深入推进党内监督与各类监督的贯通协调，实现对所有公权力的全方位、高质量监督。

（一）党内监督和外部监督的内在关系

党和国家监督体系建设是一个系统工程。党内监督和外部监督辩证统一，各自独立又互为补充、相辅相成，有机统一于加强党的建设伟大工程的现实需要，统一于深入推进全面从严治党的全过程，共同构成党和国家监督体系的系统整体。

党内监督和外部监督都有相对独立的结构和功能，党内监督在其他监督形式中居于核心地位。中国共产党的领导是中国特色社会主义最大的制度优势，党的执政地位决定了党内监督在党和国家监督体系中的基础地位和核心地位。党内监督以党章为根本遵循，以民主集中制为核心，构建了以自上而下的组织监督、自下而上的民主监督及同级间相互监督的体系结构，来提升长期执政条件下的自我净化、自我完善、自我革新和自我提高能力，使党始终保持中国特色社会主义事业的坚强领导核心地位。同时，外部监督也不可替代。人大、政府、监察机关、司法机关等对国家机关及公职人员依法进行监督，人民政协依章程进行民主监督，审计机关、统计机关依法进行审计监督、统计监督，是强化党内监督的必要补充、有益补充，一方面有力地补充了党内监督同体监督的不足，另一方面以党内监督与外部监督相互贯通、融为一体，共同推动权力监督的全覆盖。党内监督的有效运行，必须以群众监督为基础，以法律监督为保障。反过来，如果群众监督、法律监督离开了执政党的监督，其作用也是难以有效发挥的。

党内监督和外部监督是相互依存、相辅相成的。党内监督和外部监

督都是党和国家监督体系的重要组成部分，党内监督和其他各类监督都有各自的监督职能和监督优势、特点，任何一种监督方式都不能承担起整体国家政治、经济和社会生活运行的全部监督任务。党的执政活动和国家权力的运行，既要以党内监督为核心保证党的坚强领导核心地位，也需要来自组织外部的监督，以外部监督增强党的自我监督和自我提升能力。否则，党的自我监督和自我约束力就可能弱化。同时，党内监督与外部监督在监督对象、监督内容等方面都有交叉，都不是孤立于各自单独的监督体系之内的。行使公权力的公职人员虽然大多数为党员干部，但也有少数的民主党派人士和群众。保障权力的正确运行，不仅需要党委（党组）、纪检监察机关履行主体责任、监督责任，而且需要党委（党组）、纪检监察机关与人大监督、民主监督、司法监督、审计监督、统计监督、群众监督建立起协调合作机制，相互补充、相辅相成，进一步提升监督效能。

（二）中国共产党历来重视党的外部监督

党的执政地位和历史使命，决定了党内监督在党和国家监督体系中是第一位的、首要的。但仅仅依靠党内监督还是不够的，还必须以党内监督为主导，带动外部监督，凝聚监督合力，维护党的核心领导地位。

中国共产党历来注重推动党的外部监督的发展。在新民主主义革命时期，中国共产党就重视人民群众的批评和监督，注重发动群众举报来揭发党内的腐败分子，中华苏维埃共和国时期设立了工农通讯员、突击队、轻骑队，方便人民群众对苏维埃工作进行批评和监督。延安时期在陕甘宁边区建立了“三三制”抗日民主政权，拓宽民主监督渠道，实行政务公开，加强舆论监督，号召“放手发动群众，检查政府工作和人员”。1945 年，毛泽东在与民主人士黄炎培的“窑洞对”中，提出了中国共产党通过人民监督来跳出历代王朝治乱兴衰的历史周期率。中华人民共和国成立后，建立起了信访制度，便于密切联系群众、接受群众监督。1957 年 4 月，邓小平在西安考察时指出，“党要接受监督，党员要接受监督”。监督来自三个方面，第一是党本身的监督，第二是群众监督，第三是民主党派和无党派人士的监督。[1]中国共产党与民主党派合作的基本方针由“长期共存，互相监督”到“长期共存、互相监督、肝胆相照、荣辱与共”，都离不开“互相监督”。改革开放后，邓小平强调，“要有群众监督制度，让群众和党员监督干部，特别是领导干部”[2]。党的十八大以来，党中央高度重视民主党派监督、群众监督、舆论监督，健全民主监督机制，推进党务政务企务公开，畅通了监督渠道，充分有效地发挥民主党派和党外人士参政议政、民主监督的作用。

宪法法律实施中的法律监督，是落实党的领导的重要保证，事关党的执政根基稳固，中国共产党历来高度重视。1931 年中华苏维埃共和国临时中央政府成立，下设九部一局，其中包括司法人民委员部、工农检察人民委员部，为党领导下的人民法制和人民司法建设积累了最初的实践经验。1948 年华北人民政府决定将各行署原有的司法机关的名称统一改为“人民法院”。1949 年 9 月 27 日中国人民政治协商会议第一届全体会议通过的《中华人民共和国中央人民政府组织法》第 5 条规定设立最高人民法院。1954 年 9 月 20 日，新中国第一部宪法——《中华人民共和国宪法》通过，宪法对人民法院、检察机关的设置、职权和领导关系作了规定。1960 年，公安部、最高人民法院、最高人民检察院实行合署办公。改革开放以来，人民法院、人民检察院重新恢复，其法律监督地位得到确认并不断提升。党的十八大以来，党中央高度重视司法机关监督作用，党的十八届三中全会明确提出，要优化司法职权配置，健全司法权力分工负责、互相配合、互相制约机制，加强和规范对司法活动的法律监督和社会监督。党的十八届四中全会通过的《中共中央关于全面推进依法治国若干重大问题的决定》，部署了新形势下法治监督体系建设的重大任务和具体要求。

（三）推进党内监督与各类监督贯通协调的现实要求

监督是权力最好的“防腐剂”。从党的十九大到二十大，从“构建”到“健全”，党统一指挥、全面覆盖、权威高效的监督体系在不断完善。

① 《邓小平文选》第一卷，人民出版社，1994，第270—271页。

② 《邓小平文选》第二卷，人民出版社，1994，第332页。

只有以党内监督带动其他监督并推进与各类监督形式贯通协调，才能更加有效地为全面从严治党提供制度保障，有力融入推进国家治理体系和治理能力现代化中。

党内监督与其他各类监督贯通协调是坚持党的全面领导、推进全面从严治党向纵深发展的必然要求。监督是为保证权力正确运行，党内监督是通过严格党规党纪的自我革命，保持党的先进性纯洁性，巩固党的执政基础、实现党的历史使命的重要保障。以党内监督为主导带动外部监督，就是要发挥党内监督的示范作用，以高标准、高要求带动外部监督，提高监督质量和效能。在长期的执政实践中，我们党充分认识到了权力不受监督制约必然产生腐败的铁律，以高度的政治自觉加强自身建设、加强自我监督，并充分发挥其他各类监督的监督优势，保持了党的先进性纯洁性和青春活力。新的历史时期，中国共产党肩负着全面建设社会主义现代化国家、全面深化改革、全面推进依法治国和全面从严治党的历史责任，党的建设仍然长期面临“四大考验”和“四种危险”挑战，必须严于治党、严于律己，强化党内监督，并以自我监督带动其他各类监督贯通协调，形成监督合力，把权力关进党纪党规的笼子、关进依法治国的制度笼子。

党内监督与其他各类监督贯通协调是完善党和国家监督体系的必然要求。党内监督和外部监督都是党和国家监督体系的重要组成部分，党的执政地位决定了党内监督在党和国家各种监督形式中是最基本的、第一位的。外部监督的核心在于对公权力运行的监督制约，监督涵盖了除党内监督覆盖群体和领域的部分，也有与党内监督重合的部分。党的执政能力提升需要各方面的外部监督机制保障，国家政治、经济、社会等各方面建设都需要保证公权力的正确运行。加强外部监督有利于促进监督主体的多元化，不仅扩大了监督的广度和覆盖面，而且推进了监督的深度化、精细化，提高了监督质量和效能。党内监督用党章党纪党规来监督制约，国家机关监督则是用宪法法律来约束的，加强司法监督建设有利于推进党和国家监督体系的法治化建设，在社会建立公正公平的良好秩序，深入推进全面依法治国战略规划。

党内监督与其他各类监督贯通协调是推进国家治理体系和治理能力现代化的必然要求。国家治理体系和治理能力是一个国家制度和制度执行能力的集中体现。监督是治理的内在要素和关键性环节，也是权力正确运行的根本保证，在管党治党和治国理政中都居于重要地位。实现党内监督全覆盖，并不能保证所有行使公权力的公职人员达到全覆盖，由此国家监察体制改革的目的，就是为了将公权力运行全部置于监督之下，从源头上遏制腐败的滋生。党内监督体系有坚强的组织监督优势，即党委（党组）负主体责任，纪检机关负专责监督责任，党的工作部门履行职能监督，基层党组织是日常监督，组织严密、功能强大。而外部监督有立法监督、司法监督等法律监督优势，民主党派民主监督有体外监督优势，群众监督和舆论监督有人民群众参与优势，党内监督和外部监督之间及外部各监督形式之间，并不是以简单的物理相加的方式来构建党和国家监督体系，而是彼此之间相互协调、相互补充，形成网状监督体系，达到 1+1>2 的效能，将制度优势转化为治理效能。

二、推进党内监督与其他各类监督贯通协调的根本准则

党内监督和外部监督虽然在实践路径上不同，但其根本性质和目标高度统一，即坚持党的全面领导和实现广大人民群众的根本利益。这是建党百年革命、建设和改革开放的经验总结，也是新时代加强党的建设，健全党和国家监督体系的现实要求。

（一）坚持党的全面领导，坚定维护党中央集中统一领导

办好中国的事情，关键在于党的领导。坚持党的全面领导、坚持党中央集中统一领导，是构建党和国家监督体系的出发点和根本保证，也是推进党内监督与各类监督贯通协调的前提与保证。实现社会主义现代化国家和中华民族伟大复兴，必须坚持党的集中统一领导，必须以党内监督带动其他监督来维护党的全面领导地位。

党的十八大以来，在党中央坚强领导下，深入推进党和国家监督体系系统集成、协同推进，探索推动党内监督和其他各类监督贯通协同的有效

路径，不断取得重大制度性成果。如在国家行政监督方面，审计监督、统计监督取得重大制度性进步，成立了中央审计委员会，修订了《中华人民共和国审计法》，出台了《党政主要领导干部和国有企事业单位主要领导人员经济责任审计规定》，聚焦领导干部经济责任，强化对权力运行的制约和监督；出台了《关于更加有效发挥统计监督职能作用的意见》进一步提升了统计监督效能，审计监督、统计监督成为党和国家监督体系的重要组成部分。纪检监察机关与审计监督、统计监督建立起了信息沟通、问题线索移送、结果共享等协作配合机制，增强了监督合力。再如十三届全国人大四次会议通过新修订的《中华人民共和国全国人民代表大会组织法》；2021 年出台了《中共中央关于加强新时代检察机关法律监督工作的意见》，为加强新时代检察机关法律监督工作指明了方向；2022 年全面规范信访工作的第一部党内法规《信访工作条例》出台，进一步提升了群众信访上诉的信心及对党和政府的信任。这一系列的重大制度成果，与时俱进地健全完善了党和国家的监督体系，有力提升了党和国家自我监督、自我净化能力。

在新时代新征程上，我们必须始终坚持和加强党的全面领导，将党的全面领导贯穿于全面依法治国和依规治党的全过程，贯穿于党和国家监督体系的健全完善中，贯穿于以党内监督带动外部监督贯通协同的全过程，推动各项监督形成合力，释放监督活力，提升监督效能。

（二）加强权力制约和监督，切实维护好人民群众的根本利益

权力由人民授予，权力的行使必须以人民利益为出发点，用来为人民服务。权力不受制约，必然产生腐败，这是经历史验证的铁律。习近平总书记强调："要保证共产党长期执政、始终为人民谋利益。就必须加强自我监督、自我净化能力，在体制机制层面加大监督力度。"① 党内监督和外部监督是围绕权力这一客体，从不同视角展开的监督形式。党内监督的任务是确保党章党规党纪在全党有效执行，维护党的团结统一，保持党的

① 《习近平关于坚持和完善党和国家监督体系论述摘编》，中央文献出版社、中国方正出版社，2022，第7页。

先进性纯洁性，保持党同人民群众的血肉联系，保持全心全意为人民服务的宗旨。外部监督从依法治国、民主监督的角度维护人民权利为人民，维护社会公平正义。党内监督带动外部监督贯通协同，将依规治党和依法治国相统一，是党加强自我监督制度机制的创新，更有利于维护人民群众的根本利益。

监督没有特权，没有例外，一切使用公权力的人都要受到监督。党的十八大以来，在纪检监督体制改革经验基础上，通过国家监察体制改革，从党内监督全覆盖到纪检监察全覆盖，实现了对所有使用公权力的公职人员监督全覆盖，逐步形成纪律监督、监察监督、派驻监督、巡视监督“四个全覆盖”格局。坚持重点论和两点论，抓关键少数和带动绝大多数相统一；大力推动“有形覆盖”到走向“有效覆盖”，使监督没有空白，消除权力监督的真空地带，压减权力行使的任性空间，保证立党为公、执政为民。同时，各级党委支持和保证同级人大及其常委会的权力监督、政府审计监督和统计监督、国家监察机关的监督、检察院和法院的司法监督、人民政协的民主监督等各司其职、各负其责，有力地增强了党的自我监督和约束能力。

中国共产党始终致力于人民群众根本利益的维护。党内监督和外部监督的根本出发点都是要保证权力运行的公正性，切实维护好广大人民群众的根本利益，二者目标一致、形成合力。党的执政活动需要来自组织外部的监督，充分发挥外部监督的作用，支持和保证国家的立法、司法、行政机关积极主动、独立自主地行使职权，严格依法开展监督；支持和保证人民政协依章民主监督，畅通渠道发挥群众监督和舆论监督作用，促进不同监督主体的统筹协调，实现监督的有序衔接，实现党的自我监督和外部监督协同共进。

三、深入推进党内监督与各类监督贯通协调着力点

在党和国家监督体系中，党内监督处于根本性位置，发挥着主导作用。党内监督有力，才能主导引领其他各类监督找准定位、发挥作用、形成合

力。推动党和国家监督体系系统集成、协同高效，要以党内监督为主导，不断完善权力监督制度和执纪执法体系，不断探索深化各类监督贯通协同的有效路径。

（一）以党内监督为主导，层层压实主体责任和监督责任

党和国家监督体系由多类监督主体构成，健全党和国家监督体系始终是在党的统一领导下进行的。党的执政地位、党中央的领导核心作用和集中统一领导权威，决定了党内监督处在党和国家监督体系的根本性位置，发挥决定性作用、解决最主要问题。党内监督有力有效，其他监督才能发挥作用。以党内监督贯通协同各类监督，党委纪委要各自履行其监督责任，贯通落实党委的“主体责任”和纪委的“监督责任”。

党委落实好履行党内监督的主体责任及支持外部监督的主体责任。党内监督是全党的责任，第一位的是党委责任。党委在全面从严治党中履行主体责任，要处理好领导和监督的关系，落实好党内监督的主体责任，书记作为第一责任人敢抓真管，对于不正之风、违纪行为不包庇、不纵容，敢于动真碰硬；要把“一把手”和领导班子监督作为重中之重，破解对“一把手”的监督难题，增强班子成员主动监督、相互监督的自觉；要统筹党内各类监督主体，支持和监督纪检机关履行监督责任，督促党的工作机关加强职责范围内的职能监督，注重发挥基层党组织日常监督和党员民主监督作用，激发监督活力，形成监督合力。同时，提高党内监督效能，需要外部监督的支持和援助。各级党委应当支持和保证同级人大、行政机关、监察机关、司法机关等依法监督，人民政协民主监督，以及审计监督、统计监督。要自觉接受人民群众监督，畅通信访举报渠道，及时回应人民群众关切；要发挥舆论监督作用，领导干部主动接受舆论监督，通过舆论监督改正缺点和错误，为全面从严治党营造良好舆论氛围。坚持在党内监督引领下，促进各类监督既依照自身职责发挥效能，又强化关联互动、系统集成，形成同题共答、常态化长效化监督合力。

纪检监察机关落实好党内监督职能与外部监督的协同配合。作为党内监督和国家监察专责监督机关，纪检监察机关在党和国家监督体系中处于主干地位，发挥着监督保障执行的重要作用。纪检监察机关监督将党内监督与国家监察有力结合，实现了纪与法的贯通、依规治党和依法治国的有机统一，是党内监督与外部监督协同配合的典范，有效地提高了党自我监督的监督质效。以党内监督为主导，促进各类监督贯通协调，纪检监察机关要主动靠前沟通对接，充分发挥协助、引导、推动功能。在党委统一领导下，纪委监委要与其他监督职能部门建立沟通联系机制，建立健全信息沟通、线索移送、措施配合、成果共享等工作机制，不断完善党内监督与外部监督的有效衔接制度，将政治监督和经济监督有效结合。同时，不断完善纪检监察机关“再监督”“再检查”制度，在监督推动外部监督有效发挥效能的同时，更加注重监督推动其单位职能监督的贯通。纪检监察机关要切实加强纪律监督、监察监督、派驻监督和巡视监督的统筹衔接，推动党内监督和外部监督的监督资源有效整合、同向发力，努力把中国特色监督制度优势转化为国家治理效能。

（二）推动党内监督和国家机关监督协调配合

国家机关的监督是包括人大监督、国家行政机关监督、司法机关监督和国家监察机关监督在内的为保障法律切实实施所进行的监督。在我国公务员队伍中，党员比例超过 80%，县处级以上领导干部中党员比例超过 95%。健全党和国家监督体系，既加强党的自我监督，又加强对国家机器的监督。作为党和国家监督体系的两大子系统，党内监督和国家机关监督具有内在高度一致性和互补性，推进党内监督和国家机关监督的协同贯通，是依法治国和依规治党的高度统一，要坚持依法治国与制度治党、依规治党统筹推进、一体建设。

加强党内监督和国家机关监督的监督主体在执纪执法上的协调配合。全面依法治国是国家治理的一场深刻革命。在推进全面依法治国背景下，要加强党的全面依法治国领导，善于使党的主张通过法定程序成为国家意志，善于通过国家政权机关实施党对国家和社会的领导，把党的领导体现在立法、执法、司法全过程。要加强对党组织和党员干部的监督，坚决把纪律和规矩挺在法律前面。各执纪执法监督主体既要各司其职、分工协作，又要配套联动、相得益彰，纪检监察机关对机关领导干部违纪违法线索处置和案件查办在向同级党委报告的同时必须向上级纪委报告；审计机关、行政执法机关、司法机关等单位发现涉嫌违纪或者职务违法、职务犯罪问题线索，应当及时移交纪检监察机关案件监督管理部门统一办理。同时，党组织在纪律审查中发现党的领导干部严重违纪涉嫌违法犯罪的，应当先作出党纪处分决定，再移送行政机关、司法机关处理。执法机关和司法机关依法立案查处涉及党的领导干部案件，应当向同级党委、纪委通报，等等。党内监督和国家机关监督“你中有我、我中有你”，密切联系，各监督主体要依照自身监督职责，在各司其职、协同配合的基础上深化统筹衔接，推动形成完善的党内监督体系和严密的法治监督体系，使党和国家监督体系更好地融入国家治理现代化体系，释放更大的治理效能。

（三）推动党内监督与民主监督联动协作

根据政协章程，政治协商、民主监督、参政议政是人民政协的主要职能。民主监督是人民政协的三大职能之一，人民政协的民主监督是我国社会主义民主政治的独特创造和重要制度安排，也是中国特色社会主义监督体系的重要组成部分。2017 年 3 月中共中央办公厅印发的《关于加强和改进人民政协民主监督工作的意见》，将人民政协民主监督界定为依据政协章程，以提出意见、批评、建议的方式进行的协商式监督。中国共产党同各民主党派长期共存、互相监督、肝胆相照、荣辱与共，对各民主党派和无党派人士的民主监督，是党际性的政治监督、合作式监督、非权力性监督，是为了帮助执政党和政府解决问题、改进工作，维护人民群众根本利益。这与党内监督的根本目标是一致的。加强协商式民主监督，对于推进社会主义民主政治建设，提高中国共产党的执政能力和领导水平，促进党和政府科学民主决策，推进国家治理体系和治理能力现代化都具有重要意义。

推动党内监督和人民政协民主监督的友好互动、联动协作。党委要积极支持民主党派履职尽责，增强虚心接受各民主党派监督的政治自觉，主动为民主党派监督创造条件，大力营造全社会重视和支持民主党派开展民主监督工作的良好环境氛围。进一步加大信息公开力度，畅通民主监督渠道，使民主党派能够根据各自界别特色和优势及时跟进监督，及时纠正决策失误，及时纠正决策落实中存在的形式主义、官僚主义等执行不力问题。人民政协要充分发挥民主党派汇聚经济、文化、教育、卫生、科技、法律等社会各方面人才的资源优势，加强思想引领和组织引导，调动各方成员的积极性、创新性，将民主监督贯穿于资政建言的全过程，将民主监督重点放在事前、事中监督，及时发现问题、解决问题。健全与国家权力部门内部监督协调配合的联动工作机制，建立完善信息资源共享制度、对口联系制度、重大决策征求意见制度等，不断增强与各级党委、政府、人大的交流合作。积极探索多种监督形式的良性互动机制，既要注重发挥各民主党派自身优势开展形式多样的民主监督，又要推动政协民主监督与人大监督、舆论监督、群众监督等良性互动，不断提升监督效能。健全完善民主监督成果转化机制，做好重点监督议题的督办，加强视察回访，及时跟踪调查、效果评估，不断提高监督实效，真正让监督成果转化为治理效能。

（四）促进党内监督和群众监督、舆论监督有机结合

人民群众是党的执政之基，也是干部的生存之本，离开了人民群众，党员干部将成为无源之水、无本之木。密切联系群众是我们党的优良传统和政治优势，中国共产党要始终保持同人民群众的血肉联系，始终接受人民的批评和监督。监督的强大力量来自人民，群众监督、舆论监督不仅能帮助领导干部少犯错误，而且有警示、告诫作用，让权力在阳光下运行，是增强党内监督的基础和有效途径。《中国共产党党内监督条例》第 39 条指出，各级党的领导与组织必须认真对待并接受社会监督，充分运用信息化与互联网手段，拓展监督渠道，各种新闻媒体要始终坚持人民性与党性的统一，做好舆论监督。只有将党内监督、群众监督和舆论监督有机结合，深化党内监督与群众监督、舆论监督机制的协调性，提高监督体系的整体性、系统性与协同性，才能真正发挥党的优良传统与政治优势。

推进党务公开畅通渠道，创新监督形式，推动党内监督和群众监督、舆论监督协调推进。党务公开透明，是党员、群众进行民主监督的前提条

件。要进一步加强和规范全党党务公开工作，精准落实党务公开的内容、程序和方式，让党组织重大决策、领导班子建设、干部选拔任用等重大事项公开透明，将党组织和领导干部的活动置于公众监督之下。要与时代共进，充分运用现代互联网技术和信息化手段，以“互联网 +”的创新监督方式和监督工作机制，运用微信公众号、手机客户端、远程视频等，方便各级群众与党员网上议论并投诉，运用大数据进行舆情研判、群众意见收集等，提高监督效率。要完善群众、媒体举报线索和监督意见的受理、核查、反馈、落实制度，让人民群众感受到处置过程的及时性、公正性，确保群众舆论批评监督事事有回应、件件有着落。[①] 对反映领导干部违纪违法问题的要及时调查处理，对反映失实的要及时澄清，对诬告陷害的要追究责任。要高度重视正确运用、规范和引导互联网监督，加快推动互联网监督的法治化建设，依法打击制造和传播网络谣言的行为，推动网络监督走上法治化、规范化轨道，不断发挥网络监督正能量。

① 吴建雄：《国家监察体制改革与新时代中国特色社会主义监督体系构建》，《统一战线学研究》，2018（01），第57页。

第八章

自我革命：新时期强化党内监督　提高监督质效

全面建设社会主义现代化国家，全面推进中华民族伟大复兴，关键在党，在党的全面领导。在20世纪40年代，毛泽东在“窑洞对”中给出了跳出历史周期率的第一个答案，即人民监督；新时代习近平总书记总结了党的百年奋斗特别是党的十八大以来的新实践，给出了第二个答案，即自我革命。自我革命是中国共产党与生俱来的内在特征，是永葆党的先进性纯洁性、实现长期执政的内生动力。加强党内监督是党的建设的重要内容，是我们党通过自我革命来确保党的全面领导和长期执政重要手段和途径，是推进党自我革命创新实践的重要组成部分。以党内监督保障党的自我革命，以自我革命激发党内监督活力、优化党内监督体制机制，是新时代新征程推进全面从严治党向纵深发展的必然要求。

第一节　自我革命永远在路上

全面从严治党是一个长期的过程，也是一个系统工程。全面建设社会主义现代化国家新征程上，我们党仍然还面临着“四大考验”“四种危险”的风险挑战，“全面从严治党永远在路上，党的自我革命永远在路上”[①]。管党治党一刻也不能松懈，党内监督必须常抓不放、常抓不懈。

一、时刻保持解决大党独有难题的清醒与坚定

我们党作为世界上最大的马克思主义执政党，组织规模之大、党员数量之多，都是独一无二、前所未有的。大国大党有强大的优势，也有治国治党独有的难处。党的二十大报告强调：“必须时刻保持解决大党独有难题的清醒和坚定。”[②]

（一）新征程上“大党独有难题”

建党百年来，我们党领导中国人民艰苦奋斗、砥砺前行，实现了从站起来、富起来到强起来的伟大飞跃，创造了新时代中国特色社会主义伟大成就，迎来了中华民族伟大复兴的光明前景。回顾伟大历程，我们党在前进道路上也不是一帆风顺的，要不断应对各个历史时期的风险挑战，革命、建设和改革开放中的难题几乎从未间断，甚至在革命时期几次遭遇生死存

① 习近平：《高举中国特色社会主义伟大旗帜 为全面建设社会主义现代化国家而团结奋斗——在中国共产党第二十次全国代表大会上的报告（2022年10月16日）》，人民出版社，2022，第64页。

② 习近平：《高举中国特色社会主义伟大旗帜 为全面建设社会主义现代化国家而团结奋斗——在中国共产党第二十次全国代表大会上的报告（2022年10月16日）》，人民出版社，2022，第63页。

亡的重大危机。但是，我们党一直不懈努力、艰辛探索，党的百年奋斗史也是一部党不断迎难而上、解决难题、化危为机、砥砺前行的中国特色社会主义发展道路的创造史、奋斗史。

进入新时代，面对世情国情党情发生的新变化，面对一系列以前党内积累的以及新出现的亟待解决的突出矛盾和问题，以习近平同志为核心的党中央以壮士断腕之决心和刀刃向内的勇气，刮骨疗毒、自我净化，开展了史无前例的反腐败斗争，深入推进全面从严治党，找到了自我革命这一长期执政条件下解决自身问题、跳出治乱兴衰历史周期率的第二个答案，构建起了一套行之有效的权力监督制度和执纪执法体系，反腐败斗争取得压倒性胜利并全面巩固，党在革命性锻造中更加坚强有力、更加充满活力。“世界上那么多执政党，有几个敢像我们党这样大规模、大力度、坚持不懈反腐败？有些人吹捧西方多党轮流执政、‘三权鼎立’那一套，不相信我们党能够刀刃向内、自剜腐肉。中国共产党勇于自我革命的实践给了他们响亮有力的回答。”[①]

党的二十大报告指出：“从现在起，中国共产党的中心任务就是团结带领全国各族人民全面建成社会主义现代化强国、实现第二个百年奋斗目标，以中国式现代化全面推进中华民族伟大复兴。”“中国式现代化，是中国共产党领导的社会主义现代化，既有各国现代化的共同特征，更有基于自己国情的中国特色。”[②]中国共产党的领导是实现中国式现代化的根本保障。当前，国际政治、经济、军事、科技等领域已经发生、正在发生的历史性革命性变化，而且这一变局仍将持续相当长一段时间，将伴随中华民族伟大复兴。[③]新征程上，在世界百年未有之大变局下，党领导实现

---

① 《习近平关于坚持和完善党和国家监督体系论述摘编》，中央文献出版社、中国方正出版社，2022，第20页。

② 习近平：《高举中国特色社会主义伟大旗帜 为全面建设社会主义现代化国家而团结奋斗——在中国共产党第二十次全国代表大会上的报告（2022年10月16日）》，人民出版社，2022，第21—22页。

③ 曲青山：《从五个维度认识把握“两个确立”》，人民出版社，2022，第165页。

以中国式现代化全面推进中华民族伟大复兴,要防范和应对各种风险挑战,必须面对大党独有的难题和挑战。

党的建设伟大工程是一个与时俱进的过程,我们要不断面临发展新形势,应对各种风险挑战,而且要不断地解决自身内部建设问题,“必须时刻保持解决大党独有难题的清醒和坚定”。习近平总书记在党的二十大报告中提出了这一重要要求,在二十届中央纪委二次全会上进一步用“六个如何始终”概括了“大党独有难题”,即“如何始终不忘初心、牢记使命,如何始终统一思想、统一意志、统一行动,如何始终具备强大的执政能力和领导水平,如何始终保持干事创业精神状态,如何始终能够及时发现和解决自身存在的问题,如何始终保持风清气正的政治生态”。这是我们党从所处的历史方位、肩负的使命任务出发,深刻把握党的根本性质和世情党情国情发展变化,深刻总结党的自我革命经验,深刻研判依然严峻复杂的反腐败斗争形势,为新时代新征程上推进全面从严治党向纵深发展进行的战略谋划,设定的新目标、新主题、新任务,也是党加强自我监督的新目标、新任务。

(二)党内监督为破解大党独有难题“保驾护航”

经过百年奋斗,我们党已经发展成为拥有9900多万名党员、在世界上人口最多国家执政的世界最大政党。我们党作为世界上最大的政党,大就要有大的样子,同时大也有大的难处。从狭义上讲,大党独有难题就是党的建设的问题。破解大党独有难题,必须加强党内监督的制度保障。党内监督作为党的建设重要基础性工程,为党的路线方针政策和党中央重大决策部署贯彻落实提供坚实的政治保障。

中国共产党形成大党独有难题有其深厚的历史背景、发展依据和现实原因,是历史与现实、外部与内在交织形成的,是大党执政、大国执政、长期执政、一党执政等大党独有难题形成的特定条件和重要基础。①从世界政党发展规律来看,一个政党执政时间越长,就越容易积累矛盾和问题,

① 于安龙:《大党独有难题:释义与析理》,《理论与改革》,2023(04),第76页。

容易出现权力异化、腐败变质、特权思想、脱离群众等问题，不利于政权稳固、国家发展。大国大党，管党治党稍有松懈，就会有组织松散、纪律松弛、思想松懈等问题产生，党的战斗力、凝聚力就会大打折扣。一党执政有其集中力量办大事的优势，同时，也有如何有效监督公权力、如何能够使公权力运行更加规范合理等问题。新时代，进入全面建设社会主义现代化国家、全面推进中华民族伟大复兴的新征程，这对于有百年历史的中国共产党是非常具有挑战性、探索性的事业，开创的是人类文明没有的道路，既要面对世界百年未有之大变局的国际发展环境的严峻挑战，也要面对国家发展的阻力和压力，应对各种风险挑战，这些都对中国共产党的执政能力和执政水平提出了更高的要求，亦是对新时代党的建设提出更高要求。从自我监督来保证党的纯洁性和先进性是一大基础工程、系统工程，需要不断健全完善党统一领导、全面覆盖、权威高效的监督体系，充分发挥自我监督、自我净化的内生力量，也要激发国家机关监督、司法监督、审计监督、群众监督和舆论监督等外部监督的作用，以党内监督为主导贯通各类监督，形成监督合力。

党中央深刻认识到大党独有难题存在的客观性及治理的复杂性、艰巨性，提出了推进破解大党独有难题的决策部署。党中央重大决策部署到哪里，监督、检查就要跟进到哪里，政治监督有效确保全党在政治立场、政治方向、政治原则、政治道路上同以习近平同志为核心的党中央保持高度一致。加强政治监督是解决党内各种问题的治本之策，是破解大党独有难题的重要方法路径。习近平总书记在二十届中央纪委二次全会上提出的“六个如何始终”，为新时代新征程上坚定不移全面从严治党指明了方向，也为纪检监察机关坚决贯彻全面从严治党新部署新要求、履行好监督职责有了根本的遵循。“始终不忘初心、牢记使命”就是要解决理想信念、宗旨等根本问题，用党的创新理论武装头脑，并将其转化为初心使命的坚定力量；“始终统一思想、统一意志、统一行动”，即解决党的团结的问题，坚决维护党中央权威和集中统一领导，推动全党目标一致、团结一致、步调一致向强国建设、民族复兴伟业前进；“始终具备强大的执政能力和领导水平”，面对前所未有的改革发展稳定的重大任务、矛盾风险挑战及治国理政考验，以中国式现代化全面实现中华民族伟大复兴，必须巩固党的长期执政基础，提高党的执政能力和领导水平；“始终保持干事创业精神状态”强调的是党员干部的干事创业精神，越接近中华民族伟大复兴目标的实现，越需要付出百倍努力；“始终能够及时发现和解决自身存在的问题”，坚持问题导向是马克思主义方法论，中国共产党人与生俱来具有敢于直面问题、勇于自我革命的优秀品质，在发展中发现问题、解决问题，推动更好、更快地发展；“始终保持风清气正的政治生态”，就是要为全面实现社会主义现代化国家创造良好的政治环境。这些都需要深入推进党和国家监督体系建设，压实党委（党组）全面监督责任，发挥好纪检监察机关专责监督责任，加强政治监督，通过日常监督、纪律监督、查办案件、巡视巡察等方式，确保人民赋予的权力始终服务于人民。

二、牢记“三个务必”，走好新的赶考之路

在引领全党奋力走好实现第二个百年奋斗目标新的赶考之路上，习近平总书记针对“两个大局”之下党情的新变化，在“两个务必”的基础上，向全党同志发出了“三个务必”新号召，即“务必不忘初心、牢记使命，务必谦虚谨慎、艰苦奋斗，务必敢于斗争、善于斗争”，要求坚定历史自信，增强历史主动，在新时代赶考路上交出优异答卷。

（一）把握“三个务必”深刻内涵

由中华人民共和国成立前夕的“两个务必”升华到新时代的“三个务必”，是党对新时代使命任务担当作为的政治自觉、思想自觉和行动自觉，彰显了中国共产党对新时代赶考路的清醒与坚定。“三个务必”是中国共产党人理想信念、优良作风和政治品格的理论统一、行动指南和实践要求。

务必不忘初心、牢记使命，是中国共产党人的政治本色。自中国共产党诞生起，无论在革命、建设和改革开放时期遇到怎样的风险挑战，始终不变的是“为中国人民谋幸福，为中华民族谋复兴”的初心和使命。党的初心、使命是党的性质宗旨、理想信念、奋斗目标的根本体现，任何时候

都要一以贯之、永不改变，是贯穿党的建设的红线，是加强党的建设理论创新、实践创新、制度创新万变不离其宗的永恒主题。近代以来，中国共产党之所以能够在各种政治力量的角逐中脱颖而出，并始终保持了旺盛的生命力，根本的原因在于党始终坚守为中国人民谋幸福、为中华民族谋复兴的初心和使命，始终坚守人民至上的执政理念。在以中国式现代化全面推进中华民族伟大复兴新征程上，我们党面临的“四大考验”“四种危险”仍然长期存在，各种弱化党的先进性、损害党的纯洁性的因素仍然存在，各种违背党的初心和使命、动摇党的执政根基的危险也无处不在，损害党群关系的问题也时有发生。由此，广大党员干部必须常怀忧患之心，坚守人民立场，始终秉持“全心全意为人民服务”的宗旨，在勇于担当、甘于奉献中强化履职尽责的使命担当。

务必谦虚谨慎、艰苦奋斗，是中国共产党优良作风的传承和弘扬。谦虚谨慎、艰苦奋斗是中国共产党领导中国人民革命斗争中形成的优良作风，是新民主主义革命取得胜利的重要法宝。1949 年 3 月，毛泽东面对解放战争即将迎来全面胜利、党即将执掌全国政权的形势，在从西柏坡“进京赶考”前夕，在党的七届二中全会上提出：“务必使同志们继续地保持谦虚、谨慎、不骄、不躁的作风，务必使同志们继续地保持艰苦奋斗的作风。”党的十八大以来，习近平总书记在多个场合强调全党要牢记“两个务必”的重要思想。“三个务必”再次强调谦虚谨慎、艰苦奋斗，不仅是对“两个务必”的传承和发扬，而且也是在提醒全党同志，虽然党和国家解决了许多长期想解决而没有解决的难题，办成了许多过去想办而没有办成的大事，推动党和国家事业取得了全方位的、开创性的历史性成就，但是不能躺平在已有成绩的功劳簿上，必须继续保持谦虚谨慎、艰苦奋斗的作风，始终保持“赶考”的清醒和坚定，担负起以中国式现代化全面推进中华民族伟大复兴的使命和任务。

务必敢于斗争、善于斗争，是中国共产党鲜明的政治品格。社会是矛盾运动着的，没有斗争就没有胜利。从马克思主义产生到社会主义国家诞生和发展历程无不是充满着无产阶级斗争的艰辛。中国共产党的百年发展史，是一部中国共产党人带领全国人民励精图治、百折不挠的顽强斗争史，新中国是在斗争中诞生、在斗争中发展、在斗争中壮大的。党的十八大以来，以习近平同志为核心的党中央团结带领全党全国各族人民开拓进取、迎难而上，经受住了来自政治、经济、意识形态、自然界等方面的风险挑战考验，推动党和国家事业取得历史性成就、发生历史性变革。在全面建设社会主义现代化国家新征程上，世界形势风云变幻，全党依然面临各种风险挑战，有来自政治、经济、社会的，更有意识形态方面的，必须增强忧患意识，始终居安思危，保持革命精神和革命斗志，继续进行具有许多新的历史特点的伟大斗争，准备经受风高浪急甚至惊涛骇浪的重大考验，依靠顽强的斗争精神打开新局面，走好新时代长征之路，谱写时代新篇章。

（二）充分认识“三个务必”的重大意义

2013 年，习近平总书记在指导河北省党的群众路线教育实践活动时强调，毛泽东同志在党的七届二中全会上向全党郑重提出“两个务必”，是经过了深入思考的。在新的赶考路上，习近平总书记提出“三个务必”，对于全党统一思想、统一意志、统一行动，永葆“赶考”的清醒和坚定，不断开创党和国家事业新局面具有重大现实意义和深远历史意义。

“三个务必”是对新征程面临的风险挑战的深刻洞察。“三个务必”与全面建设社会主义现代化国家、全面推进中华民族伟大复兴这一伟大目标密切相连。早在 1949 年 3 月中国共产党从西柏坡出发“进京赶考”，要求全党在胜利面前要保持清醒头脑，在夺取全国政权后要经受住执政的考验。当今，是在社会主义伟大事业取得巨大成就的基础上，要经受住在世界百年未有之大变局下，在世界人口最多的国家保持大党长期执政的考验，实现中华民族伟大复兴的考验。世界之变、时代之变前所未有，既要解决国内党内很多问题，也要应对国际上的不确定性因素。只有增强忧患意识、底线思维，才能深刻洞察面临的任务挑战，抵挡各种风险挑战，才能“任凭风浪起，稳坐钓鱼台”。

“三个务必”是解决大党独有难题的必由之路。全面从严治党永远在路上，党的自我革命永远在路上。党的十八大以来，党中央提出并实施了新时代党的建设新的伟大工程，深入推进全面从严治党，解决了党内许多突出问题，党的革命性得到更加有力的锻造。同时我们必须清醒地认识到，党面临的执政考验、改革开放考验、市场经济考验、外部环境考验将长期存在，精神懈怠危险、能力不足危险、脱离群众危险、消极腐败危险将长期存在。“三个务必”涵盖党的思想建设、作风建设等多方面要求，是进一步加强党的建设的有力抓手。只有做到“三个务必”，发扬斗争精神，坚定不移推进党的伟大自我革命，实现自我净化、自我完善、自我革新、自我提高，才能在新征程中面对各种问题挑战，不断攻克一个个堡垒，最终取得中华民族伟大复兴的胜利。

“三个务必”是新时代走好“赶考之路”的精神力量。思想是行动的先导，坚定的思想意志是面对风险挑战攻坚克难、走好新征程的前提条件。“三个务必”从思想、作风建设层面，要求全党增强忧患意识，保持谦虚谨慎、不骄不躁、艰苦奋斗、敢于斗争的优良作风。新的“赶考之路”上，我们党面临的“考场”越来越大、“考题”越来越难、“答题条件”越来越难以预料。“三个务必”的提出集中体现了中国共产党在新时代新征程上必须以更新、更高、更严的标准来要求自己。要牢牢掌握历史主动和行动自觉，以不变应万变，从容应对各种风险挑战，全力战胜前进道路上的各种障碍，保障中国特色社会主义伟大事业乘风破浪、行稳致远。

三、勇于自我革命，永葆党的生机活力

勇于自我革命、从严管党治党是中国共产党区别于其他政党的显著标志，是我们党最鲜明的品格，也是最大优势。走过百年历史，正是党以勇于加强自我监督、以刀刃向内的勇气和胆识解决影响党先进性、纯洁性的各种问题，以自我革命推动社会革命、推动社会主义伟大事业前进。

（一）自我革命是党加强自身建设的百年探索经验

马克思主义政党的先进性和纯洁性不是一劳永逸、一成不变的，过去和现在的先进，并不等于将来的先进，需要经过历史、时代和人民实践的检验，需要不断在自省自强的自我革命中淬炼成钢。

中国共产党百年党史不仅是一部百年奋斗史，而且是一部自我革命史。从1921年诞生，中国共产党就加强党内监督制度建设，与党内的不正之风和腐败行为做斗争，注重整顿党风文风，反对党八股，反对形式主义、官僚主义，不断以自我革命激发革命内生动力。1926年发出党的历史上第一部反腐败文件——《坚决清洗贪污腐化分子》的通告。1927年八七会议及时清算右倾机会主义错误，提出“枪杆子里出政权”。1935年遵义会议与“左”倾教条主义相抗衡，确立了毛泽东同志在党内的领导地位。1942年延安整风运动，极力肃清主观主义、宗派主义、党八股。1949年党的七届二中全会提出了“两个务必”防官僚主义、享乐主义于未然。中华人民共和国成立后，开展整风运动、“三反”“五反”运动、整党运动等，清查党内贪污浪费，公审处决因严重贪污的刘青山、张子善两位高级领导干部。党的十一届三中全会拨乱反正、破除思想枷锁、转向实事求是，针对改革开放以来出现的腐败问题，不断调整反腐策略，加强纪检监察体制改革，建章立制，党内监督、巡视等制度法规陆续出台，党的十七大将反腐倡廉建设列为党的建设的重要组成部分。党的十八大以来，以习近平同志为核心的党中央以刮骨疗毒、壮士断腕的决心和勇气，坚决推进全面从严治党和反腐败斗争。从贯彻落实中央八项规定精神入手，深入开展纠“四风”树新风，推进党的作风建设，以党风带动政风民风好转，加强党内法规制度建设，搭建起党内法规体系。从纪检体制改革出发，深入推进国家监察体制改革，实现对使用公权力的公职人员监督全覆盖。党的自我革命没有停步，一直在路上也永远在路上。

中国共产党凭什么能够在现代中国各种政治力量的反复较量中脱颖而出？为什么能够始终走在时代前列、成为中国人民和中华民族的主心骨？百年党史深刻地揭示了，马克思主义政党的先进性不是天生的，也不是一劳永逸的，必须始终保持自我革命精神，保持批评和自我批评的优良品质，不断地在自我净化、自我完善、自我革新、自我提高中淬铁成钢。

（二）自我革命：跳出历史周期率的第二个答案

人民监督，是中国共产党经过新民主主义革命实践而给出的跳出历史周期率的第一个答案。经过百年奋斗特别是党的十八大以来新的实践，成功探索出自我革命这一跳出历史周期率的第二个答案。

勇于自我革命是我们党长盛不衰的“密码”，是马克思主义政党独有的政治品格。马克思主义政党通过革命的权威建立了无产阶级政权，也必须通过自我革命的勇气和担当净化党内政治生态，巩固党的执政基础，提升党长期执政能力。中国共产党一经诞生，就确立了为中国人民谋幸福、为中华民族谋复兴的初心和使命。中国共产党是无产阶级政党，从来不代表任何利益集团，没有任何自己特殊的利益，这是党勇于自我革命的勇气之源、底气所在。党的长期执政地位决定我们党必须坚持不懈推进自我革命。作为马克思主义执政党，要长期为人民执好政、服好务，就必须以史为鉴，把握历史主动与自觉，把新时代坚持和发展中国特色社会主义这场伟大社会革命进行到底。

新时代全面从严治党伟大实践把党的自我革命提到了新高度、开辟了新境界。自我革命是深入肌体的刮骨疗毒，也是真刀真枪的自我解剖。[①] 进入新时代，党领导的伟大社会革命和自我革命也进入了一个新的历史阶段。面对世情国情党情的深刻变化，以习近平同志为核心的党中央深入推进党的建设新的伟大工程，把全面从严治党纳入“四个全面”战略布局，以前所未有的政治勇气和战略定力深入推进党风廉政建设和反腐败斗争，坚持严的主基调，以中央八项规定精神破“四风”，突出抓“关键少数”，落实主体责任和监督责任，强化监督执纪问责，推动全面从严治党取得历史性、开创性成就。新时代全面从严治党找到了应对“四大考验”、战胜“四种危险”的“金钥匙”，成功书写了我们党以自我革命跳出历史周期率的新篇章。

（三）新时代党的自我革命任重道远

进入新征程，中华民族伟大复兴进入关键期，我们党团结带领人民已经踏上了实现第二个百年奋斗目标新的“赶考”之路。我们党之所以能够

---

① 肖贵清：《自我革命：跳出“历史周期率”的第二个答案》，《光明日报》，2021.12.1（16）。

保持长期执政的先进性，在于敢于直面问题，勇于自我革命。全面建设社会主义现代化国家不是敲敲打打就能实现的，我们要面对来自国际国内的各种风险挑战，来自全面建设社会主义现代化国家艰巨任务、世界百年未有之大变局的严峻挑战，需要广大党组织和党员干部以一往无前的勇气去拼搏奋斗。同时，我们党长期执政，面临的“四大考验”“四种危险”是长期的、复杂的、严峻的。各种弱化党的先进性、损害党的纯洁性的因素无时不有，各种违背初心和使命、动摇党的根基的危险无处不在，一些党员干部缺乏担当精神，斗争本领不强，实干精神不足，形式主义、官僚主义现象仍较突出，铲除腐败滋生土壤的任务依然严峻。这就对推进党的自我革命、始终保持党的政治本色提出了更高要求，要求我们必须敢于正视问题、勇于修正错误，坚决同一切弱化党的先进性和纯洁性、危害党的肌体健康的现象做斗争，完善党的自我革命制度规范体系，不断推进党的自我净化、自我完善、自我革新、自我提高，确保党始终成为中国特色社会主义事业的坚强领导核心。

第二节　党内监督百年实践经验启示

建党百年来，中国共产党经过革命、建设和改革开放的艰辛探索磨炼，走出了中国特色的党内监督道路，实现了党内监督制度与时俱进，构建了以党内监督为主导的党和国家监督体系，为维护党的全面领导、保持党的肌体纯洁发挥了重要作用。

一、加强党内监督是维护党的领导权威、加强党的建设的永久性课题

“绝对的权力，必然导致绝对的腐败。”这一政治铁律时刻在提醒执

政者，保障权力正常运行，必须加强监督。党内监督是政党内部运用监督制约机制对党自身建设的一种自我调节、自我控制，说到底是要强化权力的制约，防止公权力被滥用。从世界各国政党建设来看，都非常重视党内监督工作，虽然政党性质及监督内容形式不同，但核心都是权力制约和监督。如果政党权力得不到有效监督，尤其是对于执政党，不仅政党内部散沙一片，而且会因分裂、腐败而导致亡党亡国。马克思、恩格斯在创建无产阶级政党伊始就注意到党内监督的重要性，并在实践中构建了自上而下与自下而上的双向监督机制。中国共产党继承和发展了马克思主义政党的优秀政治品质，将加强党的自我监督作为党的建设的一贯要求。从建党之初，党的一大就提出纪律建设问题，党的五大建立起第一个纪律检查监督机构——中央监察委员会，党内监督体制机制因时代发展变迁进行着历史性变革与健全完善。党的十八大以来，以习近平同志为核心的党中央深入推进全面从严治党，以党内监督为主导推进党和国家监督体系建设，党内监督专责机构职责定位更为准确，聚焦监督执纪问责；监督重点更为突出，聚焦领导干部“关键少数”；监督责任更为明确，党委要负党内监督主体责任、领导责任、监督责任，既不能以纪委的监督责任代替党委的主体责任，也不能以党委的主体责任包揽纪委的监督责任。

党内监督理论与实践在取得创新性发展的同时，我们也看到还存在一些薄弱环节：一是一些部门单位党委主体责任担当意识比较差，不愿不想承担监督责任，特别是基层单位，一些“一把手”主体责任意识依然比较淡漠，上级“一把手”对下级“一把手”的监督方式简单单一。二是监督主体的协同联动性不强，呈现各自为战的状态，监督的整体效能还不能充分发挥。一方面是纪律监督、监察监督、派驻监督、巡视巡察监督还需统筹衔接、有机贯通；另一方面是党内监督与民主监督、人大监督、法律监督、社会监督、舆论监督等监督力量的融合还不够。三是党务公开工作制度化规范化水平还有待进一步提升，推进党务公开落地落实，让权力晒在阳光下，进一步拓宽人民群众监督渠道。四是党员监督权力的发挥还比较弱，当前通过举报监督发现的问题，很多都是与自身利益相关，一些党员干部对一些违纪违法问题采取漠视的态度，除非牵动到自身利益，才有所反应。加强党内监督并非一劳永逸，新时代党的建设还会遇到许多新情况新问题新挑战，会对党内监督提出新的更高要求，回应时代主题、适应党的建设要求永远在路上。

二、发展党内民主是加强党内监督的基础，也是党内监督效能提升的动力

党内民主是党的生命，民主新路是中国共产党找到的跳出历史周期率的重要法宝。建党百年来，我们党始终坚持在党的领导下推进党内民主建设，强化党的纪律建设，毫不动摇地坚持民主集中制根本原则。党的二大通过《中国共产党章程》，单列了“纪律”一章，强调了民主集中制原则“本党一切会议均取决多数，少数绝对服从多数”。五大党章明确规定：党部的指导原则为民主集中制；按照民主集中制的原则在一定区域内建立这一区域内党的最高机关，管理这一区域内党的部分组织。民主集中制是党的根本组织原则和领导制度，也是加强党内监督的根本原则。从近年来查处的腐败案例来看，“一把手”腐败问题严重，就是因为权力没有得到很好的监督制约，在实施重大决策部署时，民主集中制虚化弱化、走了形式过场，“一言堂”“家长制”导致民主不够，班子内部不团结、互相拆台导致集中不够。习近平总书记在十八届中央纪委六次全会上指出，坚持民主集中制是强化党内监督的核心，必须坚持、完善、落实民主集中制，把民主基础上的集中和集中指导下的民主有机结合起来。积极发扬党内民主，就是要消除“一支笔”“一言堂”“家长制”蛮横霸道的官僚主义作风，形成良好的党内政治生态。党的十八届六中全会审议通过的《中国共产党党内监督条例》规定，党内监督必须贯彻民主集中制，依规依纪进行，强化自上而下的组织监督，改进自下而上的民主监督，发挥同级相互监督作用。

新时代深入推进全面从严治党，必须在坚持党的全面领导下，注重维护广大党员的主体地位、保障党员民主监督权利，充分激发党内监督活

力。监督权是党员监督党的组织和党员，特别是监督党的领导机关和领导干部的权利。党的执政使命要靠聚合千千万万党员的智慧和力量来完成，党员民主监督永远是党内监督体系的主要构件之一。尊重党员民主监督权利，就要保障党员的知情权，拓宽党内监督渠道，营造党内监督环境。如果党员对党内事务一无所知或知之甚少，久而久之就失去了对党组织的归属感、荣誉感和责任感，因此要积极推进党务公开制度化规范化，开展批评和自我批评，努力营造党内监督氛围，激发监督活力、提高监督效能。同时，要发挥人民群众的监督作用。党来自人民群众，又融于人民，为人民谋幸福是我们党始终如一的初心和使命。党是受人民群众委托来代替广大人民群众行使权力、管理权力，必然也要接受人民群众的监督。邓小平指出："如果我们不受监督，不注意扩大党和国家的民主生活，就一定脱离群众，犯大错误。"[①] 要坚持党内监督与群众监督相统一，发挥党做思想工作的优势，运用法治思维，主动适应"互联网 +"时代发展要求，正确教育引导群众参与监督的意识和行为，及时回应群众监督、舆论监督。

三、充分发挥监督主体能动性，促进多主体有效衔接，形成监督合力

只要有权力存在，就必然有制约和监督。我国人民代表大会的政治体制决定了党和国家的命运是紧密联系、不可分割的，中国共产党不仅要以自我革命的精神加强自我监督，提升执政能力，而且要发挥全面领导作用，开展好对整个国家权力的监督工作。党的十九届四中全会审议通过的《中共中央关于坚持和完善中国特色社会主义制度、推进国家治理体系和治理能力现代化若干重大问题的决定》提出，以党内监督为主导，推动各类监督有机贯通，相互协调。

党的执政地位决定了党内监督在党和国家监督体系中是第一位的。加强党的自我监督，提升党内监督治理效能必须处理好以下几层关系：一是党

---

① 《邓小平文选》第一卷，人民出版社，1994，第270页。

内监督体系中五大监督主体的协力合作、凝聚合力。即，党委（党组）全面监督、纪律检查机关专责监督、党的工作部门职能监督、党的基层组织日常监督、党员民主监督，要针对党内监督的八项内容发挥出 1+1>2 的监督效能。当前，还需要继续解决监督畸重畸轻问题，特别是政治监督方面，加强党委（党组）主体责任、领导责任及监督责任的全面落实，在“长”“常”上下功夫，抓深抓细，抓严抓实。二是完善党内监督与监察监督统筹衔接，即推进纪律监督、监察监督、派驻监督、巡视巡察监督“四项监督”全覆盖。国家监察体制改革后，纪律检查委员会与监察委员会合署办公，不仅将所有行使公权力的人员监督全覆盖，而且有力地提升了党内监督效能。在构建“四项监督”工作统筹联动衔接的同时，还必须推进纪法贯通，赋予监督检查部门执纪监督、监察监督双重职责，审查调查部门执纪审查和监察调查两种权限，有效地使用了监督资源，避免了因部门间物理隔离而造成的资源浪费。三是完善党内监督与党外监督联动贯通机制。在党和国家监督体系中，包括党内监督、监察监督、人大监督、司法监督、审计监督、民主监督等重要内容。习近平总书记指出：“党的领导是全面领导、党的执政是全面执政，这就决定了党内监督在党和国家监督体系各种形式中是最基本的、第一位的。”[①]党的执政地位决定了在健全完善党和国家监督体系中，始终要坚持党的全面领导，在推动监察监督、人大监督、司法监督、审计监督建设，引导社会监督、群众监督及舆论监督的同时，也有力地促进了党内监督体系建设。

四、加强纪检监察机关建设，坚决做到“两个维护”监督责任，发挥党内监督专责机构作用

建立专责监督机构，加强党内监督，是马克思主义政党制度优势，也是世界许多国家执政党建设的共性做法。苏维埃政权建立后，列宁领导成立了与中央委员会平行的监察委员会，加强对党的高级领导人的监督。中国共产党在 1927 年党的五大就成立了以王荷波为书记的第一届中央监察

① 《习近平关于全面从严治党论述摘编》，中央文献出版社，2016，第213页。

委员会，“为巩固党的一致及权威起见，在全国代表大会及省代表大会选举中央及省监察委员会”。在中央苏区时期，为防止党内有违反党章、破坏党纪、不遵守党的决议及官僚腐化等情弊发生，作出《关于成立中央党务委员会及中央苏区省县监察委员会的决议》。经历中国新民主主义革命、社会主义革命和建设，各级监察委员会一直是在党委领导下进行纪律监督，直到改革开放后逐步建立了双重领导体制，监督的独立性增强。2003 年《中国共产党党内监督条例（试行）》规定各级纪律检查委员会是党内监督的专门机关，2016 年重新修订出台《中国共产党党内监督条例》，将“专门机关”改为“专责机关”，这个“责”字凸显出纪律检查机关的政治责任和使命担当。曾经一段时间，纪检部门既当“运动员”又当“裁判员”，协调事务太多，职能泛化，“错位、越位、缺位”，严重降低了监督效能。党的十八大以来，全面从严治党从“打铁还需自身硬”到“打铁必须自身硬”，对纪检监察机关进行了一系列的改革，优化了组织机构，推动“三转”，聚焦主责主业，专注监督执纪问责，监督方向更聚焦于政治监督；进一步强化上级纪委对下级纪委的双重领导机制，监督更具独立性；国家监察体制改革，纪律检查机关与监察机关合署办公，既执纪又执法，既监督党员又监督所有行使公权力的公职人员，进一步增强了监督能力和实现监督全覆盖。

作为党内监督和国家监察专责机关，纪检监察机关具有鲜明的政治属性，要在新时代党建格局中找准定位，突出政治监督。做到“两个维护”，是新时代纪检监察工作的根本任务和政治使命。由法律所赋予的监督执纪问责、监督调查处置职责要求，根本就在于“两个维护”，要用铁的纪律来保证党的集中统一、令行禁止。具体就是要围绕党章党规党纪、决策落实、责任履行和权力行使等情况进行监督，要融入日常、抓在经常，盯紧“关键少数”，聚焦责任落实，推进政治监督做深做实。要提高政治站位，严明政治纪律，善于从政治纪律角度审视违纪违法问题，坚决查处两面人、两面派，切实把严明政治纪律和政治规矩落实到具体的人和事。要保持惩治腐败的高压态势，构建一体推进不敢腐、不能腐、不想腐体制机制，确保人民赋予的权力始终为人民谋福利。

五、健全完善党内法规，切实提升制度执行力，为党内监督提供制度保障

制度问题更具有根本性、稳定性、全局性和长期性。全面从严治党，管住权力，最根本的还是要把制度“笼子”扎牢固、关严实。党章作为党的根本大法，从建党以来已先后 19 次修订完善，与时俱进，奠定了党内法规之基，为党和国家事业发展注入强大的制度动力。1926 年，中共中央出台了第一个惩治贪污腐化分子的文件《关于坚决清洗贪污腐化分子》的通告，第一次正式向全党宣告中国共产党与腐败势不两立。中华人民共和国成立后，制定了《中央纪律检查委员会工作细则》《中共中央纪律检查委员会关于处理控告、申诉案件的若干规定》《中共中央纪律检查委员会关于报告请示制度的规定》《中央监察委员会工作细则》《中央监察委员会关于处分党员的批准权限的具体规定》《关于加强党的监察机关的决定》等党内法规制度。改革开放以来，健全党内法规制度更加提上重要日程，邓小平多次强调制度治党的重要性，“党除了应该加强对于党员的思想教育之外，更重要的还在于从各方面加强党的领导作用，并且从国家制度和党的制度上做出适当的规定，以便对于党的组织和党员实行严格的监督”[①]。《中国共产党党内监督条例（试行）》《中国共产党巡视工作条例（试行）》等一大批党内法规出台。党的十八大以来，中共中央坚决依规治党，完善党内法规体系，其中修订出台了《中国共产党党内监督条例》《中国共产党巡视工作条例》《中国共产党纪律处分条例》《中国共产党问责条例》《党政领导干部选拔任用工作条例》等以党内监督为统领的专门法规制度，为党内监督的实施提供了法律依据。

制度的生命重在执行，当前党内法规不断完善，但制度执行还是存在明显短板。习近平总书记 2019 年在内蒙古考察时强调：“党内法规不少，主要问题在于执行不力，有的是缺乏执行能力，有的是缺乏执行底气。要强化法规制度执行，不能打折扣。”制度执行打折扣，制度成为“稻草人”“橡

① 《邓小平文选》第一卷，人民出版社，1994，第215页。

皮筋”，产生“破窗效应”，有制度比没制度更可怕。由此，党中央于2019年9月颁布出台《中国共产党党内法规执行责任制规定（试行）》，着力提高党内法规执行力。新时代推进全面从严治党、加强党内监督，还必须在提升党内法规执行力上下功夫。一是党员干部特别是领导干部要牢固树立遵守党纪党规意识，认真学习党内法规制度，领导干部要起到以上率下的表率作用，带头学习、执行党内法规制度，严格履行监督职责，主动接受群众监督；二是完善党内法规的执行机制，建立健全党内法规执行责任制，落实主体责任，层层压实责任，级级传达压力，建立、健全责任追究机制，督促各级党组织和党员领导干部严格履行执规责任；三是建立健全执规监督检查机制，将党内法规监督检查与巡视巡察监督、党内督促检查、部门监督检查等工作有机融合，体现监督检查的结果导向，将监督检查情况作为领导班子和领导干部考核、选拔任用等工作的重要依据。

第三节　新时期强化党内监督的路径析论

新时代新征程，党内监督作为党和国家监督体系第一位的监督，不仅要适应党的建设伟大工程新要求，而且要为全面建设社会主义现代化国家、全面推进中华民族伟大复兴做坚强政治保障。为顺应新时代新征程推进全面从严治党向纵深发展的要求，必须以党的政治建设为统领，做到“两个维护”，充分发挥党内监督的制度优势，确保党始终作为中国特色社会主义事业的坚强领导核心。

一、深刻把握强化党内监督的着力点

推进全面从严治党向纵深发展，强化党内监督须臾不可松懈。在新征程上，面对来自各方面的风险挑战，强化党内监督必须深刻把握其着力点，

提高精准监督质效。

（一）聚焦“国之大者”，深入推进政治监督具体化精准化常态化

党的政治建设是党的根本性建设，决定党的建设方向和效果。维护党中央权威和集中统一领导是党的政治建设的首要任务。党内监督实质上就是政治监督，首要任务就是坚决捍卫“两个确立”、做到“两个维护”。只有做到对“国之大者”心中有数，不断提高政治判断力、政治领悟力、政治执行力，才能将监督工作融入党和国家事业的“大棋局”中，更好地在实现社会主义现代化建设大局中发挥监督保障作用。

关于“国之大者”是什么、为什么、怎么做等问题，习近平总书记在多个场合发表一系列重要讲话、重要阐述。“国之大者”关乎人民的幸福生活，其最核心的是坚定做到“两个维护”。习近平总书记要求各级领导干部，“要自觉讲政治，对‘国之大者’要心中有数，关注党中央在关心什么、强调什么，深刻领悟什么是党和国家最重要的利益、什么是最需要坚定维护的立场，切实把增强‘四个意识’、坚定‘四个自信’、做到‘两个维护’落到行动上，不能只停留在口号上”。

政治监督是管总的，要求必须坚决捍卫“两个确立”、做到“两个维护”。“两个维护”是党的最高政治原则和根本政治规矩，是党的十八大以来全面从严治党所取得的重大制度成果。要教育引导广大党员干部用党的创新理论武装头脑，深刻学习贯通落实习近平新时代中国特色社会主义思想，掌握蕴含其中的马克思主义立场、观点、方法，将其应用于推动社会主义现代化建设实践。要深刻领会“两个确立”的决定性意义，增强“四个意识”、坚定“四个自信”、做到“两个维护”，始终在思想上政治上行动上同党中央保持高度一致。要求各级领导干部旗帜鲜明地讲政治，时刻关注党中央在关心什么、强调什么，深刻领会什么是党和国家最重要的利益、什么是最需要坚定维护的立场，党中央重大决策部署到哪里，政治监督就要跟进到哪里。

政治监督是具体的，要贯穿日常、融入日常，提升精准监督质效。党的二十大报告指出：“推进政治监督具体化、精准化、常态化，增强对‘一

把手’和领导班子监督实效。”要健全政治监督具体化、精准化、常态化机制，把政治监督贯穿于日常监督，善于从一般事务中发现政治问题，从倾向性、苗头性问题中发现政治端倪，从错综复杂的矛盾关系中把握政治逻辑，主动跟进，监督于问题未发之时。要见事见人，紧盯“一把手”和领导班子等“关键少数”、重点领域和关键岗位。推动“一把手”和领导班子既要自觉接受监督，又要主动开展监督，压紧压实全面从严治党的政治责任。探索重大政治任务“项目制”监督，实现日常重点事项“清单化”监督，使政治监督走深走实。

（二）紧盯重点问题、“关键少数”、重点领域，推动全面从严治党向纵深发展

党的十八大以来，党中央深入推进全面从严治党，有力加强了党的全面领导和党的建设，管党治党宽松软问题得到根本改善。但是，反腐败斗争形势依然严峻复杂，“一把手”和领导班子这一“关键少数”，权力集中、资金密集、资源富集的部门和行业，仍然是腐败高发人群和高发区。“关键少数”、重点领域及重要岗位，是腐败增量的源头，更是强化党内监督的重中之重。

做深做细“一把手”监督，健全加强对“一把手”和领导班子监督的配套制度。“一把手”是一个单位的主心骨、带头人，对干部作风、政治生态起着关键性的影响和带动。同时，其主政一方、掌管一域，极易成为不法分子行贿腐蚀、围猎的重点对象。权力过于集中、缺乏有效监督制约是“一把手”频出问题的重要原因。由此，中央专门出台了《中共中央关于加强对“一把手”和领导班子监督的意见》，加强对主要领导干部和领导班子的监督。党委（党组）、纪检机关、党的工作机关要重视对“一把手”的监督，将“一把手”作为开展日常监督、专项督查等的重点，让“一把手”时刻感受到有权必有责、用权必受监督，在履行管党治党责任、严格自律上当标杆、作表率。要强化自上而下的组织监督，上级“一把手”抓好下级“一把手”，层层传递监督责任，定期开展监督谈话，及时将苗头性、倾向性问题消除在萌芽状态。抓实个人有关事项报告制度的执行落实，加强监督核查提升监督的严肃性，对违反报告个人有关事项制度的责任人进行严格追究。要加强“一把手”贯彻民主集中制的监督，完善“三重一大”决策机制，防止“一支笔”“一言堂”的家长制作风，把“三重一大”决策制度执行情况作为巡视巡察、审计监督、专项督查的重要内容。巡视巡察工作要紧盯“一把手”，坚持风腐同查同治，及时发现问题。严肃查处领导干部配偶、子女及其配偶等亲属和身边工作人员利用影响力谋私贪腐等问题，加大对“政治骗子”和政治掮客的惩处力度。

以系统观念强化“三集领域”权力监督。从查处的腐败案件看，行业性、系统性、地域性特征明显，权力集中、资金密集、资源富集的领域，腐败易发多发。其中重要原因是监管缺失缺位。党的二十大报告明确提出“深化整治权力集中、资金密集、资源富集领域的腐败”。二十届中央纪委二次全会对“突出重点领域，深化整治金融、国有企业、政法、粮食购销等权力集中、资金密集、资源富集领域的腐败”作出具体部署。要补齐“三集”领域权力监督短板，首先要在建章立制上下功夫，统筹好制度建构与制度运行的关系，在不断完善制度规定的基础上，不断补强体制机制的薄弱环节，使制度建构与运行形成双向良性互动，把权力关进制度的笼子里。其次就是抓好重要岗位、关键环节的监督管理，综合运用巡视巡察、纪律监督、监察监督等，形成权力运行监督制约的闭环。再次，围绕行业性、系统性、地域性腐败问题开展专项整治，紧扣“国之大者”，紧盯权力集中、资金密集、资源富集的部门、行业和领域，抓住新时代新征程上一些重点领域、群众反映强烈的腐败问题深入开展专项整治，以重点突破带动全局，攻克一些行业、领域、地域长期存在的顽瘴痼疾。严肃查处典型案件，形成震慑，运用好查办案件成果，深入开展以案促改、以案促治，推动相关部门、行业、单位从制度层面堵塞漏洞、补齐短板，推动权力公开透明接受监督，切断利益输送链条。

（三）创新监督机制，提升监督整体质效

进一步全面深化改革，必须坚持用改革精神和严的标准管党治党。党的二十届三中全会对完善党和国家监督体系提出了新要求，如强化全面从

严治党主体责任和监督责任，完善权力配置和运行制约机制、健全巡视巡察工作体制机制、深化基层监督体制机制等。

强化党委全面监督、纪委专职监督各司其职、协调配合。充分发挥党委（党组）总揽全局、协调各方的领导核心作用，抓住主体责任这一“牛鼻子”，加强对领导干部的日常监督管理，抓实督促检查，发挥表率作用。强化纪委在党内监督中的专责监督作用，担负起监督责任，敢于“瞪眼”“黑脸”，勇于执纪问责，切实履行好监督的再监督作用。党委要加强对纪委监委工作的领导、管理和监督；纪委在履行好自身监督责任的同时，要推动党委特别是基层党组织履行好主体责任。纪委要增强协作配合意识，主动接受同级党委的领导和监督，积极为党委发挥主体作用当好参谋助手，不缺位、不错位也不越位。纪委要依规依纪向同级党委、同级党委主要负责人请示报告重大事项，通过党内监督情况专题报告、综合分析管辖范围内检举控告情况及政治生态状况等方式向同级党委提出意见建议，通过履行监督基本职责、第一职责推动党委（党组）决策落实。

精准规范运用好监督执纪“四种形态”。监督执纪“四种形态”是党的十八大以来全面从严治党、加强党内监督的重要创新成果。党的十九大将“运用监督执纪‘四种形态’”写入党章，规定“运用监督执纪‘四种形态’，让‘红红脸、出出汗’成为常态，党纪处分、组织调整成为管党治党的重要手段，严重违纪、严重触犯刑律的党员必须开除党籍”。监督执纪“四种形态”的目的，是通过惩处极少数、教育大多数，使党员干部不犯或少犯错误。其策略是坚持严的总基调，着眼于标本兼治，强调分类施治、分层施策，体现惩前毖后、治病救人的政策和策略，实现了强化党内监督推进全面从严治党的政治效果、纪法效果、社会效果相统一。精准规范运用监督执纪“四种形态”，一方面，要坚持实事求是，一切从实际出发，准确把握违纪、违法、犯罪的内涵，综合考虑错误性质、情节后果、主观态度等因素，依规依纪依法适用；另一方面，坚持把监督作为基本职责，抓早抓小、防微杜渐，保持反腐败高压态势的同时，及时充分运用谈话提醒、批评教育、责令检查、诫勉等手段，做到抓早抓小、防微杜渐。

推进“四项监督”贯通融合、统筹衔接常态化制度化建设。2019 年党的十九届四中全会通过的《中共中央关于坚持和完善中国特色社会主义制度 推进国家治理体系和治理能力现代化若干重大问题的决定》提出，要“推进纪律监督、监察监督、派驻监督、巡视监督统筹衔接”，各地纪检监察机关积极探索推动纪律监督、监察监督、派驻监督、巡视监督“四个全覆盖”的监督体系建设，积累了丰富的经验成果。二十届中央纪委二次全会提出“促进纪律监督、监察监督、派驻监督、巡视监督统筹衔接常态化制度化”要求。推进“四项监督”统筹衔接，首先需要正确把握“四项监督”各自的监督优势及四者间的有机统一关系，以纪律监督和监察监督为基础，充分发挥派驻监督探头作用和巡察监督利剑作用。推动监督信息互联互通，积极构建监督信息平台，打破各监督主体之间的信息壁垒，完善沟通交流机制，以信息的互通促进部门的融合。优化监督成果共享共用联动机制，促进监督成果共享共用，推动监督成果有效转化、充分利用。坚持目标导向和结果导向，联动协同抓整改，同向发力、联督互促，构建起“一盘棋”监督格局。

二、科技赋能监督提质增效

现代信息技术发展和应用突飞猛进，以数字化、网络化、智能化为特征的信息化浪潮蓬勃兴起。没有信息化就没有现代化，就没有国家治理体系和治理能力现代化。人工智能、互联网、大数据等现代信息技术为提升国家治理能力和治理现代化水平提供了重要手段。监督作为治理的内在要素，监督信息化是推动治理现代化的重要杠杆和支点。信息化建设为监督延伸触角、丰富内涵、拓展监督主体、提升监督质效发挥了重要作用。

（一）“互联网 + 党务政务服务”推进党务政务信息公开

信息不透明、不对称是引发监管风险的重要原因，现代信息技术为权力在阳光下运行提供了重要手段。“互联网 +”以其开放、透明的显著性特征，使党务政务突破了时间和空间的限制，打破了单向度信息沟通，实现了党和政府与企业、社会组织及人民群众的政治参与和民主监督互动，让权力在阳光下清晰、透明、规范运行，实现事前预警、事中监督、事后问效。

随着大数据、物联网、云计算等新技术不断涌现，建立一体化的网上党务政务服务平台，成为推进党务政务信息公开的重点和方向。“互联网 + 党务政务服务”借助现代信息网络技术，实现了跨层级、跨地域、跨行业、跨部门的一体化服务模式，实现了网上“受理、办理、反馈”的线上服务和实体大厅线下服务的密切配合，促进部门协同、条块联动、跨界整合，行政权力运行可留痕、可管控、可追溯，规范了权力运行，推进廉政风险防控管理工作，切实管好权、用好资金、落实好党的好政策。面对信息化技术高速发展的挑战，在党务、政务平台建设上也要不断地加强技术攻关，促进提档升级，促进政务数据聚、通、用、护一体化融合发展，推动网络信息技术赋权增能机制持续优化。

随着互联网的深入发展，除政府门户网站，政务微博、官网微信等的问世也为党务政务开辟了新渠道。党务政务微博微信传播力强，社会影响力大，使政府各项经济社会政策更透明、权力运行更透明；同时也成为新型的政治参与、民意表达和民主监督的“绿色通道”，逐渐成为政府与群众沟通交流的新平台。各部门在微博、微信上开设专栏，不仅可以发布各级党委、政府重大方针政策，发布涉及本部门管理工作的重大政策、决策、法规等，发布涉及本部门的重特大公共事件和公众性事件的权威信息，而且能够及时接受社会监督，第一时间回应群众和社会关切，及时处理群众反映的问题，占领舆论主阵地。党内监督和舆论监督互相支撑，为管党治党提供了新的支撑、增强了监督合力。

（二）“互联网 + 监督”提升纪检监察智能化、数字化水平

《中国共产党党内监督条例》要求，“利用互联网技术和信息化手段，推动党务公开、拓宽监督渠道，虚心接受群众批评”。纪检监察机关作为专责监督机关，必须适应全面从严治党要求，紧跟信息化时代发展潮流，推动监督监察与现代信息技术深度融合，着力提升纪检监察工作智能化、精准化水平。“互联网 + 监督”将“互联网 + ”思维应用在纪检监察工作

上，是实现监督信息透明、权力运行全过程监督的有效手段。

在深入推进全面从严治党中引入“互联网+”思维，将大数据、物联网、云计算等新技术不断运用于监督监察的全过程，极大地提升了监督监察的全面性、精准性和治理的有效性。通过电子监察，将廉洁风险防控措施嵌入业务流程中，事前、事中、事后全过程留痕，全方位监督，最大限度地减少了人为因素干扰，将监督融入权力监督制约的全过程。依托“区块链+大数据+人工智能技术”，纪检监察机关对行政审批、财政资金管理使用、公共资源交易以及海量的公权力行使信息进行动态监控，通过多维度的关联、碰撞、分析，能够准确发现违规违纪线索。通过大数据共享，打破“信息孤岛”和“数据烟囱”效应，纪检监督、监察监督、巡察监督和派驻监督统筹衔接、融合贯通，推进治理效能的提升。现代信息技术在党风廉政建设和反腐败工作中的应用，不仅优化了管理流程，提升了制度执行力，而且充分发挥了党内监督、管党治党的威力。“互联网+监督”无处不在、无时不在，还能够充分发挥科技监督的力量，拓宽监督渠道、扩大监督范围，将体制外的社会监督纳入体制内监督轨道，充分发挥舆论监督、群众监督作用，实现党内监督和社会监督、群众监督有效结合，形成监督合力。

党的十八大以来，各地深入推进全面从严治党，积极探索将现代信息技术应用于监督和监察，取得了丰富的成效和经验，有效地提升了纪检监察机关监督能力和水平。同时我们也看到，一些地方廉政治理的互联网思维还不是很强，对运用信息技术规范权力运行和提升治理效能的认识还不是很清晰，信息化治理跟不上互联网发展的速度；一些部门和党员干部使用网络和运用现代信息技术的能力还不高，难以将线上线下监督有效地结合起来；一些地方的信息基础设施建设还很滞后，电子监察平台大多基于上一代信息技术，而物联网、云计算和大数据等新一代信息技术还未充分运用到纪检监察系统中。由此，深入推进“互联网+监督”，纪检监察机关还需提高认识，加强基础设施的建设、维护和升级改造，加大新一代信息技术的应用，积极探索建设互联互通互融的大数据监督平台。

（三）以信息化建设为重要抓手破解基层监督难题

基层位于国家权力监督的神经末梢，监督监察全覆盖也难在基层。基层公权力运行信息公开不及时、不充分；群众监督积极性不高，监督渠道不畅通；监督点多面宽、力量分散，各类监督贯通协同力不强，仍然存在一些损害群众切身利益的不正之风和腐败行为。现代高速发展的信息技术有力地延伸了监督触角，为破解基层监督难题提供了重要路径。

加强基层信息化建设，推进基层监督数据共享，将基层监督深度融入基层治理中，释放监督治理效能，更好地维护人民群众的利益。基层信息化建设将微小权力关进“数据铁笼”，不仅促进了微小权力运行透明，而且为群众监督提供了便捷的监督渠道。信息化建设使每一次权力的运用都全程留痕，实现权力运行风险实时预警，让权力褪去“神秘面纱”、暴晒在“阳光之下”，极大压缩了权力腐败空间。数据的公开透明，使权力运行更加透明，资源的分配更加公正。群众通过微信扫码或搜索监督平台、打开微信 App 就能了解到微小权力的运行情况，村（社区）公开相关信息，查询到自己的申请流程；群众也可以通过随手拍等方式上传举报、曝光社会不良风气，变身“监督员”，这样不仅保障了群众的知情权，而且也畅通了群众监督渠道。基层监督借助信息化平台，可实现数据共享、监管互联，节约了监督成本，形成了监督合力，推动了监督质效提升。

现代信息化技术已经深深融入了人们的工作生活，信息技术与权力运行的融合程度越来越高，运用信息技术强化权力监督也是基层治理的必然要求。积极构建网络互通、数据共享的全市（县）一体化信息监督平台，在积极推进市县党务政务服务平台技术升级的同时，探索打造阳光基层智慧监督系统，将涉及民生的医保、人社、就业等相关部门数据信息纳入其中，建立民生资金监管、三资监管、基层党员干部监督等功能模块，推动基层小微权力规范运行。积极探索推行“微信群 +”信息化监督机制，采取“微信群 + 小程序 + 监督后台”的方式，打造了基层小微权力监督平台，接受群众监督，受理群众诉求，强化对基层小微权力的监督，及时化解社会矛盾。要提高基层运用信息技术的能力，加强专业技术队伍的建设，建立大数据分析系统，开展数据比对、综合分析，挖掘数据背后的规律性问题，提高监督的精准化水平。

三、持续净化党内政治生态

政治生态是一个地方或领域政治生活现状和政治发展环境的集中反映，是党风、政风、社会风气的综合体现，是政治制度、政治文化、政治生活等要素相互作用的结果。持续净化党内政治生态是我们党坚持自我革命、强化党内监督的重要抓手，强化党内监督能为涵养风清气正的党内政治生态提供重要保障，良好的党内政治生态为强化党内监督提供健康的秩序环境，二者互促互进，提升党执政能力。党的二十大报告强调，要增强党内政治生活政治性、时代性、原则性、战斗性，用好批评和自我批评武器，持续净化党内政治生态。

（一）严肃党内政治生活

党内政治生活是党组织教育管理监督党员的重要形式，是党员进行党性锻炼的重要平台。党要管党必须从党内政治生活管起，从严治党必须从党内政治生活严起。健康的党内政治生活，是良好的党内政治生态的根本保障，是保持党的先进性纯洁性、保证党的团结统一、提高党的创造力凝聚力战斗力的必要条件，是马克思主义政党区别于其他政党的显著优势。

增强党内政治生活政治性、时代性、原则性、战斗性。习近平总书记早在 2016 年 7 月 1 日庆祝建党九十五周年时就强调："我们要加强和规范党内政治生活，严肃党的政治纪律和政治规矩，增强党内政治生活政治性、时代性、原则性、战斗性，全面净化党内政治生活。"①《关于新形势下党内政治生活的若干准则》专门强调，着力增强党内政治生活的政治性、时代性、原则性、战斗性，之后又在党的十九届四中全会、十九届六中全会、二十大会议上多次强调、要求。政治属性是马克思主义政党的本质属性，我们党必须旗帜鲜明讲政治。增强党内政治生活政治性，就是要

① 《习近平谈治国理政》第二卷，人民出版社，2017，第44页。

教育引导党员干部坚定正确的政治方向，严守党的政治纪律和政治规矩，坚定党的根本政治立场，坚决维护党中央集中统一领导，坚定中国特色社会主义道路自信、理论自信、制度自信、文化自信，自觉在思想上政治上行动上同党中央保持高度一致。时代性是党内政治生活的一个显著特点，不同历史时期都会提出不同的时代课题，加强党的建设必须解放思想、与时俱进，以改革创新精神推进党的伟大事业。与时俱进是马克思主义政党重要的理论品质，时代性是与时俱进品质在党内政治生活中的重要体现。增强党内政治生活时代性，紧跟时代步伐、倾听时代声音、回答时代课题，及时发现和解决党内出现的新问题，使党内政治生活始终充满活力。原则性是判断是非曲直的标准，是党内政治生活的基本准绳，是新形势下开展党内政治生活的基本遵循。严肃党内政治生活，就必须把增强原则性摆在重要位置，坚持党的思想原则、政治原则、组织原则、工作原则，以原则为依据和遵循来处理党内各种关系，解决各种矛盾问题。中国共产党从诞生起就是一个战斗的组织，在实现社会主义现代化国家新征程中不能有“躺平”思维、“佛系”思想，敢于斗争是党与生俱来的革命品质。健康的党内政治生活，必须有坚持真理、修正错误，勇于批评和自我批评的行动自觉，与违背、歪曲、否定党的基本路线的言行做斗争，与一切错误思想、言论、行为做斗争。

用好批评与自我批评这一有力武器。一个政党的伟大不在于不犯错误，而在于对待错误的科学态度和实际行动。毛泽东曾指出：“有无认真的自我批评，也是我们和其他政党互相区别的显著标志之一。”[①]批评和自我批评是我们党加强和规范党内政治生活的重要手段，是我们党永葆生机和活力的锐利武器，是我们党保持自我革命政治品格的优良传统和政治优势。回顾党的百年历史，我们党就是在批评和自我批评中发展壮大的，特别是一些重大的历史时刻，是拿起了这一锐利武器才排除、纠正了各种错误思想，保持了正确的路线方针，凝聚了强大的战斗力量。党的十八大

① 《毛泽东选集》第三卷，人民出版社，1991，第1096页。

以来，党中央把严肃党内政治生活、开展批评和自我批评提升到了重要高度，《关于新形势下党内政治生活的若干准则》专门对开展批评和自我批评作了重要规定。在“两个大局”下奋进新征程，我们党既要面对外部的强大风险挑战，也要面对党内的矛盾和问题，严肃党内政治生活，必须运用好批评与自我批评这一有力武器。党员干部要坚持实事求是，敢于讲真话、讲实话、讲心里话，批评出于公心；要严于解剖自己，敢于揭短亮丑，不要怕“戳伤疤”，勇于查摆自身存在的问题。关于党内政治生活，已经形成包括民主生活会、“三会一课”、党员定期党性分析、民主评议党员、谈心谈话等一系列的制度规定，关键是要提高制度执行力，为党员干部开展批评和自我批评提供制度保证。领导干部特别是高级干部要充分发挥示范带头作用，从谏如流、敢于直言，带头进行党性分析，带头接受党员和群众的批评监督。要注重新情况新问题，探索新方式，适应时代发展要求，起到团结—批评—团结，惩前毖后、治病救人的实际效果。

（二）发展积极健康的党内政治文化

关于政治文化，学界有多种定义，但较为一致地认为政治文化体现的是人们对政治生活的情感、态度、认知和价值判断等，是人们在长期发展实践中各种政治理念、政治价值的总积淀，属于意识形态和上层建筑。党内政治文化作为政治文化在政党领域的延伸，是一个政党在长期政治实践中形成的比较统一、稳定，并被其成员自觉接受和践行的体制机制、信念价值、情感认同等，本质上是党性文化。党内政治文化“日用而不觉”，无时无刻不影响着党员干部的思想和行为。“党内政治生活、政治生态、政治文化是相辅相成的，政治文化是政治生活的灵魂，对政治生态具有潜移默化的影响。”[①] 党的十九大将“发展积极健康的党内政治文化，营造风清气正的良好政治生态”写入大会报告，并写入党章。

党内政治文化作为党的建设深层次基础性要素，是形成良好党内政治生活的丰厚土壤，是政党软实力的重要体现。马克思主义政党先进性内在

① 《习近平著作选读》第一卷，人民出版社，2023，第521页。

包含着党内政治文化的先进性，党内政治文化对于党的政治生活实践发挥着强大的价值引领作用。我们党在马克思主义思想指导下，在百年来的发展实践中萃取了优秀传统文化基因，汲取了中国革命、建设和改革开放实践之思想精华，形成了以革命文化为源头，以社会主义先进文化为主体，充分体现中国共产党党性的政治文化。在长期发展中，我们党大力弘扬忠诚老实、光明坦荡、公道正派、实事求是、艰苦奋斗、清正廉洁等共产党人价值观；在各个历史时期，我们党领导中国人民形成了“红船精神”、井冈山精神、长征精神、延安精神、太行精神、大庆精神、“两弹一星”精神、雷锋精神、改革开放精神、航天精神、抗震救灾精神、抗疫精神、脱贫攻坚精神等伟大建党精神，极大地丰富了党内政治文化的内涵。这些宝贵的党内政治文化成为中国共产党人的精神旗帜，引领中国共产党人不断创造奇迹，党和国家发生历史性变革，中华民族迎来了从站起来、富起来到强起来的历史性飞跃，走向了以中国式现代化全面推进中华民族伟大复兴的新征程。

建设积极健康的党内政治文化是全面从严治党、净化党内政治生态的治本之举。曾经有一段时间，党内政治生活出现了一些突出问题，包括“七个有之”问题，追本溯源是党内政治文化、党内政治生活受到侵蚀，关系学、厚黑学、“潜规则”等庸俗腐朽文化动摇了一些党员干部的理想信念、政治立场，其价值观、人生观、政绩观与党性要求发生严重偏差。党的十八届六中全会把严肃党内政治生活和强化党内监督放在深入推进从严管党治党的重要政治高度，通过了《关于新形势下党内政治生活的若干准则》《中国共产党党内监督条例》，从思想、制度和文化层面来解决党内政治生活存在的问题，建设清正廉洁的党内政治文化。新时代十年来，以习近平同志为核心的党中央以钉钉子的精神，保持了极大的恒心、耐心和决心，精准发力、锲而不舍，全力狠抓顽固性问题、破解反复性问题，坚决打击各种不正之风和腐败问题，一体推进不敢腐、不能腐、不想腐，推动形成积极健康的党内政治文化，凝聚起了全面建设社会主义现代化国家、全面推进中华民族伟大复兴的强大力量。

“逆水行舟用力撑，一篙松劲退千寻。”在新时代新征程上，建设正气充盈的党内政治文化、持续净化党内政治生态不会一帆风顺，会遇到各种各样不可预知和不可预测的风险挑战和矛盾问题。党的自我革命永远在路上，建设积极健康的党内政治文化、净化党内政治生态必须驰而不息、锲而不舍，以良好的党内政治文化涵养党内政治生态，以良好的党内政治文化引领社会文化。要以党的政治建设为统领，坚定马克思主义信仰，坚持马克思主义指导地位，用党的创新理论武装头脑，深入学习领会习近平总书记关于党的自我革命、全面从严治党、纪律建设等重要思想，坚决反对特权思想和特权现象，建设正气充盈的党内政治文化。要引导党员干部牢记“五个必须”，做到“五个绝不允许”，防止“七个有之”，严守党的政治纪律和政治规矩，加强思想政治教育，不断淬炼党员干部的党性修养，坚定“四个自信”、涵养政治定力。要引导党员干部与不良腐朽的政治文化作斗争，旗帜鲜明地倡导和弘扬忠诚老实、公道正派、实事求是、清正廉洁等价值观，旗帜鲜明抵制和反对关系学、厚黑学、官场术、“潜规则”等庸俗腐朽的政治文化，以高度的政治自觉、思想自觉和行动自觉竭力拒绝西方不良思想文化的侵蚀和意识形态的渗透，自觉用先进的政治文化战胜不良政治文化，推动实现党内政治文化正气充盈，不断培厚良好政治生态的土壤。

主要参考文献

一、文献类

[1] 马克思恩格斯全集：第三卷 [M]. 北京：人民出版社，1965.

[2] 马克思恩格斯全集：第四卷 [M]. 北京：人民出版社，1958.

[3] 马克思恩格斯选集（全四卷）[M]. 北京：人民出版社，2012.

[4] 列宁全集：第三十五卷 [M]. 北京：人民出版社，1986.

[5] 列宁全集：第四十三卷 [M]. 北京：人民出版社，1987.

[6] 列宁选集（全四卷）[M]. 北京：人民出版社，1995.

[7] 毛泽东文集：第五、六、七卷 [M]. 北京：人民出版社，1996.

[8] 毛泽东选集（一至四卷）[M]. 北京：人民出版社，1991.

[9] 毛泽东选集：第五卷 [M]. 北京：人民出版社，1977.

[10] 毛泽东年谱（1949—1976）：第 3 卷 [M]. 北京：中央文献出版社，2013.

[11] 邓小平文选（全三卷）[M]. 北京：人民出版社，1989.

[12] 刘少奇选集：上卷 [M]. 北京：人民出版社，1981.

[13] 陈云文选：第三卷 [M]. 北京：人民出版社，1995.

[14] 江泽民 . 江泽民论有中国特色社会主义 [M]. 北京：中央文献出版社，2002.

[15] 习近平谈治国理政：第二、三卷 [M]. 北京：外文出版社，2017.

[16] 习近平著作选读：第一、二卷 [M]. 北京：人民出版社，2023.

[17] 习近平 . 论坚持全面深化改革 [M]. 北京：中央文献出版社，2018.

[18] 江泽民 . 全面建设小康社会 开创中国特色社会主义事业新局面——在中国共产党第十六次全国代表大会上的报告（2002 年 11 月 8 日）[M]. 北京：人民出版社，2002.

[19] 胡锦涛 . 高举中国特色社会主义伟大旗帜 为夺取全面建设小康社会新胜利而奋斗——在中国共产党第十七次全国代表大会上的报告（2007 年 10 月 15 日）[M]. 北京：人民出版社，2007.

[20] 习近平 . 决胜全面建成小康社会 夺取新时代中国特色社会主义伟大胜利——在中国共产党第十九次全国代表大会上的报告（2017 年 10 月 18 日）[M]. 北京：人民出版社，2017.

[21] 习近平 . 高举中国特色社会主义伟大旗帜 为全面建设社会主义现代化国家而团结奋斗——在中国共产党第二十次全国代表大会上的报告（2022 年 10 月 16 日）[M]. 北京：人民出版社，2022.

[22] 苏联共产党决议汇编：第一、二分册 [M]. 北京：人民出版社，1954.

[23] 苏联共产党章程汇编 [M]. 北京：求实出版社，1982.

[24] 建国以来重要文献选编：第五、八册 [M]. 北京：中央文献出版社，2011.

[25] 中国共产党第十三次全国代表大会文件汇编 [M]. 北京：人民出版社，1987.

[26] 中共中央文件选集：第二、十一册 [M]. 北京：中共中央党校出版社，1989.

[27] 中国新民主主义革命时期根据地法制文献选编：第二卷 [M]. 北京：中国社会科学出版社，1981.

[28] 中国共产党组织史资料：第一、二、八卷 [M]. 北京：中共党史出版社，2000.

[29] 十六大以来重要文献选编（上）[M]. 北京：中央文献出版社，2005.

[30] 十一届三中全会以来历次党代会、中央全会报告公报决议决定（下

册）[M]. 北京：中国方正出版社，2008.

[31] 十八大以来重要文献选编 [M]. 北京：中央文献出版社，2014.

[32] 十九届中央纪委历次全会文件资料汇编 [M]. 北京：中国方正出版社，2022.

[33] 党的二十大文件汇编 [M]. 北京：党建读物出版社，2022.

[34] 习近平关于党内廉政建设和反腐败斗争论述摘编 [M]. 北京：中央文献出版社、中国方正出版社，2015.

[35] 习近平关于全面从严治党论述摘编 [M]. 北京：中央文献出版社，2021.

[36] 习近平关于坚持和完善党和国家监督体系论述摘编 [M]. 北京：中央文献出版社、中国方正出版社，2022.

[37] 中国共产党党内重要法规汇编 [M]. 北京：党建读物出版社，2019.

[38] 中国共产党历次党章汇编（1921~2017）[M]. 北京：中国方正出版社，2019.

[39] 中国共产党党风廉政建设百年纪事 [M]. 北京：中国方正出版社，2021.

[40] 朱熹 . 四书章句集注 [M]. 北京：中华书局，1983.

二、著作类

[1] 王杰 . 荀子 [M]. 北京：华夏出版社，2001.

[2] 左言东 . 中国政治制度史 [M]. 杭州：浙江古籍出版社，1989.

[3] 尚丁 . 黄炎培 [M]. 北京：人民出版社，1990.

[4] 吴丕，袁刚，孙广厦 . 政治监督学 [M]. 北京：北京大学出版社，2007.

[5] 张穹，张智辉 . 权力制约与反腐倡廉 [M]. 北京：中国方正出版社，2009.

[6] 徐家林，邓纯余，陈静，卞莉莉 . 中国共产党反腐倡廉建设史论 [M].

北京：中国方正出版社，2009.

[7] 张士义，王祖强，沈传宝 . 从一大到十九大 中国共产党全国代表大会史 [M]. 北京：东方出版社，2018.

[8] 俞可平 . 权力与权威：政治哲学若干重要问题 [M]. 北京：商务印书馆，2020.

[9] 尤光付 . 中外监督制度比较 [M]. 北京：商务印书馆，2013.

[10] 曲青山 . 从五个维度认识把握“两个确立” [M]. 北京：人民出版社，2022.

[11] 吴振钧 . 权力监督与制衡 [M]. 北京：中国人民大学出版社，2008.

[12] 孙道祥，任建明 . 中国特色反腐倡廉理论研究 [M]. 北京：中国方正出版社，2011.

[13] 高春平等 . 于成龙与山西古今廉政文化研究 [M]. 太原：北岳文艺出版社，2017.

[14] 林喆 . 权力腐败与权力制约 [M]. 济南：山东人民出版社，2009.

[15] 冯精志 . 苏联亡党亡国二十年祭 [M]. 南昌：二十一世纪出版社，2013.

[16] 任建明，杜治洲 . 腐败与反腐败 理论、模型和方法 [M]. 北京：清华大学出版社，2009.

三、期刊类

[1] 习近平 . 努力造就一支忠诚干净担当的高素质干部队伍 [J]. 求是，2012（02）.

[2] 习近平 . 在党的十八届六中全会第二次全体会议上的讲话（节选）（2016 年 10 月 27 日）[J]. 求是，2017（01）.

[3] 习近平 . 增强推进党的政治建设的自觉性和坚定性 [J]. 求是，2019（14）.

[4] 习近平 . 在中央人大工作会议上的讲话 [J]. 求是，2021（05）.

[5] 习近平 . 在文化传承发展座谈会上的讲话（2023 年 6 月 2 日）[J].

求是，2023（17）.

[6]陈国权.政治监督: 形态、功能及理论阐释[J].政治学研究，1998(04).

[7] 汤涛 . 中共民主革命时期党内监督的历史沿革及特点 [J]. 中共党史研究，2006（06）.

[8] 蒯正明 . 中国共产党党内监督制度建设的历史进程与基本经验 [J]. 内蒙古社会科学（汉文版），2011（05）.

[9] 张齐发 . 我国古代廉洁文化的主要内容及作用浅述 [J]. 学理论，2015（11）.

[10] 窦克林 . 为什么要强化自上而下的组织监督？上级监督下级最管用最有效 [J]. 中国纪检监察，2016（22）.

[11] 褚尔康 . “互联网 + 党内监督”的运行发展探讨 [J]. 理论导刊，2017（07）.

[12] 章兴鸣，陈佳利 .“互联网＋监督”：廉政治理精准化的实践路径 [J]. 中共天津市委党校学报，2018（05）.

[13] 何增科 . 中国政治监督 40 年来的变迁、成绩与问题 [J]. 中国人民大学学报，2018（04）.

[14] 曾勋，何增科 . 监督执纪过分依赖专门监督机构，有何风险？ [J]. 廉政瞭望（上半月），2018（11）.

[15] 吴建雄 . 国家监察体制改革与新时代中国特色社会主义监督体系构建 [J]. 统一战线学研究， 2018（01）.

[16] 侯志山 . 国家监察：中国特色监督的创举 [J]. 中国党政干部论坛，2018（04）.

[17] 蔡文成，张艳艳 . 新时代党的政治建设的时代特征 [J]. 思想理论教育导刊，2019（12）.

[18] 全家悦，郭昭，张旭 . 新时代加强党的政治监督论析 [J]. 西北工业大学学报（社会科学版），2019（03）.

[19] 李超 . 我国古代监察制度及其历史借鉴 [J]. 广西社会科学，2019（01）.

[20] 吴建雄，张咏涛 . 论国家监察创制的文化自信 [J]. 中共中央党校（国家行政学院）学报，2019（04）.

[21] 李景平，曹阳 . 新中国成立 70 年来党内监督体系的历史嬗变与现实启示 [J]. 北京行政学院学报，2019（05）.

[22] 马雪松，王慧 . 党和国家监督体系中的有效监督机制构建 [J]. 理论探索，2020（03）.

[23] 罗星，郭芷材 . 新中国成立初期党和国家监督体系的历史演进与时代价值 [J]. 理论建设，2020（03）.

[24] 蒋来用 . 健全党内监督体系要理清四个关系 [J]. 中国党政干部论坛，2020（02）.

[25] 蒋来用 . 多重视角下政治监督概念的理论阐释 [J]. 中州学刊，2020（04）.

[26] 蒋来用、王阳 . 健全和完善党内监督体系的系统性、协调性和有效性 [J]. 重庆社会科学，2020（04）.

[27] 王翠芳 . 新时代党内监督的创新发展 [J]. 中国特色社会主义研究，2020（03）.

[28] 黄树标 . 论中国古代监察制度之当代借鉴 [J]. 社会科学动态，2020（11）.

[29] 董瑛 . 中国特色社会主义监督话语体系的构建 [J]. 马克思主义研究，2020（12）.

[30] 董娟 . 中国特色社会主义监督制度的缘起、形成与完善 [J]. 党政干部论坛，2021（09）.

[31] 吕曼 . 以党内监督为主导推动健全党和国家监督体系 [J]. 人民论坛，2022（24）.

[32] 高刘阳 . 新时代党内监督的生成逻辑和理论创新 [J]. 中共福建省委党校（福建行政学院）学报，2022（05）.

[33] 朱福惠 . 党内监督体系的概念生成、制度特征与实践创新 [J]. 党内法规研究，2022（10）.

[34] 于安龙 . 大党独有难题：释义与析理 [J]. 理论与改革，2023（04）.

[35] 张德权 . 论中国古代监察制度之当代借鉴 [J]. 社会科学动态，2020（11）.

[36] 黄树标，杨建生 . 中国古代监察制度及其历史借鉴 [J]. 前沿，2005（10）.

[37] 陈松友，杜思雨 . 推进党内监督与其他监督协调贯通的现实困境与破解路径 [J]. 甘肃社会科学，2023（05）.

[38] 伍洪杏 . 中国传统廉洁文化的伦理检视 [J]. 理论探索，2022（02）.

[39] 徐海燕 . 国家监察体制改革：历史进程与制度创新 [J]. 学习论坛，2017（08）.

[40] 蒋德海 . 马克思的权为民赋思想及对我国法治建设的意义 [J]. 同济大学学报（社会科学版），2011（05）.

[41] 任建明 . 党内监督体系的制度化科学化新境界 [J]. 学术前沿，2018（09）下 .

[42] 任建明，杨梦婕 . 国家监察体制改革：总体方案、分析评论与对策建议 [J]. 河南社会科学，2017（06）.

[43] 滕明政 . 中国共产党十八大以来党内监督的鲜明特点 [J]. 重庆社会科学，2021（01）.

[44] 曹雪松 . 党的十八大以来党内监督理念与实践的新发展 [J]. 社会主义研究，2016（04）.

四、报刊类

[1] 习近平同志在第十八届中央纪律检查委员会第六次全体会议上的讲话 [N]. 人民日报，2016.5.3.

[2] 习近平 . 在中共中央召开的党外人士座谈会上的讲话（2016 年 12 月 6 日）[N]. 人民日报，2016.12.10.

[3] 习近平 . 在同党外人士共迎新春时的讲话（2017 年 1 月 22 日）[N]. 人民日报，2017.1.23.

[4] 秦宣 . 党内监督是全面从严治党的重要保障 [N]. 经济日报，2016.12.26.

[5] 贺夏蓉 . 政治监督的内涵及要求 [N]. 中国纪检监察报，2018.9.27.

[6] 李玉长 . 强化政治监督 彰显制度优势和治理效能 [N]. 中国纪检监察报，2019.11.29.

[7] 李仰哲 . 纪检监督机关要突出政治定位 [N]. 学习时报，2019.4.19.

[8] 李斌 . 人民政协协商式监督的特色与优势 [N]. 人民政协报，2019.5.7.

[9] 庄德水 . 从强化政治监督入手推进全面从严治党 [N]. 检察日报，2020.1.21.

[10] 赵纪萍 . 习近平总书记强调的“国之大者”[N]. 学习时报，2021.8.23.

[11] 肖贵清 . 自我革命: 跳出“历史周期率”的第二个答案 [N]. 光明日报，2021.12.

[12] 许玉镇 . 健全党统一领导、全面覆盖、权威高效的监督体系 [N]. 光明日报，2023.1.13.

后 记

党内监督是坚持党的全面领导、加强党的建设的永恒性课题。建党百余年来，中国共产党在革命、建设和改革开放中不断艰辛探索，加强监督体系顶层设计，逐步构建起了以党内监督为主导的党和国家监督体系“四梁八柱”，特别是党的十八大以来，以习近平同志为核心的党中央坚持把监督贯穿于管党治党、治国理政各项工作中，健全完善党统一领导、全面覆盖、权威高效的党和国家监督体系，走出了一条具有中国特色的执政党自我革命、拒腐防变的新路。

党内监督没有禁区、没有例外。执行党内纪律一律平等，没有特殊党员，重视党内监督、平等接受监督，保持自我监督的科学性、严肃性，是我们党管党治党的重要原则和政治优势。新时代新征程上，深入推进党的自我革命实践，织密扎牢监督之网，必须继续在完善权力制约监督机制上下硬功夫，以党内监督为主导推进各类监督贯通协调，发挥监督最大合力，真正把权力关进制度的“笼子”里，推动全面从严治党向纵深发展，为全面建成社会主义现代化强国、实现中华民族伟大复兴提供坚强保障。

本书以笔者近几年来的课题研究、学术论文成果为基础，进行了新的整体构思和延伸拓展，起始于 2021 年建党 100 周年之际，研究进展比较缓慢，终于付梓成书。诚挚地感谢山西省社会科学院（省人民政府发展研究中心）党组成员、副院长刘晓哲的支持和指导。感谢马克思主义研究所所长庞丽峰，她的支持和指导增强了笔者的研究自信，使本书得以成功面世，是笔者工作生活中的良师益友。非常感谢国际政治所所长马志超的良好建议，与他交谈总能有所启发、收获。非常感谢马克思主义研究所同仁们的支持和帮助。本书的出版得到了山西出版传媒集团山西人民出版社副总编辑武静老师的大力支持、责任编辑徐琼老师的认真审校，在此致以衷心的感谢！

本书借鉴和吸收了国内同行学者的研究成果，尽可能在注释、参考文献中予以说明，在此表示诚挚敬意和感谢！

由于笔者知识储备、研究能力有限，本书还存在一些缺憾和不足，需要进一步深化研究，在此热忱欢迎各方领导、学者、同仁批评指正、帮助指导！

程淑兰

2024 年 10 月 29 日